어휘가
문해력
이다

초등 **5**학년 **2**학기

교과서 어휘

교 재 교재 내용 문의는 EBS 초등사이트
내 용 (primary.ebs.co.kr)의 교재 Q&A 서비스를
문 의 활용하시기 바랍니다.

교 재 발행 이후 발견된 정오 사항을 EBS 초등사이트
정 오 표 정오표 코너에서 알려 드립니다.
공 지 강좌/교재 → 교재 로드맵 → 교재 선택 → 정오표

교 재 공지된 정오 내용 외에 발견된 정오 사항이
정 정 있다면 EBS 초등사이트를 통해 알려 주세요.
신 청 강좌/교재 → 교재 로드맵 → 교재 선택 → 교재 Q&A

어휘가 문해력이다

초등 5학년 2학기

교과서 어휘

교과서 내용을 이해하지 못하는 우리 아이?
평생을 살아가는 힘, '문해력'을 키워 주세요!

'어휘가 문해력이다'
어휘 학습으로 문해력 키우기

1 **교과서 학습 진도에 따라
과목별(국어/사회/수학/과학)·학기별(1학기/2학기)로 어휘 학습이 가능합니다.**

교과 학습을 위한 필수 개념어를 단원별로 선별하여 단원의 핵심 내용을 이해하도록 구성하였습니다.
교과 학습 전 예습 교재로, 교과 학습 후 복습 교재로 활용할 수 있도록 필수 개념어를 엄선하여 수록
하였습니다.

2 **교과 어휘를 학년별 2권, 한 학기별 4주 학습으로
단기간에 어휘 학습이 가능합니다.**

한 학기에 310여 개의 중요 단어를 공부할 수 있습니다.
쉬운 뜻풀이와 교과서 내용을 담은 다양한 예문을 수록하여 학교 공부에 직접적으로 도움을 주고자
하였습니다.
해당 학기에 학습해야 할 중요 단어를 모두 모아 한 번에 살펴볼 수 있고, 국어사전에서 단어를 찾는
시간과 노력을 줄일 수 있습니다.

3 **관용어, 속담, 한자 성어, 한자 어휘 학습까지 가능합니다.**

글의 맥락을 이해하고 응용하는 데 도움이 되는 관용어, 속담, 한자 성어뿐만 아니라 초등에서 중학
교육용 필수 한자 어휘 학습까지 놓치지 않도록 구성하였습니다.

4 **확인 문제와 주간 어휘력 테스트를 통해 학습한 어휘를 점검할 수 있습니다.**

뜻풀이와 예문을 통해 학습한 어휘를 교과 어휘별로 바로바로 점검할 수 있도록 다양한 유형의 확인
문제를 수록하였습니다.
한 주 동안 학습한 어휘를 종합적으로 점검할 수 있는 주간 어휘력 테스트를 수록하였습니다.

5 **효율적인 교재 구성으로 자학자습 및 가정 학습이 가능합니다.**

학습한 어휘를 해당 교재에서 쉽게 찾아볼 수 있도록 과목별로 '찾아보기' 코너를 구성하였습니다.
'정답과 해설'은 축소한 본교재에 정답과 자세한 해설을 실어 스스로 공부할 수 있도록 하였습니다.

EBS 〈당신의 문해력〉 교재 시리즈는 약속합니다.

교과서를 잘 읽고 더 나아가 많은 책과 온갖 글을 읽는 능력을 갖출 수 있도록
문해력을 이루는 핵심 분야별, 학습 단계별 교재를 준비하였습니다.
한 권 5회×4주 학습으로 아이의 공부하는 힘,
평생을 살아가는 힘을 EBS와 함께 키울 수 있습니다.

어휘가 문해력이다

어휘 실력이 교과서를 읽고 이해할 수 있는지를 결정하는 척도입니다.
〈어휘가 문해력이다〉는 교과서 진도를 나가기 전에 꼭 예습해야 하는 교재입니다.
20일이면 한 학기 교과서 필수 어휘를 완성할 수 있습니다.
교과서 수록 필수 어휘들을 교과서 진도에 맞춰
날짜별, 과목별로 공부하세요.

쓰기가 문해력이다

쓰기는 자기 생각을 표현하는 미래 역량입니다.
서술형, 논술형 평가의 비중은 점점 커지고 있습니다.
객관식과 단답형만으로는 아이들의 생각과 미래를 살펴볼 수 없기 때문입니다.
막막한 쓰기 공부. 이제 단어와 문장부터 하나씩 써 보며 차근차근 학습하는
〈쓰기가 문해력이다〉와 함께 쓰기 지구력을 키워 보세요.

ERI 독해가 문해력이다

독해를 잘하려면 체계적이고 객관적인 단계별 공부가 필수입니다.
기계적으로 읽고 문제만 푸는 독해 학습은 체격만 키우고 체력은 미달인 아이를 만듭니다.
〈ERI 독해가 문해력이다〉는 특허받은 독해 지수 산출 프로그램을 적용하여 글의 난이도를
체계화하였습니다.
단어 · 문장 · 배경지식 수준에 따라 설계된 단계별 독해 학습을 시작하세요.

배경지식이 문해력이다

배경지식은 문해력의 중요한 뿌리입니다.
하루 두 장, 교과서의 핵심 개념을 글과 재미있는 삽화로 익히고 한눈에 정리할 수 있습니다.
시간이 부족하여 다양한 책을 읽지 못하더라도 교과서의 중요 지식만큼은 놓치지 않도록
〈배경지식이 문해력이다〉로 학습하세요.

디지털독해가 문해력이다

디지털독해력은 다양한 디지털 매체 속 정보를 읽어 내는 힘입니다.
아이들이 접하는 디지털 매체는 매일 수많은 정보를 만들어 내기 때문에
디지털 매체의 정보를 판단하는 문해력은 현대 사회의 필수 능력입니다.
〈디지털독해가 문해력이다〉로 교과서 내용을 중심으로 디지털 매체 속 정보를 확인하고
다양한 과제를 해결해 보세요.

이 책의 구성과 특징

1

교과서 어휘 국어/사회/수학/과학 ● 교과목·단원별로 교과서 속 중요 개념 어휘와 관련 어휘로 교과 어휘 강화!

한자 어휘 ● 초등·중학 교육용 필수 한자, 연관 한자어로 한자 어휘 강화!

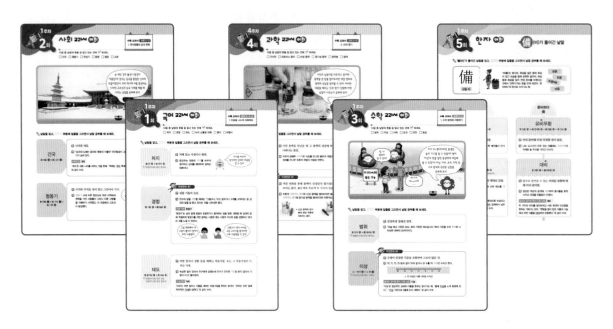

● 교과서 속 핵심 어휘를 엄선하여 교과목 특성에 맞게 뜻과 예문을 이해하기 쉽게 제시했어요.
● 어휘를 이해하는 데 도움이 되는 그림 및 사진 자료를 제시했어요.
● 대표 한자 어휘와 연관된 한자 성어, 초등 수준에서 꼭 알아야 할 속담, 관용어를 제시했어요.

2

확인 문제

교과서(국어/사회/수학/과학) 어휘, 한자 어휘 학습을 점검할 수 있는 다양한 유형의 확인 문제 수록!

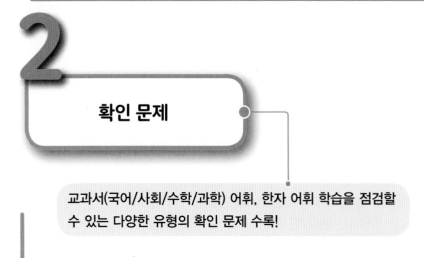

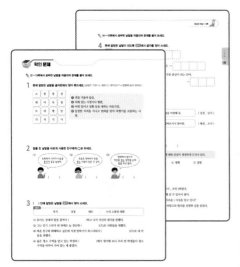

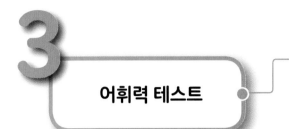

3 어휘력 테스트

한 주 동안 학습한 교과서 어휘, 한자 어휘를 종합적으로
점검할 수 있는 어휘력 테스트 수록!

다양한 유형의
어휘 문제로
한 주 마무리!

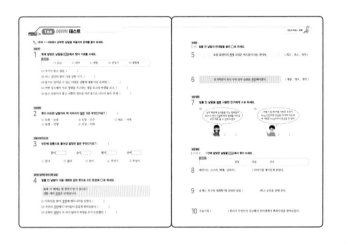

찾아보기

학습한 어휘를 찾아보기 쉽게 교과목별
ㄱ, ㄴ, ㄷ … 순서로 정리했어요.

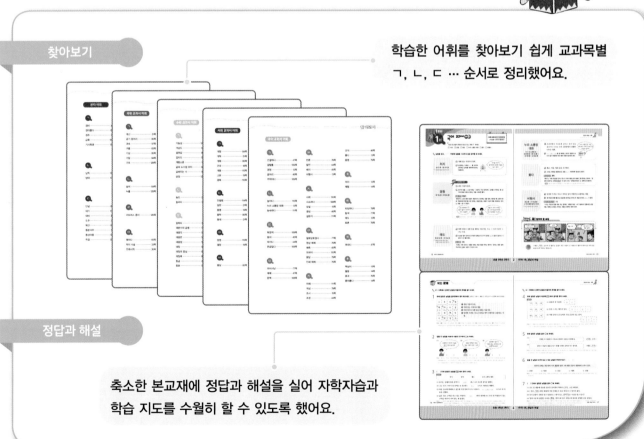

정답과 해설

축소한 본교재에 정답과 해설을 실어 자학자습과
학습 지도를 수월히 할 수 있도록 했어요.

초등 5학년 2학기
교과서 연계 목록

🖊 『어휘가 문해력이다』 초등 5학년 2학기에 수록된 모든 어휘는 초등학교 5학년 2학기 국어, 사회, 수학, 과학 교과서에 실려 있습니다.

🖊 교과서 연계 목록을 살펴보면 과목별 교과서의 단원명에 따라 학습할 교재의 쪽을 한눈에 파악할 수 있습니다.

🖊 교과서 진도 순서에 맞춰 교재에서 해당하는 학습 회를 찾아 효율적으로 공부해 보세요!

국어 5-2

교과서 1. 마음을 나누며 대화해요
본교재 1주차 1회 12~13쪽

교과서 2. 지식이나 경험을 활용해요
본교재 1주차 1회 14~15쪽

교과서 3. 의견을 조정하며 토의해요
본교재 2주차 1회 44~45쪽

교과서 4. 겪은 일을 써요
본교재 2주차 1회 46~47쪽

교과서 5. 여러 가지 매체 자료
본교재 3주차 1회 76~77쪽

교과서 6. 타당성을 생각하며 토론해요
본교재 3주차 1회 78~79쪽

교과서 7. 중요한 내용을 요약해요
본교재 4주차 1회 108~109쪽

교과서 8. 우리말 지킴이
본교재 4주차 1회 110~111쪽

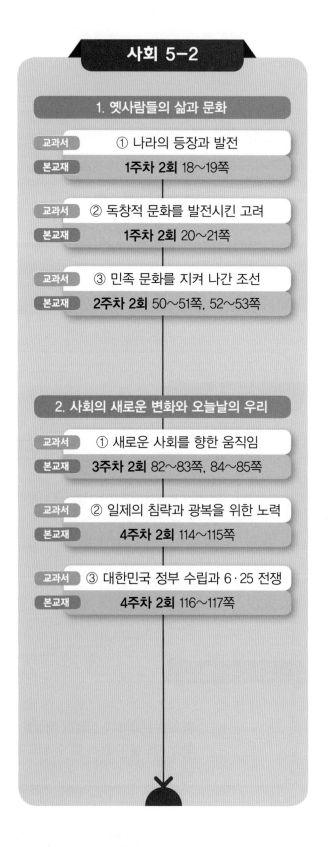

사회 5-2

1. 옛사람들의 삶과 문화

교과서 ① 나라의 등장과 발전
본교재 1주차 2회 18~19쪽

교과서 ② 독창적 문화를 발전시킨 고려
본교재 1주차 2회 20~21쪽

교과서 ③ 민족 문화를 지켜 나간 조선
본교재 2주차 2회 50~51쪽, 52~53쪽

2. 사회의 새로운 변화와 오늘날의 우리

교과서 ① 새로운 사회를 향한 움직임
본교재 3주차 2회 82~83쪽, 84~85쪽

교과서 ② 일제의 침략과 광복을 위한 노력
본교재 4주차 2회 114~115쪽

교과서 ③ 대한민국 정부 수립과 6·25 전쟁
본교재 4주차 2회 116~117쪽

이 책의 차례

1주차 어휘 미리 보기

한 주 동안
공부할 어휘들이야.
쏙 한번 훑어볼까?

1회 학습 계획일 ◯월 ◯일

국어 교과서 어휘

처지	활용
경청	흥미롭다
태도	체험
누리 소통망	조사
대화	핵심어
좇다	상설
비행사	

2회 학습 계획일 ◯월 ◯일

사회 교과서 어휘

건국	세력
청동기	호족
전성기	침입
동맹	담판
멸망	등재
고분	활자

3회 학습 계획일 ◯월 ◯일

수학 교과서 어휘

범위	최대
이상	올림
이하	버림
초과	반올림
미만	정원
등급	농도

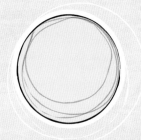

4회 학습 계획일 ◯월 ◯일

과학 교과서 어휘

작동	생물 요소
모래시계	생태계
원리	생산자
개선	소비자
보완	분해자
생활용품	먹이 사슬

어휘력 테스트

2주차 어휘 학습으로 가 보자!

5회 학습 계획일 ◯월 ◯일

한자 어휘

겸비	동분서주
정비	경주
유비무환	탈주
대비	도주

국어 교과서 어휘

다음 중 낱말의 뜻을 잘 알고 있는 것에 ✔ 하세요.

☐ 처지　☐ 경청　☐ 태도　☐ 누리 소통망 대화　☐ 좇다　☐ 비행사

✏️ 낱말을 읽고, ░░░ 부분에 밑줄을 그으면서 낱말 공부를 해 보세요.

처지

處 곳 처 + 地 처지 지

🖱️ '지(地)'의 대표 뜻은 '땅'이야.

뜻 처해 있는 사정이나 형편.

예 공감하는 대화란 처지를 바꾸어 생각하고 상대를 배려하며 말하는 대화이다.

처지를 바꾸어 생각하면 상대의 마음을 알 수 있어.

경청

傾 기울 경 + 聽 들을 청

이것만은 꼭!

뜻 귀를 기울여 들음.

예 친구의 말을 경청할 때에는 "그렇구나."라고 말하거나 고개를 끄덕이는 등 상대의 말을 잘 듣고 있다는 것을 나타내면 좋다.

관련 어휘 맞장구

'맞장구'는 남의 말에 덩달아 호응하거나 동의하는 일을 말해. 대화할 때 상대의 말에 적절하게 맞장구를 치면 말하는 사람은 듣는 사람이 자신의 말을 경청하고 있다는 것을 느낄 수 있단다.

그림 대회에서 내 그림이 뽑히지 않아서 무척 서운했어.

그랬구나. 내가 너처럼 그림 그리기를 좋아하면 나도 서운했을 것 같아.

태도

態 몸가짐 태 + 度 모습 도

🖱️ '태(態)'의 대표 뜻은 '모습', '도(度)'의 대표 뜻은 '법도'야.

뜻 어떤 일이나 상황 등을 대하는 마음가짐. 또는 그 마음가짐이 드러난 자세.

예 속상한 일이 있어서 친구에게 말했는데 친구가 진지한 태도로 듣지 않아서 기분이 더 안 좋아졌어.

비슷한말 자세

'자세'는 어떤 일이나 사물을 대하는 마음가짐을 뜻하는 말이야. "준하는 모든 일에 적극적인 자세로 임한다."와 같이 쓰여.

누리 소통망 대화

누리 + 疏 소통할 소 +
通 통할 통 + 網 그물 망 +
對 대할 대 + 話 말씀 화

뜻 온라인에서 자유롭게 글이나 사진 등을 올리거나 나누는 누리 소통망에서 상대와 나누는 대화.

예 누리 소통망 대화를 할 때에는 상대의 얼굴이 보이지 않기 때문에 더욱 예의 바르게 말해야 한다.

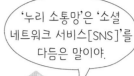

'누리 소통망'은 '소셜 네트워크 서비스[SNS]'를 다듬은 말이야.

좇다

뜻 목표, 이상, 행복 등을 추구하다.

예 소녀는 어려운 환경에서도 꿈을 좇으며 하루하루 열심히 살았다.

헷갈리는 말 쫓다

'쫓다'는 "어떤 대상을 잡거나 만나기 위해 뒤를 급히 따르다."를 뜻하는 말이야. "경찰이 도망가는 도둑을 쫓았다."와 같이 쓰여. "도둑을 좇았다."는 잘못된 표현이야.

비행사

飛 날 비 + 行 다닐 행 +
士 직업 이름에 붙이는 말 사
🖱 '사(士)'의 대표 뜻은 '선비'야.

뜻 일정한 자격을 지니고 면허를 받아 비행기를 조종하는 사람.

예 권기옥은 비행기를 타고 일본과 싸우려고 우리나라 최초의 여자 비행사가 됐다.

뜻을 더해 주는 말 -사

'-사'는 직업의 뜻을 더해 주는 말이야. '비행사'처럼 '-사'가 붙어서 만들어진 낱말에는 '변호사, 운전사, 조리사, 조종사, 통역사' 등이 있어.

꼭! 알아야 할 속담

○표 하기 '(빨간 , 작은) 고추가 더 맵다'는 몸집이 작은 사람이 큰 사람보다 재주가 뛰어나고 야무짐을 비유적으로 이르는 말입니다.

국어 교과서 어휘

다음 중 낱말의 뜻을 잘 알고 있는 것에 ☑ 하세요.

☐ 활용 ☐ 흥미롭다 ☐ 체험 ☐ 조사 ☐ 핵심어 ☐ 상설

✏️ 낱말을 읽고, ▢ 부분에 밑줄을 그으면서 낱말 공부를 해 보세요.

활용

活 응용할 **활** + 用 쓸 **용**
🖱️'활(活)'의 대표 뜻은 '살다'야.

뜻 충분히 잘 이용함.

예 지식이나 경험을 **활용**해 글을 읽으면 이미 아는 내용에 새롭게 안 내용이 더해져 글 내용을 더 오래 기억할 수 있다.

이 글은 과학 시간에 배운 '열의 이동'과 관련이 있구나.

흥미롭다

興 흥겨울 **흥** +
味 기분 **미** + 롭다
🖱️'흥(興)'의 대표 뜻은 '일다', '미(味)'의 대표 뜻은 '맛'이야.

뜻 흥을 느끼는 재미가 있다.

예 로봇에 대한 지식과 로봇 박물관에 간 경험을 떠올리며 책 『미래의 로봇』을 **흥미롭게** 읽었다.

'흥'은 재미나 즐거움을 일어나게 하는 감정을 뜻해.

뜻을 더해 주는 말 −롭다

'−롭다'는 "그런 성질이나 느낌이 있음."의 뜻을 더해 주는 말이야. '흥미롭다'처럼 '−롭다'가 붙어서 만들어진 낱말이 있어.

예 • 향기<u>롭다</u>: 향기가 있다.
• 슬기<u>롭다</u>: 슬기가 있다.
• 신비<u>롭다</u>: 신기하고 묘한 느낌이 있다.
• 정의<u>롭다</u>: 정의에 벗어남이 없이 올바르다.

체험

體 몸 **체** + 驗 경험 **험**
🖱️'험(驗)'의 대표 뜻은 '시험'이야.

이것만은 꼭!

뜻 자기가 몸소 겪음.

예 민준이는 갯벌 조사, 경주 문화재 견학, 수영 교실 참가 등 **체험**한 일 가운데에서 국립생태원에 견학 갔던 일을 글로 썼다.

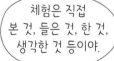

체험은 직접 본 것, 들은 것, 한 것, 생각한 것 등이야.

비슷한말 경험

'경험'은 자신이 실제로 해 보거나 겪어 본 일, 또는 거기서 얻은 지식이나 기능을 뜻해.

예 우리 가족은 3박 4일 동안 걷기 여행을 하면서 다양한 **경험**을 했다.

조사

調 살필 **조** + 査 조사할 **사**
🖱 '조(調)'의 대표 뜻은 '고르다'야.

뜻 일이나 사물의 내용을 알기 위해 자세히 살펴보거나 찾아봄.

예 현장 체험학습 계획을 발표 자료로 만들기 위해 체험학습 장소와 관련한 정보를 조사했다.

핵심어

核 핵심 **핵** + 心 중심 **심** +
語 말씀 **어**
🖱 '핵(核)'의 대표 뜻은 '씨', '심(心)'의 대표 뜻은 '마음'이야.

뜻 어떤 말이나 글 등에서 가장 중심이 되는 단어.

예 경주 여행을 가서 체험한 일을 글로 쓰려고 글의 처음, 가운데, 끝에 들어갈 내용을 핵심어로 정리해 보았다.

처음	가족 여행, 요금소, 김유신 장군 동상
가운데	천마총, 첨성대, 불국사, 석가탑, 다보탑
끝	돌아오는 길, 저녁 식사

상설

常 항상 **상** + 設 설치할 **설**
🖱 '설(設)'의 대표 뜻은 '베풀다'야.

뜻 언제든지 이용할 수 있도록 설비와 시설을 마련해 둠.

예 국립한글박물관의 상설 전시실은 언제든지 볼 수 있으니 오늘은 특별 전시실에서 개관 기념 특별전을 보자꾸나.

반대말 특설

'특설'은 특별히 설치함을 뜻하는 말이야. 예 특설 매장, 특설 무대

꼭! 알아야 할 관용어

빈칸 채우기 '꼬리에 [   ]를 물다'는 "계속 이어지다."라는 뜻입니다.

확인 문제

✏️ 12~13쪽에서 공부한 낱말을 떠올리며 문제를 풀어 보세요.

1 뜻에 알맞은 낱말을 글자판에서 찾아 묶으세요. (낱말은 가로(ㅡ), 세로(ㅣ), 대각선(╱╲) 방향에 숨어 있어요.)

소	통	망	경
태	비	옥	청
도	대	행	알
각	처	지	사

❶ 귀를 기울여 들음.
❷ 처해 있는 사정이나 형편.
❸ 어떤 일이나 상황 등을 대하는 마음가짐.
❹ 일정한 자격을 지니고 면허를 받아 비행기를 조종하는 사람.

2 밑줄 친 낱말을 바르게 사용한 친구에게 ◯표 하세요.

(1) 초원에서 사자가 사슴을 <u>좇다가</u> 결국 놓쳤어.
(　　　)

(2) 요즘은 명예보다 돈을 <u>좇는</u> 사람이 많은 것 같아.
(　　　)

(3) 영화에서 형사가 악당을 <u>좇는</u> 장면을 손에 땀을 쥐고 봤어.
(　　　)

3 (　) 안에 알맞은 낱말을 보기에서 찾아 쓰세요.

보기
　　　　처지　　　　경청　　　　태도　　　　누리 소통망 대화

(1) 유미는 상대의 말을 끝까지 (　　　　　)하고 나서 자신의 생각을 말했다.

(2) 그는 인기 스타가 된 뒤에도 늘 겸손한 (　　　　　)(으)로 사람들을 대했다.

(3) 싸운 친구와 화해하고 싶은데 직접 말하기가 쑥스러워서 (　　　　　　　)(으)로 내 마음을 전했다.

(4) 넓은 청소 구역을 맡고 있는 학생의 (　　　　　)에서 생각해 보니 우리 반 학생들이 청소 구역을 바꾸어 가며 맡는 게 좋겠다.

✎ 14~15쪽에서 공부한 낱말을 떠올리며 문제를 풀어 보세요.

4 뜻에 알맞은 낱말이 되도록 보기 에서 글자를 찾아 쓰세요.

보기

심	다	용
어	흥	핵
활	롭	미

(1) 충분히 잘 이용함. → ☐☐

(2) 흥을 느끼는 재미가 있다. → ☐☐☐☐

(3) 어떤 말이나 글 등에서 가장 중심이 되는 단어.

→ ☐☐☐

5 뜻에 알맞은 낱말을 골라 ○표 하세요.

(1) 언제든지 이용할 수 있도록 설비와 시설을 마련해 둠.   (상설 , 상식)

(2) 일이나 사물의 내용을 알기 위해 자세히 살펴보거나 찾아봄.   (해설 , 조사)

6 밑줄 친 낱말과 바꾸어 쓸 수 있는 낱말은 무엇인가요? (   )

민주의 글에는 천문대에 가서 <u>체험</u>한 일과 그에 대한 감상이 생생하게 드러나 있다.

① 위험   ② 명령   ③ 상상   ④ 계획   ⑤ 경험

7 (   ) 안에서 알맞은 낱말을 골라 ○표 하세요.

(1) 글로 쓸 내용에 필요한 정보를 인터넷과 책에서 (조사 , 조언)하였다.

(2) (전설 , 상설) 할인 매장에 가면 언제든지 옷을 싸게 살 수 있어서 좋다.

(3) 육식 공룡이 깃털을 달고 있었다는 (향기로운 , 흥미로운) 사실을 알고 있니?

(4) '열의 이동'과 관련한 지식을 (활용 , 활약)해 경주 석빙고의 원리를 설명한 글을 읽었다.

사회 교과서 어휘

다음 중 낱말의 뜻을 잘 알고 있는 것에 ✔ 하세요.

☐ 건국 ☐ 청동기 ☐ 전성기 ☐ 동맹 ☐ 멸망 ☐ 고분

눈 내린 경주 불국사 풍경이 아름답지? 경주는 삼국을 통일한 신라의 도읍이었단다. 우리 역사에 처음 등장하는 나라인 고조선과 삼국 시대를 배울 때 나오는 낱말을 공부해 보자.

✎ 낱말을 읽고, ▨ 부분에 밑줄을 그으면서 낱말 공부를 해 보세요.

건국
建 세울 건 + 國 나라 국

뜻 나라를 세움.

예 『삼국유사』에는 웅녀와 환웅의 아들인 단군왕검이 고조선을 건국했다는 이야기가 실려 있다.

비슷한말 개국

'개국'은 새로 나라를 세우는 것을 뜻해. "백제는 개국 후에 여러 번 도읍을 옮겼다." 와 같이 쓰여.

청동기
靑 푸를 청 + 銅 구리 동 + 器 그릇 기

뜻 구리와 주석을 섞어 만든 그릇이나 기구.

예 청동기 시대 이후 한반도와 주변 지역에서 권력을 가진 사람들이 나타나 다른 사람들을 지배하기 시작했고, 이 과정에서 고조선이 등장했다.

청동기 시대는 구리와 주석을 섞은 청동으로 도구를 만들어 사용하던 시대야.

전성기

全 온전할 **전** +
盛 성할 **성** + 期 기간 **기**
🖱 '기(期)'의 대표 뜻은 '기약하다'야.

이것만은 꼭!

뜻 어느 집단의 힘이 가장 강한 시기.

예 고구려, 백제, 신라는 전성기를 맞이했을 때 공통적으로 한강 유역을 차지하고 한반도에서 영역을 크게 넓혔다.

반대말 쇠퇴기

'쇠퇴기'는 강하게 일어났던 현상이나 세력, 기운 등이 약해지는 시기를 말해.

고구려, 백제, 신라 중 백제가 가장 먼저 전성기를 맞았어.

동맹

同 함께 **동** + 盟 맹세 **맹**
🖱 '동(同)'의 대표 뜻은 '한가지'야.

뜻 둘 이상의 개인이나 단체 또는 국가가 서로의 이익이나 목적을 위해 동일하게 행동하기로 맹세하여 맺는 약속.

예 신라는 당과 동맹을 맺고 함께 군대를 만들어 백제, 고구려와의 전쟁에서 승리했다.

비슷한말 연맹

'연맹'은 공동의 목적을 가진 단체나 국가가 서로 돕고 행동을 함께 할 것을 약속하는 것, 또는 그런 조직을 말해. "이웃한 세 나라가 연맹을 결성했다."와 같이 쓰여.

멸망

滅 없어질 **멸** + 亡 망할 **망**
🖱 '멸(滅)'의 대표 뜻은 '꺼지다'야.

뜻 망하여 없어짐.

예 고구려가 멸망한 뒤 대조영은 고구려의 유민들과 말갈족을 이끌고 발해를 세웠다.

관련 어휘 흥망성쇠

'흥망성쇠'는 나라나 민족, 문화 등이 생겨나고 발전하고 약해지고 망하는 것을 나타낸 말이야. "역사 속에서 수많은 나라가 흥망성쇠를 겪고 사라졌다."와 같이 쓰여.

고분

古 옛 **고** + 墳 무덤 **분**

뜻 역사적으로 가치가 있는 옛 무덤.

예 옛사람들은 고분 안에 무덤의 주인이 살아 있을 때 사용하던 물건을 두거나, 무덤 벽과 천장에 그림을 그리기도 했다.

백제 무령왕의 무덤에서 ▶
출토된 무령왕 금제 관식

사회 교과서 어휘

다음 중 낱말의 뜻을 잘 알고 있는 것에 ☑ 하세요.

☐ 세력 ☐ 호족 ☐ 침입 ☐ 담판 ☐ 등재 ☐ 활자

팔만대장경과 고려청자는 고려의 찬란한 문화유산이야. 고려는 외세의 침입을 여러 번 받았지만 이를 잘 극복하고 독창적인 문화를 발전시켰단다. 고려 시대를 배울 때 나오는 낱말을 공부해 보자.

✏️ 낱말을 읽고, ▨ 부분에 밑줄을 그으면서 낱말 공부를 해 보세요.

세력

勢 권세 세 + 力 힘 력
🖱️ '세(勢)'의 대표 뜻은 '형세'야.

뜻 권력이나 기세의 힘.

예 왕건은 세력을 키운 궁예의 신하가 되어 후고구려의 건국을 도왔다.

여러 가지 뜻을 가진 낱말 | 세력

'세력'에는 어떤 속성이나 힘을 가진 집단이라는 뜻도 있어. '반대 세력', '핵심 세력', '보수 세력', '민주 세력', '지방 세력' 등과 같이 쓰여. '세력' 앞에 오는 말이 그 집단이 가지는 특징이나 성질을 나타내지.

호족

豪 호걸 호 + 族 일가 족
🖱️ '족(族)'의 대표 뜻은 '겨레'야.

이것만은 꼭!

뜻 신라 말 고려 초에 활동한 지방 세력. 군사력과 경제력을 바탕으로 각 지방을 다스림.

예 신라 말 귀족들의 왕위 다툼으로 정치가 혼란해지자, 지방에서는 새로운 정치 세력인 호족이 등장했다.

고려를 세운 왕건도 송악(지금의 개성)의 호족이었어.

침입

侵 침노할 침 + 入 들 입

뜻 남의 땅이나 나라, 권리, 재산 등을 범하여 들어가거나 들어옴.

예 거란은 고려에 3번이나 침입해 왔으나 고려는 끈질기게 맞서 싸웠고, 3차 침입 때 강감찬이 이끄는 고려군은 귀주에서 거란군을 크게 물리쳤다.

비슷한말 침범

'침범'은 남의 땅이나 구역, 권리 등을 범하여 해를 끼침을 뜻하는 말이야.

예 우두머리 사자는 자신의 영역을 침범한 떠돌이 수컷 사자를 공격하여 쫓아냈다.

담판

談 말씀 담 + 判 판단할 판

뜻 서로 맞선 관계에 있는 쌍방이 의논해 옳고 그름을 판단함.

예 거란의 1차 침입 때 서희는 거란의 장수 소손녕과 담판을 벌여 거란군을 돌려보내고 압록강 동쪽의 강동 6주를 얻었다.

우리의 옛 영토를 돌려준다면 거란과 교류를 할 것이다.

▲ 서희의 외교 담판

등재

登 올릴 등 + 載 실을 재

'등(登)'의 대표 뜻은 '오르다'야.

뜻 이름이나 어떤 내용을 장부에 적어 올림.

예 팔만대장경판은 유네스코 세계 기록 유산으로 등재되어 있으며 이를 보관하는 장경판전도 유네스코 세계 유산으로 등재되어 있다.

'세계 기록 유산'은 유네스코가 세계의 귀중한 기록물을 보존하고 활용하고자 선정하는 문화유산이야.

비슷한말 기재

'기재'는 문서 등에 기록하여 올린다는 뜻이야.

예 서류에 필요한 내용을 빠짐없이 기재해 주세요.

활자

活 살 활 + 字 글자 자

뜻 인쇄를 하기 위해 네모난 기둥 모양의 금속 윗면에 문자나 기호를 볼록 튀어나오게 새긴 것.

예 고려 시대에는 목판 인쇄술뿐만 아니라 금속 활자를 이용한 인쇄술도 발달했다.

▲ 한글 금속 활자 소자

확인 문제

✏️ 18~19쪽에서 공부한 낱말을 떠올리며 문제를 풀어 보세요.

1 뜻에 알맞은 낱말을 글자 카드로 만들어 빈칸에 쓰세요.

(1)
망하여 없어짐.

| 멸 | 청 | 흥 | 망 |

☐ ☐

(2)
역사적으로 가치가 있는 옛 무덤.

| 석 | 분 | 고 | 택 |

☐ ☐

(3)
어느 집단의 힘이 가장 강한 시기.

| 성 | 동 | 기 | 전 |

☐ ☐ ☐

(4)
구리와 주석을 섞어 만든 그릇이나 기구.

| 기 | 석 | 동 | 청 |

☐ ☐ ☐

2 안의 낱말과 뜻이 비슷한 낱말에 ○표 하세요.

(1) 건국   전국   개국   개선

(2) 동맹   집단   쇠퇴   연맹

3 빈칸에 알맞은 낱말을 완성하세요.

(1) 고구려의 왕자인 온조는 고구려에서 남쪽으로 내려와 백제를 | ㄱ | ㄱ | 했다.

(2) 고조선이 | ㅁ | ㅁ | 한 뒤 한반도에는 고구려, 백제, 가야, 신라 등의 나라가 등장했다.

(3) | ㄱ | ㅂ | 에 그려진 그림에서 그 당시 사람들이 살았던 집이나 먹었던 음식, 옷차림 등의 생활 모습을 알 수 있다.

(4) 고구려의 | ㅈ | ㅅ | ㄱ | 는 광개토 대왕과 장수왕 때였는데, 광개토 대왕은 중국의 요동 지역을 차지하고 장수왕은 한강 남쪽으로 영토를 더욱 확장했다.

✏️ 20~21쪽에서 공부한 낱말을 떠올리며 문제를 풀어 보세요.

4 뜻에 알맞은 낱말을 글자판에서 찾아 묶으세요. (낱말은 가로(—), 세로(ㅣ), 대각선(╱╲) 방향에 숨어 있어요.)

세	방	호	실
력	활	등	족
명	자	침	재
박	담	판	입

❶ 권력이나 기세의 힘.
❷ 이름이나 어떤 내용을 장부에 적어 올림.
❸ 서로 맞선 관계에 있는 쌍방이 의논해 옳고 그름을 판단함.
❹ 인쇄를 하기 위해 네모난 기둥 모양의 금속 윗면에 문자나 기호를 볼록 튀어나오게 새긴 것.

5 친구가 설명한 뜻에 맞는 낱말을 빈칸에 쓰세요.

신라 말 고려 초에 활동한 지방 세력이야. 이들은 군사력과 경제력을 바탕으로 각 지방을 다스렸어.

6 낱말의 관계가 다른 하나를 찾아 ◯표 하세요.

(1) 등재 – 기재   (2) 침입 – 침범   (3) 담판 – 화해

(   )   (   )   (   )

7 친구들이 고려에 대해 알게 된 내용을 말했습니다. (   ) 안에 알맞은 낱말을 보기에서 찾아 쓰세요.

보기
호족
침입
세력

(1) 미애: 왕건은 정치를 안정시키려고 (   )의 딸들과 결혼하여 부인이 스물아홉 명이었대.

(2) 현경: 여러 방면으로 (   )을 확장한 거란이 발해까지 멸망시키자 고려는 거란을 경계했어.

(3) 성진: 30여 년에 걸친 몽골의 (   )으로 고려의 국토는 황폐해졌고 수많은 사람이 죽거나 포로로 끌려갔어.

수학 교과서 어휘

다음 중 낱말의 뜻을 잘 알고 있는 것에 ☑ 하세요.
☐ 범위 ☐ 이상 ☐ 이하 ☐ 초과 ☐ 미만 ☐ 등급

형, 나 범퍼카 탈 수 있어?

키 110cm 이상 탑승 가능

네 키가 110 cm니까 ······.

키가 110 센티미터인 동생은 놀이 기구를 탈 수 있을까? 형이 '이상'의 뜻을 알면 동생에게 대답해 줄 수 있겠지? 이상, 이하, 초과, 미만 등 수의 범위와 관련된 낱말을 공부해 보자.

✏️ 낱말을 읽고, ⬚ 부분에 밑줄을 그으면서 낱말 공부를 해 보세요.

범위

範 한계 **범** ＋ 圍 에워쌀 **위**
🖱 '범(範)'의 대표 뜻은 '법'이야.

🟦뜻 일정하게 정해진 영역.

🟦예 "오늘 최고 기온은 24도, 최저 기온은 18도입니다."에서 기온을 수의 범위로 나타내면 18부터 24까지이다.

이상

以 ~부터 **이** ＋ 上 윗 **상**
🖱 '이(以)'의 대표 뜻은 '~써'야.

이것만은 꼭!

🟦뜻 수량이 일정한 기준을 포함하여 그보다 많은 것.

🟦예 70, 71, 73, 75 등과 같이 70과 같거나 큰 수를 70 이상인 수라고 한다.

69 70 71 72 73 74 75

▲ 70 이상인 수를 나타낸 수직선

글자는 같지만 뜻이 다른 낱말 이상

'이상'은 정상적인 상태와 다름을 뜻하는 말이기도 해. "몸에 이상을 느껴 병원에 갔다.", "이상 기온으로 4월에 눈이 내렸다."와 같이 쓰여.

1
주
차

3회

이하

以 ~부터 **이** + 下 아래 **하**

뜻 수량이 일정한 기준을 포함하여 그보다 적은 것.

예 10.0, 9.5, 8.7 등과 같이 10과 같거나 작은 수를 10 이하인 수라고 한다.

| 5   6   7   8   9   10   11 |

▲ 10 이하인 수를 나타낸 수직선

어떤 수의 '이상'이나 '이하'에는
어떤 수가 포함되니까 수직선에서
그 수가 안이 채워진 동그라미야.

초과

超 뛰어넘을 **초** + 過 지날 **과**

뜻 수량이 일정한 기준을 넘음.

예 19.4, 20.9, 22.0 등과 같이 19보다 큰 수를 19 초과인 수라고 한다.

| 18   19   20   21   22   23   24 |

▲ 19 초과인 수를 나타낸 수직선

미만

未 아닐 **미** + 滿 찰 **만**

뜻 수량이 일정한 기준에 이르지 못함.

예 139.5, 137, 135.8 등과 같이 140보다 작은 수를 140 미만인 수라고 한다.

| 135   136   137   138   139   140   141 |

▲ 140 미만인 수를 나타낸 수직선

어떤 수의 '초과'나 '미만'에는
어떤 수가 포함되지 않으니까 수직선에서
그 수가 안이 비어 있는 동그라미야.

등급

等 등급 **등** + 級 등급 **급**

💬 '등(等)'의 대표 뜻은 '무리'야.

뜻 높고 낮음이나 좋고 나쁨의 정도를 여러 층으로 나누어 놓은 단계.

예 준서는 윗몸 말아 올리기를 30회 하여 횟수 범위가 22회 이상 39회 이하인 3등급에 속한다.

수학 교과서 어휘

다음 중 낱말의 뜻을 잘 알고 있는 것에 ✓ 하세요.

☐ 최대 ☐ 올림 ☐ 버림 ☐ 반올림 ☐ 정원 ☐ 농도

✏️ 낱말을 읽고, ▢ 부분에 밑줄을 그으면서 낱말 공부를 해 보세요.

최대
最 가장 최 + 大 클 대

뜻 수나 양, 정도 등이 가장 큼.

예 만 원으로 한 개에 900원짜리 볼펜을 최대 11개 살 수 있다.

반대말 최소

'최소'는 수나 정도 등이 가장 작음을 뜻해. "영화관까지 걸어가려면 최소 30분은 걸리니까 버스를 타자."와 같이 쓰여.

올림

뜻 구하려는 자리의 아래 수를 올려서 나타내는 방법.

예 214를 올림하여 십의 자리까지 나타내면 220이고, 백의 자리까지 나타내면 3000이다.

십의 자리 아래 수인 4를 10으로 보고 220으로 나타낼 수 있어.

백의 자리 아래 수인 14를 100으로 보고 300으로 나타낼 수 있어.

올림
214 ——→ 220

올림
214 ——→ 300

버림

뜻 구하려는 자리의 아래 수를 버려서 나타내는 방법.

예 756을 버림하여 십의 자리까지 나타내면 750이고, 백의 자리까지 나타내면 700이다.

> 십의 자리 아래 수인 6을 0으로 보고 750으로 나타낼 수 있어.

> 백의 자리 아래 수인 56을 0으로 보고 700으로 나타낼 수 있어.

756 —버림→ 750

756 —버림→ 700

이것만은 꼭!

반올림
半 반 **반** + 올림

뜻 구하려는 자리 바로 아래 자리의 숫자가 0, 1, 2, 3, 4이면 버리고, 5, 6, 7, 8, 9이면 올려서 나타내는 방법.

예 4282를 반올림하여 십의 자리까지 나타내면 4280이고, 백의 자리까지 나타내면 4300이다.

> 십의 자리 아래 자리의 숫자가 2이니까 4280으로 나타낼 수 있어.

> 백의 자리 아래 자리의 숫자가 8이니까 4300으로 나타낼 수 있어.

4282 —반올림→ 4280

4282 —반올림→ 4300

정원
定 정할 **정** + 員 인원 **원**

뜻 일정한 규정에 따라 정해진 사람의 수.

예 케이블카 한 대에 탈 수 있는 정원이 10명이어서 등산객 15명 중 5명은 못 탔다.

글자는 같지만 뜻이 다른 낱말 정원

집 안에 있는 뜰이나 꽃밭을 뜻하는 '정원'도 있어. "어머니께서는 정원에 꽃을 심고 정성껏 가꾸신다."와 같이 쓰여.

농도
濃 짙을 **농** + 度 정도 **도**
'도(度)'의 대표 뜻은 '법도'야.

뜻 기체나 액체 등의 진함과 묽음의 정도.

예 현영이는 과즙 농도가 높아서 맛이 진한 과일주스를 좋아한다.

> 오른쪽으로 갈수록 농도가 높아져.

✎ 24~25쪽에서 공부한 낱말을 떠올리며 문제를 풀어 보세요.

1 낱말의 뜻을 보기에서 찾아 사다리를 타고 내려간 곳에 기호를 쓰세요.

보기
ㄱ 수량이 일정한 기준을 넘음.
ㄴ 수량이 일정한 기준에 이르지 못함.
ㄷ 수량이 일정한 기준을 포함하여 그보다 많은 것.
ㄹ 수량이 일정한 기준을 포함하여 그보다 적은 것.

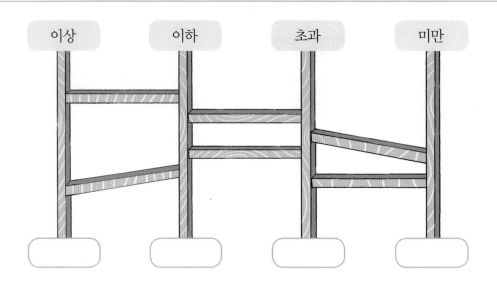

이상   이하   초과   미만

2 밑줄 친 낱말의 뜻이 다른 하나를 골라 ○표 하세요.

(1) 이 영화는 19세 이상 관람할 수 있다. (   )

(2) 에어컨에 이상이 생겨서 찬바람이 나오지 않는다. (   )

(3) 호우 경보는 12시간 동안 180 ㎜ 이상의 비가 예상될 때 내린다. (   )

3 (   ) 안에서 알맞은 낱말을 골라 ○표 하세요.

(1) 이번 수학 시험 (범위 , 방위)는 1단원부터 3단원까지이다.

(2) 8세 이상 13세 (이하 , 초과)의 어린이는 요금이 2000원이다.

(3) 심사 위원은 대회 참가자들의 작품을 심사하여 상·중·하의 세 (지역 , 등급)으로 나누었다.

(4) 은혜는 스마트폰 사용 시간을 하루에 2시간 (이상 , 미만)으로 줄이겠다고 부모님과 약속했다.

26～27쪽에서 공부한 낱말을 떠올리며 문제를 풀어 보세요.

4 낱말의 뜻은 무엇인지 ( ) 안에서 알맞은 말을 골라 ○표 하세요.

(1)

| 최대 | 수나 양, 정도 등이 가장 (큼 , 작음). |

(2)

| 정원 | 일정한 규정에 따라 정해진 (시간 , 사람의 수). |

(3)

| 농도 | 액체나 기체 등의 (많음과 적음 , 진함과 묽음)의 정도. |

(4)

| 반올림 | 구하려는 자리 바로 아래 자리의 숫자가 0, 1, 2, 3, 4이면 (올리고 , 버리고), 5, 6, 7, 8, 9이면 (올려서 , 버려서) 나타내는 방법. |

5 빈칸에 공통으로 들어갈 낱말을 쓰세요.

- 종이접기 방과 후 수업 ☐☐ 은 스무 명입니다.
- 내 소원은 ☐☐ 이 넓은 집에서 강아지를 키우는 거야.

☐☐

6 빈칸에 알맞은 낱말을 글자 카드로 만들어 쓰세요.

(1)
이 보트에는 ☐☐ 8명이 탈 수 있다.

| 최 | 정 | 만 | 대 |

(2)
내가 언니에게 줄 돈이 480원인데 ☐☐ 해서 500원을 줄게.

| 올 | 다 | 반 | 림 |

(3)
현재 초미세 먼지 ☐☐ 는 40 마이크로그램으로 '나쁨'입니다.

| 도 | 종 | 진 | 농 |

(4)
157.4 cm인 내 키를 ☐☐ 하여 일의 자리까지 나타내면 158 cm이다.

| 림 | 버 | 올 | 약 |

과학 교과서 어휘

다음 중 낱말의 뜻을 잘 알고 있는 것에 ✔ 하세요.

☐ 작동   ☐ 모래시계   ☐ 원리   ☐ 개선   ☐ 보완   ☐ 생활용품

✎ 낱말을 읽고, ▨ 부분에 밑줄을 그으면서 낱말 공부를 해 보세요.

작동

作 일할 **작** + 動 움직일 **동**
🐭 '작(作)'의 대표 뜻은 '짓다'야.

뜻 기계 등이 제 기능대로 움직임.

예 주변에서 여러 가지 물건이 작동하는 모습을 관찰하고, 만들고 싶은 것을 선택하여 탐구 문제로 정해 보세요.

비슷한말 **가동**

'가동'은 기계 등이 움직여 일함을 뜻하는 말이야. 예 에어컨 가동, 가동을 멈추다.

모래시계

모래 + 時 때 **시** + 計 셀 **계**

뜻 일정한 크기의 구멍을 통해 모래가 아래로 떨어지는 것을 이용하여 시간을 측정하는 장치.

예 우리 모둠은 페트병과 모래를 이용해 1분을 측정하는 모래시계를 만들기로 하고 탐구 계획을 세웠다.

둘 이상의 낱말이 합쳐진 말 **'시계'가 들어간 말**

'모래시계'처럼 어떤 낱말과 '시계'가 결합해 만들어진 낱말이 있어.
예 벽시계, 손목시계, 시계탑, 전자시계

원리

原 근본 **원** + 理 이치 **리**
🐭 '원(原)'의 대표 뜻은 '언덕', '리(理)'
의 대표 뜻은 '다스리다'야.

🔵 사물이나 현상의 근본이 되는
이치.

🟦 과학 원리 가운데에서 호루라기는
공기의 진동, 거울은 빛의 반사, 보
온병은 열의 이동과 관련 있다.

▲ 빛의 반사 원리로 모습을 비추는 거울

개선

改 고칠 **개** + 善 좋을 **선**
🐭 '선(善)'의 대표 뜻은 '착하다'야.

이것만은 꼭!

🔵 잘못된 것이나 부족한 것, 나쁜 것 등을 고
쳐 더 좋게 만듦.

🟦 탐구 계획과 달리 모래가 모두 떨어지는 데 걸리는
시간이 1분보다 짧은데? 모래를 더 넣어 모래시계
를 개선해야겠어.

탐구 실행 중
문제가 생기면 해결
방법을 생각해서
개선해야 해.

반대말 개악

'개악'은 고쳐서 도리어 나빠지게 함을 뜻하는 말이야.
🟦 새로운 규칙은 혼란한 상황을 개선하기는커녕 오히려 개악하고 말았다.

보완

補 보탤 **보** + 完 완전할 **완**
🐭 '보(補)'의 대표 뜻은 '깁다'야.

🔵 모자라거나 부족한 것을 보태어 채워 완전하게 함.

🟦 다른 모둠의 탐구 결과 발표를 들으며 우리 모둠의 탐구에서 잘한 점과 보완할
점을 생각해 보았다.

비슷한말 보충

'보충'은 부족한 것을 보태어 채움을 뜻하는 말이야.
🟦 선생님께서는 학생들이 수업 내용을 잘 이해하지 못하자 보충 설명을 하셨다.

생활용품

生 살 **생** + 活 살 **활** +
用 쓸 **용** + 品 물건 **품**
🐭 '생(生)'의 대표 뜻은 '나다'야.

🔵 생활에 필요한 물품.

🟦 선생님께서는 주변의 생활용품을 관찰하여 어떤 과학 원리가 숨어 있는지 알
아보고, 새로운 탐구 문제를 정해 보라고 말씀하셨다.

둘 이상의 낱말이 합쳐진 말 '용품'이 들어간 말

'생활용품'처럼 어떤 낱말과 '용품'이 결합해 만들어진 낱말이 있어.
🟦 주방용품, 청소용품, 목욕용품, 유아용품, 사무용품

과학 교과서 어휘

다음 중 낱말의 뜻을 잘 알고 있는 것에 ✔ 하세요.

☐ 생물 요소 ☐ 생태계 ☐ 생산자 ☐ 소비자 ☐ 분해자 ☐ 먹이 사슬

이곳은 경상남도 창녕에 있는 우포늪이야. 수많은 생물들이 살고 있는 우포늪은 국제적으로도 그 생태적 가치를 인정받은 습지란다. 다양한 생물의 소중함을 생각하며 생태계와 관련된 낱말을 공부해 보자.

✏️ 낱말을 읽고,   부분에 밑줄을 그으면서 낱말 공부를 해 보세요.

생물 요소

生 살 **생** + 物 만물 **물** + 要 요긴할 **요** + 素 성질 **소**

↳'생(生)'의 대표 뜻은 '나다', '물(物)'의 대표 뜻은 '물건', '소(素)'의 대표 뜻은 '본디'야.

뜻 동물과 식물처럼 살아 있는 것.

예 비생물 요소인 물이 없으면 물고기나 수련처럼 연못이나 강가에서 사는 생물 요소들이 살 수 없다.

관련 어휘 **비생물 요소**

'비생물 요소'는 공기, 햇빛, 물, 흙처럼 살아 있지 않은 것을 말해. 생물 요소와 비생물 요소는 서로 영향을 주고받아.

생태계

生 살 **생** + 態 상태 **태** + 系 이어맬 **계**

↳'태(態)'의 대표 뜻은 '모습', '계(系)'의 대표 뜻은 '매다'야.

이것만은 꼭!

뜻 어떤 장소에서 서로 영향을 주고받는 생물 요소와 비생물 요소.

예 다양한 생물이 함께 살아가는 생태계는 숲, 연못, 화단, 바다, 갯벌 등 종류와 규모가 다양하다.

▲ 규모가 큰 바다 생태계

생산자

生 만들 **생** + 産 생산할 **산** + 者 사람 **자**

☞ '산(産)'의 대표 뜻은 '낳다'야.

뜻 생물 요소 중 햇빛 등을 이용하여 살아가는 데 필요한 양분을 스스로 만드는 생물.

예 배추밭의 생산자에는 햇빛 등을 이용해 스스로 양분을 만드는 배추가 있다.

▲ 배추밭의 생산자인 배추

소비자

消 사라질 **소** + 費 쓸 **비** + 者 사람 **자**

뜻 생물 요소 중 스스로 양분을 만들지 못하고 다른 생물을 먹이로 하여 살아가는 생물.

예 배추밭의 소비자에는 배춧잎을 먹으면서 양분을 얻는 배추흰나비 애벌레와, 배추흰나비 애벌레를 먹어 양분을 얻는 참새가 있다.

분해자

分 나눌 **분** + 解 풀 **해** + 者 사람 **자**

뜻 생물 요소 중 주로 죽은 생물이나 배출물을 분해하여 양분을 얻는 생물.

예 배추밭의 분해자에는 죽은 배추흰나비를 분해하여 양분을 얻는 곰팡이가 있다.

양분을 얻는 방법에 따라 생물 요소를 생산자, 소비자, 분해자로 분류할 수 있구나.

먹이 사슬

뜻 생태계에서 생물이 서로 먹고 먹히는 먹이 관계가 사슬처럼 연결되어 있는 것.

예 벼는 메뚜기에게 먹히고 메뚜기는 개구리에게 먹히고 개구리는 뱀에게 먹히는 것은 '벼 → 메뚜기 → 개구리 → 뱀'으로 먹이 사슬을 연결할 수 있다.

관련 어휘 먹이 그물

'먹이 그물'은 생태계에서 여러 개의 먹이 사슬이 얽혀 그물처럼 연결되어 있는 것을 말해. 먹이 그물은 생물의 먹고 먹히는 관계가 여러 방향이야.

▼ 한 방향으로 연결된 먹이 사슬

1 주차

4회

확인 문제

✏️ 30~31쪽에서 공부한 낱말을 떠올리며 문제를 풀어 보세요.

1 뜻에 알맞은 낱말을 완성하세요.

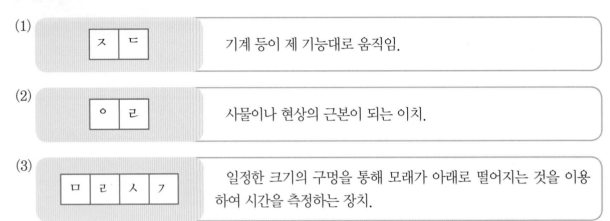

(1) | ㅈ | ㄷ | 　　기계 등이 제 기능대로 움직임.

(2) | ㅇ | ㄹ | 　　사물이나 현상의 근본이 되는 이치.

(3) | ㅁ | ㄹ | ㅅ | ㄱ | 　　일정한 크기의 구멍을 통해 모래가 아래로 떨어지는 것을 이용하여 시간을 측정하는 장치.

2 뜻에 알맞은 낱말이 되도록 **보기** 에서 글자를 찾아 쓰세요.

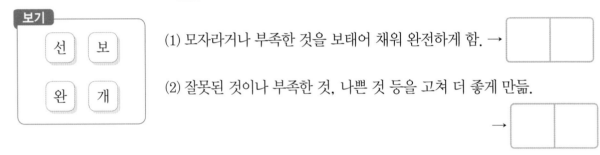

보기

선　보
완　개

(1) 모자라거나 부족한 것을 보태어 채워 완전하게 함. → ☐☐

(2) 잘못된 것이나 부족한 것, 나쁜 것 등을 고쳐 더 좋게 만듦. → ☐☐

3 빈칸에 들어갈 낱말로 알맞은 것에 ○표 하세요.

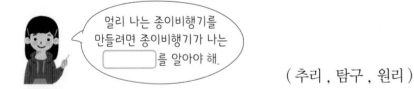

멀리 나는 종이비행기를 만들려면 종이비행기가 나는 ☐☐☐를 알아야 해.

(추리 , 탐구 , 원리)

4 밑줄 친 낱말을 알맞게 사용한 친구에게 ○표, 알맞게 사용하지 못한 친구에게 ✕표 하세요.

(1) 우재: 새로 산 카메라의 <u>작동</u> 방법을 익히려고 설명서를 읽었어. (　　　)

(2) 문식: 병원에 가면 청진기, 주사기, 의약품 등 <u>생활용품</u>을 볼 수 있어. (　　　)

(3) 현아: 이 보온병은 따뜻한 물의 온도가 더 오랫동안 유지되도록 기능을 <u>개악</u>한 거야. (　　　)

(4) 나영: '탐구 활동을 하면서 느낀 점과 더 탐구하고 싶은 것'을 내용에 더 넣어 발표 자료를 <u>보완</u>했어. (　　　)

✎ 32∼33쪽에서 공부한 낱말을 떠올리며 문제를 풀어 보세요.

5 뜻에 알맞은 낱말을 빈칸에 쓰세요.

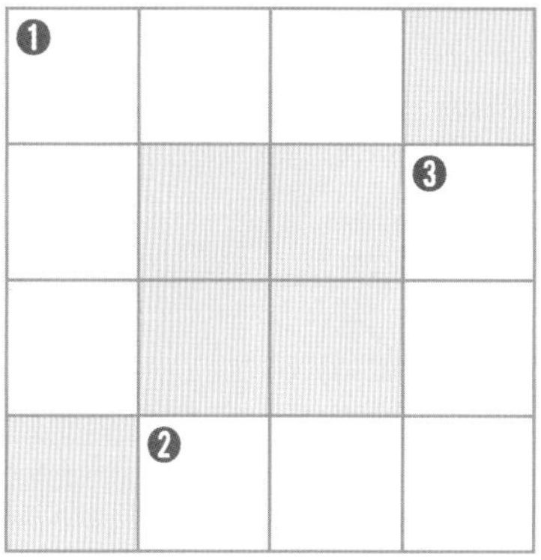

가로 열쇠 → ❶ 어떤 장소에서 서로 영향을 주고받는 생물 요소와 비생물 요소.

❷ 스스로 양분을 만들지 못하고 다른 생물을 먹이로 하여 살아가는 생물.

세로 열쇠 ↓ ❶ 햇빛 등을 이용하여 살아가는 데 필요한 양분을 스스로 만드는 생물.

❸ 주로 죽은 생물이나 배출물을 분해하여 양분을 얻는 생물.

6 뜻에 알맞은 낱말을 골라 ○표 하세요.

생태계에서 생물이 서로 먹고 먹히는 먹이 관계가 사슬처럼 연결되어 있는 것.

(먹이 그물 , 먹이 사슬 , 먹이 피라미드)

7 빈칸에 들어갈 알맞은 낱말을 찾아 선으로 이으세요.

(1) 연못에서는 소금쟁이, 연꽃, 붕어 등 다양한 생물이 모여 ☐을/를 이룬다.

• 분해자

(2) ☐인 식물이 사라진다면 식물을 먹는 소비자와 그 소비자를 먹는 소비자도 죽게 된다.

• 먹이 사슬

(3) 세균이나 곰팡이와 같은 ☐은/는 '지구의 청소부'라고 불리기도 한다.

• 생태계

(4) ☐은/는 한 방향이지만 먹이 그물은 여러 방향으로 연결된다는 차이점이 있다.

• 생산자

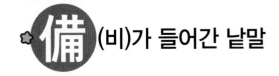

備(비)가 들어간 낱말

✏️ '備(비)'가 들어간 낱말을 읽고, ▢▢▢ 부분에 밑줄을 그으면서 낱말 공부를 해 보세요.

備
갖출 비

'비(備)'는 병사와, 화살을 넣는 통에 화살이 담긴 모습을 합해 표현한 글자야. 화살통에 화살을 담아 전쟁 준비를 마쳤다는 것에서 '갖추다'라는 뜻을 갖게 되었어. '준비하다'의 뜻으로 쓰이기도 해.

겸備
정備
유備무환
대備

갖추다 備

겸비
兼 겸할 겸 + 備 갖출 비

🔵 뜻 두 가지 이상을 아울러 갖춤.

🔵 예 요즘은 연기력과 인성을 겸비한 배우들이 인기를 끌고 있다.

정비
整 정돈할 정 + 備 갖출 비
🐭 '정(整)'의 대표 뜻은 '가지런하다'야.

🔵 뜻 흐트러진 체계를 정리하여 제대로 갖춤.

🔵 예 빠르게 변화하는 시대에 맞춰 교육 제도를 정비해야 합니다.

여러 가지 뜻을 가진 낱말 정비

'정비'는 기계나 설비가 제대로 작동하도록 보살피고 손질함을 뜻하기도 해. "자동차 정비 업체에서 낡은 타이어를 새것으로 갈았다."와 같이 쓰여.

준비하다 備

유비무환
有 있을 유 + 備 준비할 비 + 無 없을 무 + 患 근심 환

🔵 뜻 미리 준비해 두면 걱정할 것이 없음.

🔵 예 나는 소나기가 자주 오는 여름에는 유비무환의 자세로 늘 우산을 가지고 다닌다.

대비
對 대할 대 + 備 준비할 비

🔵 뜻 앞으로 일어날 수 있는 어려운 상황에 대해 미리 준비함.

🔵 예 장군은 적군의 공격에 대비하여 병사들을 훈련시키고 국경을 빈틈없이 지켰다.

글자는 같지만 뜻이 다른 낱말 대비

두 가지의 차이를 알아보려고 서로 맞대어 비교함을 뜻하는 '대비'도 있어. "햇빛을 많이 받은 식물과 그늘에서 자란 식물을 대비하여 관찰했다."와 같이 쓰여.

走 (주)가 들어간 낱말

정답과 해설 ▶ 14쪽

📝 '走(주)'가 들어간 낱말을 읽고, ▭ 부분에 밑줄을 그으면서 낱말 공부를 해 보세요.

走
달릴 주

'주(走)'는 양팔을 휘두르며 힘차게 걷는 사람과 움직임을 뜻하는 발을 합해 표현한 글자야. 빠르게 걷는 모습과 발을 결합한 것에서 '달리다'라는 뜻을 갖게 되었어. '달아나다'의 뜻으로 쓰이기도 해.

동분서走
경走
탈走
도走

달리다 走

동분서주

東 동녘 동 + 奔 달릴 분 + 西 서녘 서 + 走 달릴 주

뜻 동쪽으로 뛰고 서쪽으로 뛴다는 뜻으로, 사방으로 이리저리 몹시 바쁘게 돌아다님을 이르는 말.

예 아버지는 딸의 수술비를 구하기 위해 동분서주로 뛰어다녔다.

경주

競 겨룰 경 + 走 달릴 주
↪'경(競)'의 대표 뜻은 '다투다'야.

뜻 사람, 동물, 차량 등이 일정한 거리를 달려 빠르기를 겨루는 일. 또는 그런 경기.

예 물속을 헤엄쳐 다니는 거북이 육지에서 토끼와 경주를 한다면 질 게 뻔해.

달아나다 走

탈주

脫 벗어날 탈 + 走 달아날 주
↪'탈(脫)'의 대표 뜻은 '벗다'야.

뜻 몰래 빠져나와 달아남.

예 이웃 나라에 포로로 잡혀 있던 사람들이 목숨을 걸고 탈주하여 조국으로 돌아왔다.

도주

逃 도망할 도 + 走 달아날 주

뜻 피하거나 쫓기어 달아남.

예 지나가던 시민들이 도주하는 소매치기를 쫓아가 붙잡았다.

비슷한말 도망

'도망'은 피하거나 쫓기어 달아남을 뜻하는 말이야. "물건을 훔치던 도둑은 주인에게 들키자 도망을 쳤다."와 같이 쓰여.

✎ 36쪽에서 공부한 낱말을 떠올리며 문제를 풀어 보세요.

1 뜻에 알맞은 낱말을 빈칸에 쓰세요.

(1)

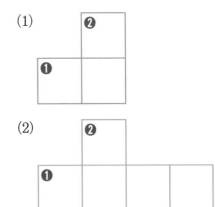

> 가로 열쇠 ❶ 흐트러진 체계를 정리하여 제대로 갖춤.
> 세로 열쇠 ❷ 앞으로 일어날 수 있는 어려운 상황에 대해 미리 준비함.

(2)

> 가로 열쇠 ❶ 미리 준비해 두면 걱정할 것이 없음.
> 세로 열쇠 ❷ 두 가지 이상을 아울러 갖춤.

2 친구가 한 말에서 밑줄 친 낱말의 뜻을 보기 에서 찾아 기호를 쓰세요.

> 보기
> ㉠ 두 가지의 차이를 알아보려고 서로 맞대어 비교함.
> ㉡ 앞으로 일어날 수 있는 어려운 상황에 대해 미리 준비함.

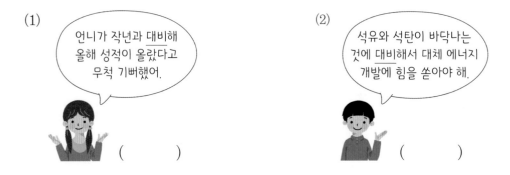

(1) 언니가 작년과 대비해 올해 성적이 올랐다고 무척 기뻐했어.

(   )

(2) 석유와 석탄이 바닥나는 것에 대비해서 대체 에너지 개발에 힘을 쏟아야 해.

(   )

3 (   ) 안에 알맞은 낱말을 보기 에서 찾아 쓰세요.

> 보기
> 정비   겸비   유비무환

(1) 백 장군은 무예와 학문을 (   )한 훌륭한 장수이다.

(2) 야구 대표 팀을 (   )하여 다음 대회에서는 꼭 메달을 따도록 합시다.

(3) 어부는 (   )의 태도로 고기잡이를 나가기 전에 미리 그물을 손질하고 배의 상태를 점검했다.

🖋 37쪽에서 공부한 낱말을 떠올리며 문제를 풀어 보세요.

4 낱말의 뜻을 보기에서 찾아 사다리를 타고 내려간 곳에 기호를 쓰세요.

> 보기
> ㉠ 몰래 빠져나와 달아남.
> ㉡ 피하거나 쫓기어 달아남.
> ㉢ 사람, 동물, 차량 등이 일정한 거리를
>   달려 빠르기를 겨루는 일.

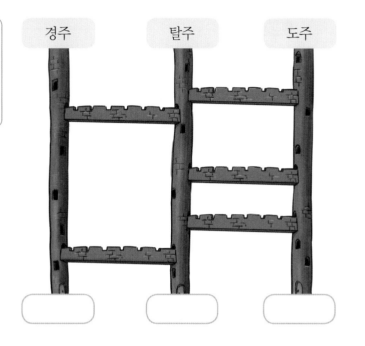

경주　　　탈주　　　도주

5 친구들이 설명하는 낱말은 무엇인지 빈칸에 쓰세요.

네 글자 낱말이야. 동쪽으로 뛰고 서쪽으로 뛴다는 뜻이야.

사방으로 이리저리 몹시 바쁘게 돌아다니는 것을 이르는 말이야.

6 다음 낱말 중 뜻이 서로 비슷한 낱말을 두 가지 찾아 ○표 하세요.

(1) 도전 (　　　)　　　(2) 도주 (　　　)　　　(3) 도망 (　　　)　　　(4) 도움 (　　　)

7 (　　) 안에서 알맞은 낱말을 골라 ○표 하세요.

(1) 회장 선거에 출마한 찬민이는 선거 운동을 하느라 (동문서답 , 동분서주)하고 있다.

(2) 영화에서 외딴집에 갇혀 있던 주인공은 감시가 소홀한 틈을 타 (연주 , 탈주)에 성공했다.

(3) 아빠랑 자동차 (경주 , 도주) 대회를 보러 갔는데, 자동차들이 엄청나게 빠른 속력으로 달렸다.

🖊 1주차 1~5회에서 공부한 낱말을 떠올리며 문제를 풀어 보세요.

낱말 뜻

1 뜻에 알맞은 낱말을 보기 에서 찾아 기호를 쓰세요.

보기
> ㉠ 등급　　　㉡ 대비　　　㉢ 체험　　　㉣ 전성기　　　㉤ 생태계

(1) 자기가 몸소 겪음. (　　　)

(2) 어느 집단의 힘이 가장 강한 시기. (　　　)

(3) 앞으로 일어날 수 있는 어려운 상황에 대해 미리 준비함. (　　　)

(4) 어떤 장소에서 서로 영향을 주고받는 생물 요소와 비생물 요소. (　　　)

(5) 높고 낮음이나 좋고 나쁨의 정도를 여러 층으로 나누어 놓은 단계. (　　　)

비슷한말

2 뜻이 비슷한 낱말끼리 짝 지어지지 <u>않은</u> 것은 무엇인가요? (　　　)

① 보완 – 보충　　　② 도망 – 도주　　　③ 태도 – 자세
④ 동맹 – 연맹　　　⑤ 이상 – 이하

뜻을 더해 주는 말

3 빈칸에 공통으로 들어갈 알맞은 말은 무엇인가요? (　　　)

| 흥미 | 슬기 | 향기 | 신비 |

① 답다　　　② 롭다　　　③ 살이　　　④ 꾸러기　　　⑤ 투성이

글자는 같지만 뜻이 다른 낱말

4 밑줄 친 낱말이 다음 대화와 같은 뜻으로 쓰인 문장에 ○표 하세요.

> 승객: 이 배에는 몇 명까지 탈 수 있나요?
> 선장: 배의 <u>정원</u>은 50명입니다.

(1) 식목일을 맞아 정원에 앵두나무를 심었다. (　　　)

(2) 거인의 정원에서 아이들이 즐겁게 뛰어놀았다. (　　　)

(3) 강좌의 정원이 다 차지 않아서 학생을 추가 모집했다. (　　　)

반대말

5 ~ 6 밑줄 친 낱말의 반대말을 골라 ◯표 하세요.

5 요즘 효린이의 <u>최대</u> 고민은 여드름이 나는 것이다. (최고 , 최소 , 최악)

6 곧 6학년이 되니 나의 공부 습관을 <u>개선</u>해야겠어. (개량 , 개국 , 개악)

낱말 활용

7 밑줄 친 낱말을 <u>잘못</u> 사용한 친구에게 ✕표 하세요.

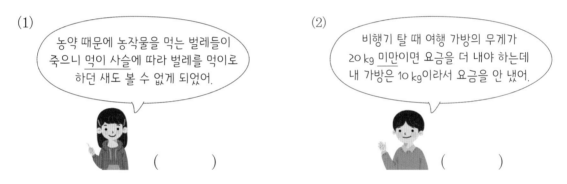

(1) 농약 때문에 농작물을 먹는 벌레들이 죽으니 먹이 사슬에 따라 벌레를 먹이로 하던 새도 볼 수 없게 되었어. ( )

(2) 비행기 탈 때 여행 가방의 무게가 20 kg <u>미만</u>이면 요금을 더 내야 하는데 내 가방은 10 kg이라서 요금을 안 냈어. ( )

낱말 활용

8 ~ 10 ( ) 안에 알맞은 낱말을 보기에서 찾아 쓰세요.

보기

경청   작동   건국

8 태민이는 고구려, 백제, 신라의 ( ) 이야기를 재미있게 읽었다.

9 윤재는 친구와 대화할 때 상대의 말을 ( )하고 공감을 잘해 준다.

10 가습기의 ( ) 원리가 무엇인지 궁금해서 인터넷에서 백과사전을 찾아보았다.

2주차 어휘 미리 보기

한 주 동안
공부할 어휘들이야.
쓱 한번 훑어볼까?

1회   학습 계획일 ◯월 ◯일

국어 교과서 어휘

조정	생성
발언	조직
따지다	글머리
예측	간결하다
동의	매체
배치	펴내다

2회   학습 계획일 ◯월 ◯일

사회 교과서 어휘

외적	정복
신진 사대부	피란
개혁	의병
유교	중립 외교
신분	항복
창제	인질

3회   학습 계획일 ◯월 ◯일

수학 교과서 어휘

등분	겹치다
곱해지는 수	합동
진분수의 곱셈	대응점
대분수의 곱셈	대응변
연결	대응각
조각보	대칭

4회 학습 계획일 ◯월 ◯일

과학 교과서 어휘

생태 피라미드	날씨
생태계 평형	습도
영향	부패
서식지	안개
보전	구름
복원	맺히다

어휘력 테스트

3주차 어휘 학습으로 가 보자!

5회 학습 계획일 ◯월 ◯일

한자 어휘

단념	동상이몽
중단	특이
우유부단	이변
독단	경이롭다

수록 교과서 국어 5-2 ㉮
3. 의견을 조정하며 토의해요

다음 중 낱말의 뜻을 잘 알고 있는 것에 ✔ 하세요.

☐ 조정 ☐ 발언 ☐ 따지다 ☐ 예측 ☐ 동의 ☐ 배치

✏️ 낱말을 읽고,　　　부분에 밑줄을 그으면서 낱말 공부를 해 보세요.

이것만은 꼭!

조정

調 조절할 조 + 停 머무를 정
👆 '조(調)'의 대표 뜻은 '고르다'야.

뜻 갈등을 중간에서 화해하게 하거나 서로 타협점을 찾아 합의하도록 함.

예 토의에서 의견이 모아지지 않을 때는 의견을 조정해야 문제를 합리적으로 해결할 수 있다.

헷갈리는 말 **조절**

'조절'은 균형이 맞게 바로잡거나 적당하게 맞추어 나감을 뜻하는 말이야. "스마트폰 화면이 어두워서 밝기를 조절했다."와 같이 쓰여.

> 의견 조정 과정은 토의 절차의 하나야. 여러 가지 의견이 토의 과정에서 서로 부딪칠 수 있기 때문에 의견 조정 과정은 꼭 필요해.

발언

發 나타낼 발 + 言 말씀 언
👆 '발(發)'의 대표 뜻은 '피다'야.

뜻 말을 꺼내어 의견을 나타냄. 또는 그 말.

예 원활한 토의 진행을 위해 토의 주제와 관련 있는 발언만 해 주시기 바랍니다.

반대말 **침묵**

'침묵'은 아무 말도 없이 잠잠히 있음을 뜻해. "민호는 회의를 하는 동안 한 번도 발언하지 않고 끝까지 침묵했다."와 같이 쓰여.

따지다

뜻 꼼꼼히 살피거나 낱낱이 헤아리다.

예 토의에서 나온 의견이 적절한지 판단하려면 그 의견을 실천하기 위해 필요한 조건을 따져야 한다.

여러 가지 뜻을 가진 낱말 **따지다**

'따지다'는 "문제가 되는 일을 상대에게 캐묻고 분명한 답을 요구하다."라는 뜻도 가지고 있어. "유민이는 자신에 대한 헛소문을 퍼뜨린 철수에게 왜 그런 말을 했는지 따졌다."와 같이 쓰여.

예측
豫 미리 예 + 測 헤아릴 측

뜻 미리 헤아려 짐작함.

예 토의에서 나온 의견대로 실천했을 때 어떤 결과가 나올지 예측해 보았다.

비슷한말 예상

'예상'은 앞으로 있을 일이나 상황을 짐작하는 것을 말해. "휴일인데도 예상과 다르게 놀이공원에는 사람이 많지 않았다."와 같이 쓰여.

동의
同 한가지 동 + 意 뜻 의

뜻 의사나 의견을 같이함.

예 건강한 학교생활을 하기 위해 건강 달리기를 하자는 의견에 동의합니다.

반대말 이의

'이의'는 다른 의견이나 의사를 뜻해. "별다른 이의가 없으면 다음 안건으로 넘어가겠습니다."와 같이 쓰여.

배치
配 나눌 배 + 置 둘 치

뜻 사람이나 물건 등을 알맞은 자리에 나누어 둠.

예 의견을 뒷받침할 자료의 내용을 알기 쉽게 표현하려고 그림이나 도표로 간단하게 나타내어 적절히 배치했다.

꼭! 알아야 할 속담

○표
하기
'(하늘 , 지붕)이 무너져도 솟아날 구멍이 있다'는 아무리 어려운 경우에 처하더라도 해결할 방법이 생긴다는 말입니다.

국어 교과서 어휘

다음 중 낱말의 뜻을 잘 알고 있는 것에 ☑ 하세요.

☐ 생성 ☐ 조직 ☐ 글머리 ☐ 간결하다 ☐ 매체 ☐ 펴내다

✎ 낱말을 읽고, ▨▨▨ 부분에 밑줄을 그으면서 낱말 공부를 해 보세요.

생성
生 날 생 + 成 이룰 성

뜻 사물이 생겨 이루어지게 함.

예 글을 쓰는 과정에서 '내용 생성하기'는 쓸 내용을 떠올리는 단계이다.

반대말 소멸
'소멸'은 사라져 없어짐을 뜻하는 말이야.
예 전자책의 등장으로 종이책이 소멸될 것이라는 예상은 빗나갔다.

조직
組 짤 조 + 織 짤 직

뜻 짜서 이루거나 얽어서 만듦.

예 글을 쓰는 과정에서 '내용 조직하기'는 글의 어느 부분에 어떤 내용을 쓸지 쓸 내용을 나누는 단계이다.

여러 가지 뜻을 가진 낱말 조직
'조직'은 어떤 목적을 이루기 위해 여럿이 모여 이룬 체계 있는 집단을 뜻하기도 해.
예 일제 강점기에 독립운동 조직들이 일본의 감시를 피해 비밀리에 활동했다.

글머리

이것만은 꼭!

뜻 글을 시작하는 첫 부분.

예 민주는 "하늘에서 물을 바가지로 퍼붓는 듯 비가 내리는 날이었다." 라는 날씨 표현으로 글머리를 썼다.

글머리는 글의 전체 인상을 만들어 주므로 중요해. 글머리를 시작하는 방법은 여러 가지야.

대화 글로 시작하기	"괜찮아." / 드디어 유나가 입을 열었다.
인물 설명으로 시작하기	키가 작고 눈이 동그란 그 친구는 항상 웃는 아이였다.
속담이나 격언으로 시작하기	'가는 날이 장날'이라더니 해변은 축제 때문에 사람들로 가득했다.

비슷한말 서두
'서두'는 글을 시작하는 첫머리를 말해.
예 작가는 서두에서 앞으로 일어날 도난 사건의 범인이 누구인지 밝혔다.

간결하다

簡 간략할 **간** + 潔 간결할 **결** + 하다

🖱 '간(簡)'의 대표 뜻은 '대쪽', '결(潔)'의 대표 뜻은 '깨끗하다'야.

🔵 **뜻** 글이나 말이 간단하면서도 짜임새가 있다.

🟦 **예** 현주는 자신이 겪은 일이 드러나게 글을 쓰고, 고쳐쓰기 단계에서 문장을 좀 더 간결하고 정확하게 고쳤다.

매체

媒 매개 **매** + 體 물체 **체**

🖱 '매(媒)'의 대표 뜻은 '중매', '체(體)'의 대표 뜻은 '몸'이야.

🔵 **뜻** 어떤 소식이나 사실을 널리 전달하는 물체나 수단.

🟦 **예** 학급 누리집과 같은 매체에 글을 쓰면 한 사람이 쓴 글을 여러 사람이 동시에 읽고 글에 대한 의견을 쉽게 주고받을 수 있어서 좋다.

쓴 글을 올리고 의견을 주고받을 수 있는 매체에는 누리집, 블로그, 누리 소통망 등이 있어.

펴내다

🔵 **뜻** 책이나 신문 등을 만들어 세상에 내놓다.

🟦 **예** 우리 반 친구들이 쓴 글을 모아 글 모음집을 펴내기로 했다.

비슷한말 발행하다

'발행하다'는 "책이나 신문 등을 인쇄하여 내놓다."를 뜻하는 말이야.

🟦 **예** 우리 마을에서는 일 년에 두 번 마을 소식지를 발행한다.

꼭! 알아야 할 관용어

공부 열심히 하더니 점수가 올랐네. 상을 줘야겠다.

용돈을 세 배 올려 주시고 휴대 전화를 최신형으로 바꿔 주세요.

뭐라고?

네가 간이 부었구나.

빈칸 채우기 '◻◻이 붓다'는 "지나치게 대담해지다."라는 뜻입니다.

확인 문제

✏️ 44~45쪽에서 공부한 낱말을 떠올리며 문제를 풀어 보세요.

1 뜻에 알맞은 낱말을 글자 카드로 만들어 빈칸에 쓰세요.

(1) 말을 꺼내어 의견을 나타냄. 또는 그 말. | 발 말 언 명 | □□

(2) 사람이나 물건 등을 알맞은 자리에 나누어 둠. | 다 치 위 배 | □□

(3) 갈등을 중간에서 화해하게 하거나 서로 타협점을 찾아 합의하도록 함. | 문 정 조 리 | □□

2 밑줄 친 낱말을 두 친구와 다른 뜻으로 사용한 친구에게 ○표 하세요.

(1) 그 일을 우리가 실제로 할 수 있는지 잘 <u>따져</u> 보자. ( )

(2) 여행 비용과 여정을 꼼꼼히 <u>따져</u> 보고 여행지를 정했어. ( )

(3) 아저씨가 관리자에게 놀이 기구의 고장 원인을 <u>따지는</u> 걸 봤어. ( )

3 ( ) 안에 알맞은 낱말을 보기 에서 찾아 쓰세요.

보기
조정　　　발언　　　예측　　　동의

(1) 토의에서 현수는 음식물 쓰레기를 줄이려면 점심시간에 자율 배식을 해야 한다고 적극적으로 ( )했다.

(2) 저는 급식 때 자율 배식을 하자는 현수의 의견에 ( )하지 않습니다.

(3) 자율 배식을 한 결과를 ( )해 보면 학생들이 먹기 싫은 음식을 가져가지 않아서 남는 음식이 오히려 더 많아질 것입니다.

(4) 모두 자기 의견만 고집하면 토의로 문제를 해결할 수 없습니다. 의견 ( )이/가 필요합니다.

✎ 46～47쪽에서 공부한 낱말을 떠올리며 문제를 풀어 보세요.

4 뜻에 알맞은 낱말을 글자판에서 찾아 묶으세요. (낱말은 가로(ㅡ), 세로(ㅣ), 대각선(╱╲) 방향에 숨어 있어요.)

생	존	매	체
해	성	글	발
조	결	머	감
명	직	리	육

❶ 글을 시작하는 첫 부분.
❷ 짜서 이루거나 엮어서 만듦.
❸ 사물이 생겨 이루어지게 함.
❹ 어떤 소식이나 사실을 널리 전달하는 물체나 수단.

5 낱말의 뜻은 무엇인지 ( ) 안에서 알맞은 말을 골라 ○표 하세요.

간결하다   글이나 말이 (길면서도 , 간단하면서도) 짜임새가 있다.

6 밑줄 친 낱말과 바꾸어 쓸 수 있는 낱말을 골라 ○표 하세요.

(1) 읽는 사람의 관심을 끌려고 속담 '바람 앞의 등불'로 글머리를 시작했다.

(선두 , 서두 , 말미)

(2) 산골 마을 할머니들께서 쓰신 진솔한 시들을 모아 시집을 펴냈다.

(발명했다 , 발굴했다 , 발행했다)

7 빈칸에 알맞은 낱말을 완성하세요.

(1) 선생님께서는 건우의 글이 | ㄱ | ㄱ | 해서 이해하기 쉽다고 칭찬하셨다.

(2) 준서는 '내용 | ㅅ | ㅅ | 하기' 단계에서 명절에 있었던 일을 떠올려 글감으로 정했다.

(3) 겪은 일이 드러나는 글은 대개 '처음-가운데-끝'의 세 부분으로 | ㅈ | ㅈ | 한다.

(4) 학급 누리집이나 단체 대화방 같은 | ㅁ | ㅊ | 에 글을 쓸 때에는 누가 쓴 글인지 이름을 밝히고 예의를 갖추어 써야 한다.

사회 교과서 어휘

다음 중 낱말의 뜻을 잘 알고 있는 것에 ☑ 하세요.

☐ 외적   ☐ 신진 사대부   ☐ 개혁   ☐ 유교   ☐ 신분   ☐ 창제

이 웅장한 건물은 경복궁에 있는 근정전이야. 경복궁은 태조 때 지어진 조선 시대 최초의 궁궐이란다. 고려 말과 조선 초 역사를 배울 때 나오는 낱말을 공부해 보자.

✎ 낱말을 읽고, ▨ 부분에 밑줄을 그으면서 낱말 공부를 해 보세요.

외적
外 바깥 **외** + 敵 대적할 **적**

뜻 외국으로부터 쳐들어오는 적.

예 고려 말에는 홍건적, 왜구 등 외적의 침입과 지배 세력의 횡포로 나라가 매우 혼란스러웠다.

헷갈리는 말 **왜적**

'왜적'은 도둑질하는 일본 사람을 낮잡아 이르는 말이야.

이것만은 꼭!

신진 사대부
新 새 **신** + 進 나아갈 **진** +
士 선비 **사** + 大 클 **대** +
夫 사내 **부**
🔊 '부(夫)'의 대표 뜻은 '지아비'야.

뜻 고려 말 등장한 새로운 정치 세력으로 성리학을 공부하고 과거 시험으로 관리가 된 사람들.

예 신진 사대부들은 외적의 침입을 물리치고 성장한 신흥 무인 세력과 손잡고 고려 사회의 혼란스러움을 바로잡고자 했다.

관련 어휘 **권문세족**

'권문세족'은 벼슬이 높고 권세가 있는 집안으로 고려 후기 지배 세력을 말해.

개혁

改 고칠 **개** + 革 고칠 **혁**
☞'혁(革)'의 대표 뜻은 '가죽'이야.

뜻 제도나 기구 등을 새롭게 뜯어고침.

예 정몽주는 고려를 유지하면서 개혁을 하려고 했지만 정도전은 고려를 대신해 이성계를 중심으로 새로운 나라를 세우고자 했다.

관련 어휘 혁명

'혁명'은 나라, 사회, 제도, 조직 등을 근본적으로 고치는 일을 말해. 본바탕을 뒤집어 엎고 바꾸는 것이기 때문에 개혁보다 근본적이고 급격한 변화를 가져온단다.

유교

儒 선비 **유** + 敎 가르칠 **교**

뜻 공자의 가르침을 따르며 나라에 충성하고 부모에게 효도하는 것을 중요시하는 학문.

예 조선은 유교 정치 이념을 내세운 나라로 임금부터 백성들까지 모두 유교 질서에 따라 생활해야 했다.

백성들에게 유교의 가르침을 ▶
전하려고 펴낸 『삼강행실도』

신분

身 출신 **신** + 分 나눌 **분**
☞'신(身)'의 대표 뜻은 '몸'이야.

뜻 개인의 사회적인 위치나 계급.

예 조선 시대에는 태어날 때부터 양반, 중인, 상민, 천민으로 신분이 정해져 있었다.

비슷한말 출신

'출신'은 출생 당시 가정이 속해 있던 사회적 신분을 말해.
예 그는 중인 출신으로 태어나 과거 시험을 볼 수 없었다.

창제

創 비롯할 **창** + 製 지을 **제**

뜻 전에 없던 것을 처음으로 만들거나 제정함.

예 세종은 훈민정음을 창제한 뒤 한자로 된 책들 중에 백성들이 알아야 하는 것을 우리글로 풀어서 널리 보급했다.

비슷한말 창조

'창조'는 새로운 것을 처음으로 만듦을 뜻하는 말이야.
예 먼 옛날에 섬과 산, 강을 창조했다는 마고할미 이야기를 재미있게 읽었다.

사회 교과서 어휘

다음 중 낱말의 뜻을 잘 알고 있는 것에 ✓ 하세요.

☐ 정복 ☐ 피란 ☐ 의병 ☐ 중립 외교 ☐ 항복 ☐ 인질

조선 시대에는 임진왜란과 병자호란 두 번의 큰 전쟁을 겪었어. 이순신 장군의 활약으로 임진왜란은 극복했지만 병자호란 때는 청에 항복했어. 그 시기 역사를 배울 때 나오는 낱말을 공부해 보자.

이순신 장군 동상과 서울 삼전도비야. 서울 삼전도비는 인조가 청 태종에게 항복한 사실을 기록한 비석이야.

✏️ 낱말을 읽고, ▭ 부분에 밑줄을 그으면서 낱말 공부를 해 보세요.

정복

征 칠 정 + 服 복종할 복
'복(服)'의 대표 뜻은 '옷'이야.

뜻 다른 민족이나 나라를 무력으로 쳐서 복종시킴.

예 1592년, 일본을 통일한 도요토미 히데요시가 조선과 명을 정복하려고 쳐들어와 임진왜란이 일어났다.

여러 가지 뜻을 가진 낱말 정복

'정복'에는 하기 어렵고 힘든 것을 뜻대로 다룰 수 있게 됨이라는 뜻도 있어.

예 고모는 영어 회화를 정복하기 위해 날마다 영어 공부를 했다.

피란

避 피할 피 + 亂 난리 란
'란(亂)'의 대표 뜻은 '어지럽다'야.

뜻 전쟁을 피해 안전한 곳으로 옮겨 가는 것.

예 조선군은 일본군에 맞서 싸웠으나 거듭해서 패했고, 선조는 한양을 떠나 의주까지 피란을 갔다.

비슷한말 피난

'피난'은 재난을 피하여 멀리 옮겨 감을 뜻하는 말이야.

예 물난리가 나자 마을 사람들은 한동안 초등학교에서 피난 생활을 했다.

이것만은 꼭!

의병

義 옳을 **의** + 兵 병사 **병**

뜻 외적의 침입을 물리치기 위해 백성들이 자발적으로 조직한 군대. 또는 그 군대의 병사.

예 임진왜란이 일어나자 백성들은 자기 고장과 나라를 지키고자 적극적으로 의병에 참여했다.

관련 어휘 | 관군

옛날에 백성들이 스스로 조직한 군대는 의병이고, 나라에 소속된 군대 또는 군사는 '관군'이야. "반란군이 관군에게 쫓겼다."와 같이 쓰여.

중립 외교

中 가운데 **중** + 立 설 **립** + 外 바깥 **외** + 交 사귈 **교**

뜻 한 나라에 치우치지 않고 각 나라에 같은 중요도를 두는 외교.

예 광해군은 전쟁에 휘말리지 않으려고 세력이 약해진 명과 새롭게 강대국으로 성장하는 후금 사이에서 중립 외교를 신중하게 펼쳤다.

'외교'는 다른 나라와 정치적, 경제적, 문화적 관계를 맺는 일이야.

항복

降 항복할 **항** + 伏 엎드릴 **복**

뜻 적이나 상대편의 힘에 눌리어 주장이나 뜻을 굽히고 복종함.

예 청의 침입으로 남한산성에 피신한 인조는 결국 청 태종에게 무릎을 꿇고 항복하였다.

관용어 | 백기를 들다

'백기를 들다'는 "굴복하거나 항복하다."를 뜻하는 표현이야.
예 적군은 더 이상 버티지 못하고 백기를 들었다.

인질

人 사람 **인** + 質 저당잡힐 **질**
'질(質)'의 대표 뜻은 '바탕'이야.

뜻 약속을 지키게 하려고 잡아 두는 사람.

예 병자호란이 끝난 뒤 조선과 청은 신하와 임금의 관계를 맺었고, 많은 백성이 청에 인질로 끌려갔다.

비슷한말 | 볼모

'볼모'는 약속을 지키겠다는 뜻으로 상대편에 잡혀 두는 사람이나 물건을 뜻해.
예 인조의 아들인 소현 세자는 볼모가 되어 구 년 동안 청에 붙잡혀 있었다.

2주차

2회

확인 문제

🖊 50~51쪽에서 공부한 낱말을 떠올리며 문제를 풀어 보세요.

1 뜻에 알맞은 낱말이 되도록 보기에서 글자를 찾아 쓰세요.

보기
제 신
유 창 교
분

(1) 개인의 사회적인 위치나 계급. → ☐☐

(2) 전에 없던 것을 처음으로 만들거나 제정함. → ☐☐

(3) 공자의 가르침을 따르며 나라에 충성하고 부모에게 효도하는 것을 중요시하는 학문. → ☐☐

2 뜻에 알맞은 낱말을 골라 ◯표 하세요.

(1) 외국으로부터 쳐들어오는 적.　　(외적 , 왜적)

(2) 제도나 기구 등을 새롭게 뜯어고침.　　(출신 , 개혁)

(3) 고려 말 등장한 새로운 정치 세력으로 성리학을 공부하고 과거 시험으로 관리가 된 사람들.　　(권문세족 , 신진 사대부)

3 ( ) 안에 알맞은 낱말을 보기에서 찾아 쓰세요.

보기
유교　　신분　　개혁

(1) 세종은 천민 (　　　　)인 장영실을 관리로 뽑아 과학 기술을 개발하고 연구하도록 했다.

(2) 신진 사대부는 토지 제도를 (　　　　)하여 땅을 몇몇 높은 관리가 차지한 문제를 해결하려고 했다.

(3) 부모님께 효도하고 웃어른을 공경하는 조선 시대 (　　　　)의 가르침은 오늘날까지 전해져서 우리의 문화에 영향을 주었다.

✎ 52~53쪽에서 공부한 낱말을 떠올리며 문제를 풀어 보세요.

4 뜻에 알맞은 낱말을 완성하세요.

(1)

ㅍ	ㄹ

전쟁을 피해 안전한 곳으로 옮겨 가는 것.

(2)

ㅈ	ㅂ

다른 민족이나 나라를 무력으로 쳐서 복종시킴.

(3)

ㅇ	ㅂ

외적의 침입을 물리치기 위해 백성들이 자발적으로 조직한 군대.

5 친구의 말에서 '이것'은 무엇인지 알맞은 낱말을 빈칸에 쓰세요.

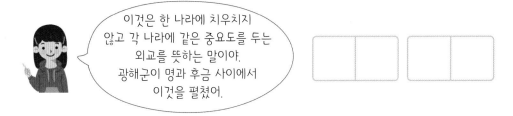

이것은 한 나라에 치우치지 않고 각 나라에 같은 중요도를 두는 외교를 뜻하는 말이야. 광해군이 명과 후금 사이에서 이것을 펼쳤어.

6 다음 관용어와 관련 있는 낱말을 골라 ○표 하세요.

백기를 들다   (항복 , 지혜 , 약속)

7 ( ) 안에서 알맞은 낱말을 골라 ○표 하세요.

(1) 미처 (피란 , 피서)을/를 가지 못한 사람들은 적군에게 포로로 잡혔다.

(2) 곽재우는 (의병 , 역병)을 모아 여러 전투에서 일본군과 싸워 이겼는데, 붉은 옷을 입어 홍의 장군으로 불렸다.

(3) 소현 세자의 부인인 민회빈 강씨는 청에 (손님 , 인질)(으)로 끌려간 백성들이 조선으로 돌아 갈 수 있도록 도왔다.

(4) 이순신과 관군, 전국 각지에서 일어난 의병 들이 힘을 합쳐 조선을 (정비 , 정복)하려고 쳐들 어온 일본군을 물리쳤다.

수학 교과서 어휘

다음 중 낱말의 뜻을 잘 알고 있는 것에 ✓ 하세요.

☐ 등분 ☐ 곱해지는 수 ☐ 진분수의 곱셈 ☐ 대분수의 곱셈 ☐ 연결 ☐ 조각보

수아야, 쿠키 반죽을 할 물을 $\frac{1}{4}$ 리터씩 두 번 담아 줘.

$\frac{1}{4} \times 2 = \frac{2}{4}$ 니까 한 번에 $\frac{2}{4}$ 리터 줄게.

수아는 분수를 두 번 더하지 않고 곱셈을 사용해서 반죽할 때 필요한 물의 양을 금세 알아냈어. 분수의 곱셈이 필요한 상황을 생각하며 '분수의 곱셈' 단원에 나오는 낱말을 공부해 보자.

✏️ 낱말을 읽고, 부분에 밑줄을 그으면서 낱말 공부를 해 보세요.

등분

等 같을 **등** + 分 나눌 **분**
👆'등(等)'의 대표 뜻은 '무리'야.

🈯 똑같은 분량으로 나누어진 몫을 세는 단위.

📝 끈의 길이가 2 m의 $\frac{1}{3}$인 것은 2 m를 삼 **등분**한 것 중 하나이고, 곱셈식으로는 $2 \times \frac{1}{3}$이다.

'등분'은 수량을 나타내는 말 뒤에 쓰여.

곱해지는 수

🈯 어떤 수에 다른 수를 곱할 때 그 처음의 수. '10×5'에서 '10'을 이름.

📝 (분수)×(자연수)의 계산을 연습하려고 $\frac{3}{4} \times 3$을 계산한 뒤, **곱해지는 수** $\frac{3}{4}$을 $\frac{5}{6}$, $\frac{3}{8}$ 등 여러 분수로 바꾸어서 계산해 봤다.

[관련 어휘] **곱하는 수**

'곱하는 수'는 곱셈에서 어떤 수에 곱하는 수를 말해. '10 × 5'에서 '5'를 이르는 말이야. 곱셈은 곱해지는 수와 곱하는 수로 이루어져.

진분수의 곱셈

眞 참 **진** + 分 나눌 **분** + 數 셈 **수** + 의 + 곱셈

뜻 진분수와 진분수를 곱하여 계산함.

예 진분수의 곱셈 (진분수)×(진분수)를 계산하는 방법은 분자는 분자끼리, 분모는 분모끼리 곱하는 것이다.

> 진분수는 $\frac{1}{3}$, $\frac{4}{5}$처럼 분자가 분모보다 작은 분수야.

이것만은 꼭!

대분수의 곱셈

帶 띠 **대** + 分 나눌 **분** + 數 셈 **수** + 의 + 곱셈

뜻 대분수와 대분수를 곱하여 계산함.

예 대분수의 곱셈 (대분수)×(대분수)를 계산하는 방법에는 대분수를 가분수로 나타내어 계산하는 방법과, 대분수를 자연수 부분과 진분수 부분으로 구분하여 계산하는 방법 두 가지가 있다.

> 대분수는 $2\frac{3}{5}$, $3\frac{5}{6}$처럼 자연수와 진분수의 합으로 이루어진 수야.

연결

連 잇닿을 **연** + 結 맺을 **결**

뜻 둘 이상의 사물이나 현상 등을 서로 잇거나 관계를 맺게 함.

예 수진이는 어떤 직사각형의 $\frac{1}{3}$인 직사각형을 보고, 크기가 1인 원래 직사각형을 그려 보는 문제를 분수의 곱셈과 연결하여 해결했다.

비슷한말 관련

'관련'은 둘 이상의 사람, 사물, 현상 등이 서로 관계를 맺고 있음을 뜻하는 말이야. "분수와 관련 있는 생활 속 수학을 알아보았다."와 같이 쓰여.

조각보

조각 + 褓 포대기 **보**

뜻 여러 조각의 헝겊을 이어 붙여서 만든 보자기.

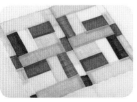

예 조각보의 파란 부분을 만들려고 가지고 있던 파란 헝겊의 $\frac{1}{5}$을 사용했다.

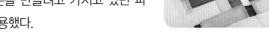

둘 이상의 낱말이 합쳐진 말 '보'가 들어간 말

'보'는 물건을 싸거나 씌우기 위해 네모지게 만든 천을 말해. 식탁에 까는 널따란 보자기인 '식탁보', 책을 싸는 보자기인 '책보'는 '조각보'처럼 어떤 낱말과 '보'가 결합해 만들어진 낱말이야.

2주차

3회

2주차

3회

수학 교과서 어휘

다음 중 낱말의 뜻을 잘 알고 있는 것에 ✓ 하세요.

☐ 겹치다 ☐ 합동 ☐ 대응점 ☐ 대응변 ☐ 대응각 ☐ 대칭

우리가 구운 쿠키의 모양과 크기가 모두 똑같네.

쿠키 틀을 하나만 사용했잖아.

쿠키 틀 세 개 중에 친구들이 사용한 것이 무엇인지 알겠니? 쿠키와 포개었을 때 완전히 겹치는 모양과 크기의 틀이야. 이와 같은 도형의 합동을 배울 때 나오는 낱말을 공부해 보자.

✎ 낱말을 읽고, ▢ 부분에 밑줄을 그으면서 낱말 공부를 해 보세요.

겹치다

뜻 여러 사물이나 내용 등이 서로 덧놓이거나 포개어지다.

예 크기와 모양이 똑같은 종이 두 장을 겹쳤더니 한 장처럼 보였다.

여러 가지 뜻을 가진 낱말 겹치다

'겹치다'는 "여러 가지 일이나 현상이 한꺼번에 일어나다."라는 뜻도 가지고 있어.

예 오늘은 학교에 뛰어가다가 넘어지고 그 바람에 지각하고 숙제도 집에 두고 오는 등 불행이 겹친 날이다.

합동

合 합할 합 + 同 한가지 동

이것만은 꼭!

뜻 두 도형이 모양과 크기가 같아서 포개었을 때 완전히 겹치는 것.

예 색종이 두 장을 포개어 육각형을 오리면 오려서 나온 두 개의 육각형은 서로 합동이다.

여러 가지 뜻을 가진 낱말 합동

'합동'에는 둘 이상의 조직이나 개인이 모여 행동이나 일을 함께함이라는 뜻도 있어.

예 육군과 해군이 합동 군사 훈련을 했다.

대응점

對 대할 대 + 應 응할 응 +
點 점 점

뜻 서로 합동인 두 도형을 포개었을 때 완전히 겹치는 점.

예 두 삼각형이 서로 합동인지 알아보려면 대응점이 세 개인지 확인한다.

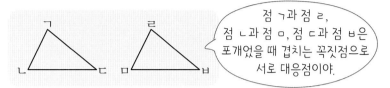

점 ㄱ과 점 ㄹ,
점 ㄴ과 점 ㅁ, 점 ㄷ과 점 ㅂ은
포개었을 때 겹치는 꼭짓점으로
서로 대응점이야.

대응변

對 대할 대 + 應 응할 응 +
邊 가 변

뜻 서로 합동인 두 도형을 포개었을 때 완전히 겹치는 변.

예 서로 합동인 두 도형에서 대응변은 길이가 서로 같다.

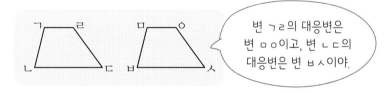

변 ㄱㄹ의 대응변은
변 ㅁㅇ이고, 변 ㄴㄷ의
대응변은 변 ㅂㅅ이야.

대응각

對 대할 대 + 應 응할 응 +
角 모 각
🖱'각(角)'의 대표 뜻은 '뿔'이야.

뜻 서로 합동인 두 도형을 포개었을 때 완전히 겹치는 각.

예 서로 합동인 두 도형에서 대응각은 크기가 서로 같다.

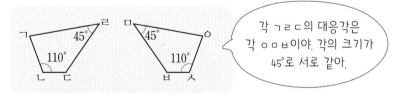

각 ㄱㄹㄷ의 대응각은
각 ㅇㅁㅂ이야. 각의 크기가
45°로 서로 같아.

대칭

對 마주할 대 + 稱 걸맞을 칭
🖱'대(對)'의 대표 뜻은 '대하다', '칭(稱)'
의 대표 뜻은 '일컫다'야.

뜻 점, 선, 면이 한 점이나 직선, 평면을 사이에 두고 같은 거리에 마주 놓여 있는 일.

예 나비의 날개는 오른쪽과 왼쪽이 모양이 같은 좌우 대칭이다.

확인 문제

✏️ 56～57쪽에서 공부한 낱말을 떠올리며 문제를 풀어 보세요.

1 뜻에 알맞은 말은 무엇인지 ( ) 안에서 알맞은 낱말을 골라 ○표 하세요.

(1) 진분수와 진분수를 곱하여 계산함. → (대분수 , 진분수)의 곱셈

(2) 똑같은 분량으로 나누어진 몫을 세는 단위. → (배열 , 등분)

(3) 어떤 수에 다른 수를 곱할 때 그 처음의 수. → (곱하는 , 곱해지는) 수

2 빈칸에 공통으로 들어갈 말로 알맞은 것은 무엇인가요? (   )

- 책☐: 책을 싸는 보자기.
- 식탁☐: 식탁에 까는 널따란 보자기.
- 조각☐: 여러 조각의 헝겊을 이어 붙여서 만든 보자기.

① 상   ② 보   ③ 잎
④ 판   ⑤ 돌

3 빈칸에 알맞은 낱말을 글자 카드로 만들어 쓰세요.

(1) 밤에 잠을 충분히 자는 것은 어린이의 성장이나 건강과 ☐☐된다.

| 연 | 단 | 수 | 결 |

(   )

(2) 오 형제는 케이크를 다섯 ☐☐으로 잘라서 사이좋게 한 조각씩 나누어 먹었다.

| 발 | 분 | 계 | 등 |

(   )

(3) 할머니께서는 자투리 천을 버리지 않고 모아 두셨다가 예쁜 ☐☐를 만드셨다.

| 각 | 조 | 생 | 보 |

(   )

✎ 58∼59쪽에서 공부한 낱말을 떠올리며 문제를 풀어 보세요.

4 뜻에 알맞은 낱말을 빈칸에 쓰세요.

(1)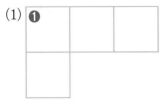

> 가로 열쇠 ❶ 서로 합동인 두 도형을 포개었을 때 완전히 겹치는 각.
> 세로 열쇠 ❶ 점, 선, 면이 한 점이나 직선, 평면을 사이에 두고 같은 거리에 마주 놓여 있는 일.

(2)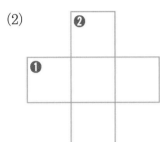

> 가로 열쇠 ❶ 서로 합동인 두 도형을 포개었을 때 완전히 겹치는 점.
> 세로 열쇠 ❷ 서로 합동인 두 도형을 포개었을 때 완전히 겹치는 변으로 길이가 서로 같음.

5 친구가 한 말에서 밑줄 친 낱말의 뜻을 보기 에서 찾아 기호를 쓰세요.

보기
⊙ 둘 이상의 조직이나 개인이 모여 행동이나 일을 함께함.
ⓒ 두 도형이 모양과 크기가 같아서 포개었을 때 완전히 겹치는 것.

(1)
학교 축제 때 우리 반과 옆 반 친구들이 합동 노래 공연을 했어.
(   )

(2)
삼각형, 사각형, 원끼리는 서로 합동인 것들도 있고 아닌 것도 있어.
(   )

6 (   ) 안에서 알맞은 낱말을 골라 ◯표 하세요.

(1) 꽃게의 발은 양쪽이 (대칭 , 대조)을/를 이루고 있다.

(2) 방바닥이 차가워서 방석 두 개를 (돌려서 , 겹쳐서) 깔고 앉았다.

(3) (대응점 , 대응각)의 크기가 서로 같다는 점을 이용해 서로 합동인 두 삼각형의 세 각의 크기를 알아보자.

다음 중 낱말의 뜻을 잘 알고 있는 것에 ✔ 하세요.

☐ 생태 피라미드 ☐ 생태계 평형 ☐ 영향 ☐ 서식지 ☐ 보전 ☐ 복원

사람들이 이렇게 숲을 없애면 숲에 사는 생물들은 어떻게 될까? 생태계 평형과 보전을 생각해 보며 '생물과 환경' 단원에 나오는 낱말을 공부해 보자.

✏️ 낱말을 읽고, ▨ 부분에 밑줄을 그으면서 낱말 공부를 해 보세요.

생태 피라미드

生 살 생 + 態 상태 태 + 피라미드

👆 '생(生)'의 대표 뜻은 '나다', '태(態)'의 대표 뜻은 '모습'이야.

🟦 뜻 먹이 단계에 따라 생물의 수나 양을 피라미드 형태로 표현한 것.

🟦 예 생태 피라미드에서 먹이 단계가 올라갈수록 생물의 수는 줄어든다.

최종 소비자
3차 소비자
2차 소비자
1차 소비자
생산자

생태계 평형

生 살 생 + 態 상태 태 + 系 이어맬 계 + 平 안정될 평 + 衡 저울대 형

👆 '평(平)'의 대표 뜻은 '평평하다'야.

🟦 뜻 어떤 지역에 살고 있는 생물의 종류와 수 또는 양이 균형을 이루며 안정된 상태를 유지하는 것.

🟦 예 특정 생물의 수나 양이 갑자기 늘어나거나 줄어들면 생태계 평형이 깨질 수 있다.

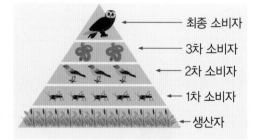

생태계 평형이 깨지는 원인에는 가뭄, 태풍과 같은 자연적인 요인뿐만 아니라 댐, 도로 건설과 같은 인위적인 요인도 있어.

2주차

4회

영향

影 그림자 **영** + 響 여파 **향**
🐭 '향(響)'의 대표 뜻은 '울리다'야.

🌟 어떤 것의 효과나 작용이 다른 것에 미치는 것.

📖 온도의 영향으로 개나 고양이는 추운 계절이 다가오면 털갈이를 하고, 식물의 잎에 단풍이 든다.

온도, 햇빛, 물 등과 같은 비생물 요소는 생물이 살아가는 데 영향을 줘.

서식지

棲 깃들일 **서** + 息 쉴 **식** + 地 곳 **지**
🐭 '지(地)'의 대표 뜻은 '땅'이야.

이것만은 꼭!

🌟 생물이 자리를 잡고 사는 곳.

📖 생물은 저마다의 서식지에서 양분을 얻고 번식을 하며 살아간다.

관련 어휘 **적응**

'적응'은 특정한 서식지에서 오랜 기간에 걸쳐 살아남기에 유리한 특징이 자손에게 전달되는 것을 말해. 선인장의 굵은 줄기와 뾰족한 가시는 서식지의 건조한 환경에 적응된 결과이지.

지구에는 숲, 강, 바다, 사막 등 다양한 환경의 서식지가 있어.

보전

保 지킬 **보** + 全 온전할 **전**

🌟 온전하게 보호하여 유지함.

📖 생태계 훼손을 막으려고 국가에서는 생태계 보전을 위한 법을 만들고 정책을 시행한다.

비슷한말 **보존**

'보존'은 잘 보호하고 간수하여 남김을 뜻하는 말이야. "우리는 귀중한 문화재를 잘 보존해야 한다."와 같이 쓰여.

복원

復 회복할 **복** + 元 처음 **원**
🐭 '원(元)'의 대표 뜻은 '으뜸'이야.

🌟 원래의 상태나 모습으로 되돌림.

📖 생태계를 보전하는 것뿐만 아니라 환경 오염으로 훼손된 생태계를 복원하는 일도 매우 중요하다.

비슷한말 **복구**

'복구'는 파괴된 것을 이전의 상태로 되돌림을 뜻하는 말이야. "마을 주민들이 폭우로 파괴된 도로의 복구 작업에 나섰다."와 같이 쓰여.

2주차 4회 과학 교과서 어휘

다음 중 낱말의 뜻을 잘 알고 있는 것에 ✔ 하세요.

☐ 날씨 ☐ 습도 ☐ 부패 ☐ 안개 ☐ 구름 ☐ 맺히다

눈 오는 날, 비 내리는 날, 화창한 날…… 날씨는 우리 생활에 많은 영향을 미친단다. 날씨 현상을 과학적으로 배울 때 나오는 낱말을 공부해 보자.

✏️ 낱말을 읽고, ▢ 부분에 밑줄을 그으면서 낱말 공부를 해 보세요.

날씨

뜻 그날그날의 기온과 공기 중에 비, 구름, 바람 등이 나타나는 상태.

예 일기 예보에서 오늘 날씨는 맑다가 차차 흐려져 밤에 비가 내리겠다고 했다.

관련 어휘 **기후**

'기후'는 일정한 지역에 여러 해에 걸쳐 나타난 평균적인 날씨를 말해.

예 열대 지방의 기후는 일 년 내내 덥고 습하다.

습도

濕 젖을 **습** + 度 정도 **도**
🔎 '도(度)'의 대표 뜻은 '법도'야.

이것만은 꼭!

뜻 공기 중에 수증기가 포함된 정도.

예 습도가 낮으면 감기에 걸리기 쉬우므로 가습기를 사용하여 적절하게 습도를 조절하는 것이 좋다.

관련 어휘 **습기**

'습기'는 물기가 있어 축축한 기운을 말해.

예 장마철에는 습기가 많아서 빨래가 잘 마르지 않는다.

우리가 생활하기에 알맞은 습도는 40 %~60 % 정도야.

부패

腐 썩을 **부** + 敗 썩을 **패**
'패(敗)'의 대표 뜻은 '패하다'야.

뜻 단백질이나 지방 등이 미생물의 작용에 의해 썩는 것.

예 여름철에는 음식물의 부패가 빠르게 진행되므로 식품 위생에 주의해야 한다.

여러 가지 뜻을 가진 낱말 부패

'부패'는 정치, 사상, 의식 등이 정의롭지 못한 쪽으로 빠져드는 것을 뜻하기도 해.

예 세금을 빼돌린 부패 공무원이 시민의 고발로 붙잡혔다.

안개

뜻 밤에 지표면 근처의 공기가 차가워지면 공기 중 수증기가 응결해 작은 물방울로 떠 있는 것.

예 밤사이 짙은 안개가 자욱하게 끼어서 앞이 잘 보이지 않는다.

관용어 안개 속에 묻히다

'안개 속에 묻히다'는 "어떤 사실이나 비밀이 밝혀지지 않다."를 뜻하는 말이야.

예 유일한 목격자가 사라져서 사건의 진실은 안개 속에 묻혔다.

구름

뜻 공기 중 수증기가 응결해 물방울이 되거나 얼음 알갱이 상태로 변해 하늘에 떠 있는 것.

예 구름 속 작은 물방울이 합쳐져 떨어지면 비가 되고, 얼음 알갱이가 커져서 떨어지면 눈이 된다.

속담 구름 갈 제 비가 간다

'구름 갈 제 비가 간다'는 구름이 가는 데 비가 항상 뒤따른다는 뜻으로 늘 함께 다니는 사람의 긴밀한 관계를 이르는 말이야.

맺히다

뜻 물방울이나 땀방울 등이 생겨나 매달리게 되다.

예 이슬은 밤에 차가워진 풀잎 표면 등에 수증기가 응결해 물방울로 맺히는 것이다.

여러 가지 뜻을 가진 낱말 맺히다

'맺히다'는 "열매나 꽃망울 등이 생겨나다.", "마음 속에 잊히지 않는 응어리가 되어 남다."라는 뜻도 가지고 있어. "꽃이 진 자리에 열매가 맺혔다.", "30년 만에 아들을 찾은 어머니는 가슴에 맺힌 한을 풀었다."와 같이 쓰여.

확인 문제

✎ 62～63쪽에서 공부한 낱말을 떠올리며 문제를 풀어 보세요.

1 낱말의 뜻은 무엇인지 ( ) 안에서 알맞은 말을 골라 ○표 하세요.

(1)

| 보전 | 온전하게 (보호하여 , 널리 알려) 유지함. |

(2)

| 서식지 | 생물이 (보호를 받는 , 자리를 잡고 사는) 곳. |

(3)

| 생태 피라미드 | (먹이 단계 , 평균 수명의 길이)에 따라 생물의 수나 양을 피라미드 형태로 표현한 것. |

2 뜻에 알맞은 낱말이 되도록 보기 에서 글자를 찾아 쓰세요.

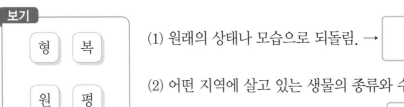

보기

형   복

원   평

(1) 원래의 상태나 모습으로 되돌림. → ☐☐

(2) 어떤 지역에 살고 있는 생물의 종류와 수 또는 양이 균형을 이루며 안정된 상태를 유지하는 것. → 생태계 ☐☐

3 뜻이 비슷한 낱말을 ( ) 안에서 골라 ○표 하세요.

(1)

| 보전 |
| (보도 , 보충 , 보존) |

(2)

| 복원 |
| (복구 , 개발 , 복용) |

4 ( ) 안에 알맞은 낱말을 보기 에서 찾아 쓰세요.

보기

생태   영향   보전   서식지

(1) 환경 오염과 무분별한 개발은 생태계에 해로운 (   )을/를 준다.

(2) 천적이 없기 때문에 사람은 (   ) 피라미드에서 최종 소비자이다.

(3) 사막, 북극 등 (   ) 환경에 따라 여우의 귀 크기나 털 색깔이 다르다.

(4) 나는 생태계 (   )을/를 위해 일회용품 사용 줄이기를 실천하고 있다.

🖊 64~65쪽에서 공부한 낱말을 떠올리며 문제를 풀어 보세요.

5 낱말의 뜻을 보기에서 찾아 사다리를 타고 내려간 곳에 기호를 쓰세요.

보기
㉠ 공기 중에 수증기가 포함된 정도.
㉡ 공기 중 수증기가 응결해 물방울이 되거나 얼음 알갱이 상태로 변해 하늘에 떠 있는 것.
㉢ 밤에 지표면 근처의 공기가 차가워지면 공기 중 수증기가 응결해 작은 물방울로 떠 있는 것.

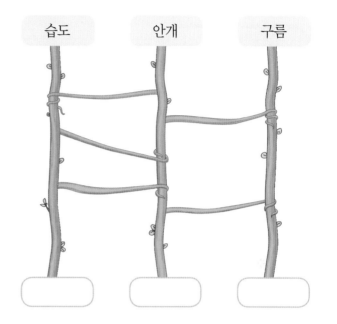

습도   안개   구름

6 밑줄 친 낱말이 보기의 뜻으로 쓰인 문장을 골라 ○표 하세요.

보기
물방울이나 땀방울 등이 생겨나 매달리게 되다.

(1) 소년의 눈에 눈물이 방울방울 맺혔다. (   )

(2) 봄이 되자 나뭇가지에 작은 꽃망울들이 맺혔다. (   )

(3) 사또는 여인의 한 맺힌 사연을 듣고 여인의 누명을 풀어 주었다.(   )

7 밑줄 친 낱말을 알맞게 사용한 친구에게 ○표, 알맞게 사용하지 못한 친구에게 ✕표 하세요.

(1)

갑자기 날씨가 추워져서 두꺼운 겉옷을 꺼내 입었어.
(   )

(2)
아빠께서 텃밭에서 금방 따 온 부패한 채소로 요리를 맛있게 해 주셨어.
(   )

(3)
오늘 낮 최고 습도가 34도까지 올라간대. 무척 덥겠어.
(   )

(4)
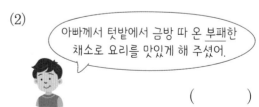
파란 하늘에 두둥실 흘러가는 안개를 보고 있으면 내 마음도 평화로워져.
(   )

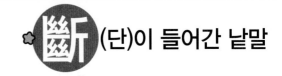 (단)이 들어간 낱말

✎ '斷(단)'이 들어간 낱말을 읽고, ▨▨ 부분에 밑줄을 그으면서 낱말 공부를 해 보세요.

斷
끊을 단

 '단(斷)'은 실타래와 도끼를 합해 표현한 글자야. 이어진 실타래를 도끼로 자르는 것에서 '끊다'라는 뜻을 갖게 되었어. 무엇을 끊는 것은 곧 일을 해결하는 것으로 생각해서 '결단하다'라는 뜻으로 쓰이기도 해.

斷념
중斷
우유부斷
독斷

끊다 斷

단념
斷 끊을 단 + 念 생각 념

뜻 품었던 생각을 아주 끊어 버림.

예 이번에 실패했다고 단념하지 말고 다시 도전해 보자.

비슷한말 체념

'체념'은 기대나 희망을 버리고 아주 단념함을 뜻하는 말이야. "불을 끄려고 양동이로 물을 끼었던 노인은 불길이 사방으로 번지자 체념한 듯 털썩 주저앉았다." 와 같이 쓰여.

중단
中 가운데 중 + 斷 끊을 단

뜻 중도에서 끊어지거나 끊음.

예 야구 경기를 하는 도중에 폭우가 쏟아져서 경기가 중단되었다.

결단하다 斷

우유부단
'우(優)'의 대표 뜻은 '넉넉하다'야.
優 부드러울 우 + 柔 부드러울 유 + 不 아닐 부 + 斷 결단할 단

뜻 어물어물 망설이기만 하고 결단성이 없음.

예 선희는 우유부단한 성격이어서 무슨 일이든 쉽게 결정하지 못한다.

속담 물에 물 탄 듯 술에 술 탄 듯

'물에 물 탄 듯 술에 술 탄 듯'은 자기의 의견이나 주장이 없고 말이나 행동이 분명하지 않음을 뜻해.

독단
獨 홀로 독 + 斷 결단할 단

뜻 남과 상의하지 않고 혼자서 판단하거나 결정함.

예 팀장이 늘 독단으로 일을 처리하자 팀원들이 그것에 대한 문제점을 말했다.

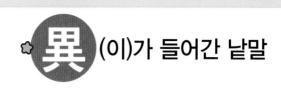 異(이)가 들어간 낱말

2주차

5회

✏️ '異(이)'가 들어간 낱말을 읽고,　　　　 부분에 밑줄을 그으면서 낱말 공부를 해 보세요.

異

다를 이

'이(異)'는 얼굴에 이상한 가면을 쓰고 양손을 벌리고 있는 사람을 표현한 글자야. 보통 사람의 행동과 다른 이상한 행동이라는 데서 '다르다'라는 뜻을 갖게 되었어. '기이하다'라는 뜻으로 쓰이기도 해.

동상異몽
특異
異변
경異롭다

다르다 異

동상이몽

同 같을 **동** + 床 평상 **상** + 異 다를 **이** + 夢 꿈 **몽**
👆 '동(同)'의 대표 뜻은 '한가지'야.

뜻 같은 자리에서 자면서 다른 꿈을 꾼다는 뜻으로, 겉으로는 같이 행동하면서 속으로는 각각 딴생각을 하는 것을 이르는 말.

예 산에 온 이유가 나는 정상까지 올라가는 건데 너는 산 아래 식당에서 맛있는 백숙을 먹는 거라니……. 우린 동상이몽이었구나.

특이

特 특별할 **특** + 異 다를 **이**

뜻 보통 것이나 상태에 비해 뚜렷하게 다름.

예 예방 주사를 맞고 고열, 두드러기 등 특이 증상이 나타나면 바로 병원으로 가십시오.

비슷한말 특수

'특수'는 특별히 다름을 뜻하는 말이야.

기이하다 異

이변

異 기이할 **이** + 變 변고 **변**
👆 '변(變)'의 대표 뜻은 '변하다'야.

뜻 예상하지 못한 사태나 매우 이상한 일.

예 이번 대회에서는 우승 후보가 1차전에서 탈락하는 이변이 일어났다.

경이롭다

驚 놀랄 **경** + 異 기이할 **이** + 롭다

뜻 놀랍고 신기한 데가 있다.

예 이 작은 씨앗을 심으면 싹이 트고 자라서 꽃 피고 열매를 맺는다는 사실이 경이롭지 않니?

비슷한말 신비롭다

'신비롭다'는 "사람의 힘이나 지혜가 미치지 못할 정도로 신기하고 묘한 느낌이 있다."라는 뜻이야.

예 지구 밖에서 찍은 우주 사진을 보면 신비롭다.

🖊 68쪽에서 공부한 낱말을 떠올리며 문제를 풀어 보세요.

1 낱말과 그 뜻을 알맞게 선으로 이으세요.

(1) 단념 •

(2) 중단 •

(3) 독단 •

(4) 우유부단 •

• 중도에서 끊어지거나 끊음.

• 품었던 생각을 아주 끊어 버림.

• 어물어물 망설이기만 하고 결단성 이 없음.

• 남과 상의하지 않고 혼자서 판단하 거나 결정함.

2 밑줄 친 말을 잘못 사용한 친구에게 ✕표 하세요.

(1)
내가 우유부단하게 굴면 성격 급한 언니는 답답해하다가 화를 내기도 해.

( )

(2)
야무진 혜영이는 언제나 물에 물 탄 듯 술에 술 탄 듯 자기 생각을 확실하게 말해.

( )

3 빈칸에 알맞은 낱말을 완성하세요.

(1) 그는 [ㄷ][ㄷ] 에 빠져서 자신이 늘 옳다고 생각했다.

(2) 화재 경보가 울리자 학생들은 수업을 [ㅈ][ㄷ] 하고 안전한 곳으로 대피했다.

(3) 선비는 연거푸 과거 시험에 낙방했지만 [ㄷ][ㄴ] 하지 않고 글공부를 계속했다.

✎ 69쪽에서 공부한 낱말을 떠올리며 문제를 풀어 보세요.

4 뜻에 알맞은 낱말을 빈칸에 쓰세요.

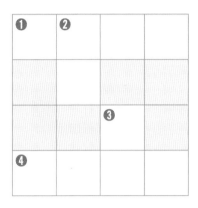

가로 열쇠 ❶ 놀랍고 신기한 데가 있다.
④ 겉으로는 같이 행동하면서 속으로는 각각 딴생각을 하는 것을 이르는 말.
세로 열쇠 ❷ 예상하지 못한 사태나 매우 이상한 일.
❸ 보통 것이나 상태에 비해 뚜렷하게 다름.

5 다음 중 뜻이 서로 비슷한 두 낱말을 골라 ○표 하세요.

특허   특수   특기   특이

6 빈칸에 들어갈 낱말로 알맞은 것을 두 가지 고르세요. (,   )

문어가 지능이 높고 감정을 가지고 있다는 연구 결과에 대해 쓴 글을 읽었어. 자면서 꿈까지 꾼다니 문어는 참 [   ] 동물이야!

① 해로운   ② 신비로운   ③ 평화로운   ④ 정의로운   ⑤ 경이로운

7 (   ) 안에 알맞은 말을 보기 에서 찾아 쓰세요.

보기
이변   특이   동상이몽

(1) 개성이 강한 현모는 (   )한 디자인의 옷을 즐겨 입는다.

(2) 길에서 금덩이를 주운 형제는 금덩이로 무엇을 할지 (   )을/를 꾸었다.

(3) 지구 온난화로 세계 곳곳에서 기상 (   )이/가 일어나 피해가 잇따르고 있다.

✏️ 2주차 1~5회에서 공부한 낱말을 떠올리며 문제를 풀어 보세요.

낱말 뜻

1 낱말의 뜻이 알맞은 것을 모두 고르세요. (,   ,   )

① 서식지: 생물이 자리를 잡고 사는 곳.
② 이변: 예상하지 못한 사태나 매우 이상한 일.
③ 개혁: 전에 없던 것을 처음으로 만들거나 제정함.
④ 부패: 어떤 것의 효과나 작용이 다른 것에 미치는 것.
⑤ 조정: 갈등을 중간에서 화해하게 하거나 서로 타협점을 찾아 합의하도록 함.

낱말 뜻

2 ( ) 안에서 알맞은 낱말을 골라 ◯표 하세요.

(1) (우유부단 , 동상이몽)은 어물어물 망설이기만 하고 결단성이 없음을 뜻하는 말이다.

(2) (대칭 , 합동)은 두 도형이 모양과 크기가 같아서 포개었을 때 완전히 겹치는 것이다.

(3) (중단 , 중립) 외교는 한 나라에 치우치지 않고 각 나라에 같은 중요도를 두는 외교이다.

비슷한말

3 뜻이 비슷한 말을 **보기** 에서 찾아 기호를 쓰세요.

> **보기**
>
> ㉠ 서두   ㉡ 볼모   ㉢ 예상

(1) 인질 (   )   (2) 예측 (   )   (3) 글머리 (   )

여러 가지 뜻을 가진 낱말

4 밑줄 친 낱말의 뜻이 다른 하나를 골라 ◯표 하세요.

(1) 세계 정복을 꿈꾸는 악당을 정의로운 사람들이 물리치는 영화를 봤어. (   )

(2) 분수의 곱셈을 정복하기 위해 열심히 수학 공부를 할 거야. (   )

(3) 요즘은 이웃 나라를 정복해서 영토를 넓히는 일이 일어나지 않아서 다행이야. (   )

반대말

5 밑줄 친 낱말의 반대말은 무엇인가요? (   )

일요일 저녁은 나와 누나가 요리를 하겠다는 의견에 부모님께서 <u>동의</u>를 표하셨다.

① 동감   ② 이의   ③ 성의   ④ 발언   ⑤ 단념

관용어·속담

6 ㉠과 ㉡에 들어갈 낱말이 모두 알맞은 것은 무엇인가요? (   )

- [㉠] 속에 묻히다: 어떤 사실이나 비밀이 밝혀지지 않다.
- [㉡] 갈 제 비가 간다: 늘 함께 다니는 사람의 긴밀한 관계를 이르는 말.

① ㉠: 안개, ㉡: 눈   ② ㉠: 안개, ㉡: 해   ③ ㉠: 안개, ㉡: 구름
④ ㉠: 구름, ㉡: 눈   ⑤ ㉠: 구름, ㉡: 안개

낱말 활용

7 ~ 10 (   ) 안에 알맞은 낱말을 보기 에서 찾아 쓰세요.

보기

신분   등분   복원   매체

7 우리 셋이 책꽂이에 꽂힌 책들을 세 (   )(으)로 나누어 옮기자.

8 인터넷 (   )의 발달로 얼굴을 직접 보지 않아도 의사소통이 가능하다.

9 조선 시대 소설인 「춘향전」은 양반인 이몽룡과 천민인 춘향이 (   )의 차이를 뛰어넘어 사랑한 이야기이다.

10 오염된 하천을 몇 년에 걸쳐 (   )한 결과 생태계가 살아나 현재는 다양한 동식물이 하천에 서식하고 있다.

3주차 어휘 미리 보기

한 주 동안 공부할 어휘들이야. 쏙 한번 훑어볼까?

1회
학습 계획일 ◯월 ◯일

국어 교과서 어휘

영상 매체	토론
인쇄 매체	반론
효과	타당하다
탐색	증명
마녀사냥	응답
얼토당토않다	적성

2회
학습 계획일 ◯월 ◯일

사회 교과서 어휘

붕당	약탈
탕평책	개항
실학	조약
서민 문화	개화
세도 정치	정변
통상	동학

3회
학습 계획일 ◯월 ◯일

수학 교과서 어휘

접다	결괏값
선대칭도형	곱의 소수점 위치
대칭축	늘리다
점대칭도형	달하다
대칭의 중심	계량스푼
비치다	최고치

4회   학습 계획일 ◯월 ◯일

과학 교과서 어휘

기압	운동
지면	일정하다
해풍	속력
공기 덩어리	과속
기상	안전장치
불쾌지수	제동

어휘력
테스트

5회   학습 계획일 ◯월 ◯일

한자 어휘

급류	학수고대
유창하다	대기
유언비어	초대
유행	냉대

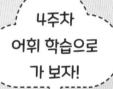

4주차
어휘 학습으로
가 보자!

수록 교과서 국어 5-2 ④
5. 여러 가지 매체 자료

다음 중 낱말의 뜻을 잘 알고 있는 것에 ✓ 하세요.

☐ 영상 매체 ☐ 인쇄 매체 ☐ 효과 ☐ 탐색 ☐ 마녀사냥 ☐ 얼토당토않다

✎ 낱말을 읽고,　　　부분에 밑줄을 그으면서 낱말 공부를 해 보세요.

영상 매체

映 비칠 영 + 像 모양 상 + 媒 매개 매 + 體 물체 체
☞'매(媒)'의 대표 뜻은 '중매', '체(體)'의 대표 뜻은 '몸'이야.

뜻 영사막이나 브라운관, 모니터 등을 통해 정보와 사상을 전달하는 매체.

예 영상 매체 자료를 읽을 때에는 화면 구성을 잘 살피고, 자막과 영상, 소리의 관계를 파악하며 보아야 한다.

영상 매체 자료에는 영화, 연속극, 다큐멘터리 등이 있어.

인쇄 매체

印 박을 인 + 刷 인쇄할 쇄 + 媒 매개 매 + 體 물체 체
☞'인(印)'의 대표 뜻은 '도장'이야.

뜻 인쇄물의 형태로 정보와 사상을 전달하는 매체.

예 신문, 잡지 등의 인쇄 매체 자료를 읽을 때에는 글과 그림, 사진이 주는 시각 정보를 잘 살펴보아야 한다.

▲ 신문은 글, 그림, 사진으로 정보를 전달한다.

관련 어휘 인터넷 매체

'인터넷 매체'는 누리 소통망[SNS], 휴대 전화 문자 메시지 등과 같이 인터넷을 이용하여 정보와 사상을 전달하는 매체를 말해. 인터넷 매체 자료는 영상 매체 자료와 인쇄 매체 자료의 표현 수단을 모두 활용해.

이것만은 꼭!

효과

效 나타낼 효 + 果 결과 과
☞'효(效)'의 대표 뜻은 '본받다', '과(果)'의 대표 뜻은 '실과'야.

뜻 소리나 영상 등으로 그 장면에 알맞은 분위기를 만들어 실감을 자아내는 일.

예 긴장감을 고조시키기 위해 인물이 쫓기는 장면에서 빠른 템포의 음악을 사용해 효과를 주었다.

여러 가지 뜻을 가진 낱말 효과

'효과'에는 어떤 것을 하여 얻어지는 보람이나 좋은 결과라는 뜻도 있어.

예 비타민 C가 많이 든 과일을 먹으면 감기 예방에 효과가 있다.

정답과 해설 ▶ 34쪽

탐색

探 찾을 탐 + 索 찾을 색

뜻 드러나지 않은 사물이나 현상을 알아내기 위해 살피어 찾음.

예 진로 탐색 시간에 다양한 직업에 대해 알아보았다.

비슷한말 탐사

'탐사'는 알려지지 않은 사물이나 사실 등을 샅샅이 더듬어 조사함을 뜻해.

예 화성 탐사를 하기 위한 무인 우주선이 발사되었다.

마녀사냥

魔 마귀 마 + 女 여자 녀 +
사냥

뜻 어떤 사람에게 죄를 뒤집어씌우는 것을 비유적으로 이르는 말.

예 인터넷에서는 근거 없이 누군가를 비난하면 많은 사람이 덩달아 그 사람을 공격하는 마녀사냥이 벌어지기 일쑤다.

얼토당토않다

뜻 전혀 이치에 맞지 않다.

예 누가 나에 대한 얼토당토않은 글을 인터넷 게시판에 올려서 나도 근거를 들어 반박하는 글을 올렸어.

관용어 말도 안 되다

'말도 안 되다'는 "실현 가능성이 없거나 이치에 맞지 않다."를 뜻하는 표현이야.

예 말도 안 되는 소리 그만하고 왜 늦었는지 솔직히 말해.

꼭! 알아야 할 속담

빈칸
채우기

'굴러온 ☐이 박힌 ☐ 빼다'는 밖에서 들어온 지 얼마 안 되는 사람이 오래전부터 있던 사람을 내쫓거나 해를 입히는 것을 비유적으로 이르는 말입니다.

국어 교과서 어휘

다음 중 낱말의 뜻을 잘 알고 있는 것에 ✅ 하세요.

☐ 토론 ☐ 반론 ☐ 타당하다 ☐ 증명 ☐ 응답 ☐ 적성

🖊 낱말을 읽고, ▨ 부분에 밑줄을 그으면서 낱말 공부를 해 보세요.

토론

討 칠 **토** + 論 논할 **론**

🔵뜻 어떤 문제에 대해 여러 사람이 찬성과 반대로 나뉘어 각각 의견을 말하며 논의함.

🔵예 학교 운동장을 개방한 뒤로 쓰레기가 많아지자 우리 반 학생들은 "학교 운동장을 외부인에게 개방하지 말아야 한다."라는 주제로 토론을 했다.

> 어떤 문제에 대해 의견을 나누며 좋은 해결 방법을 찾는 '토의'와 달리 '토론'은 찬성과 반대로 나뉘는 문제에 대해 논의해.

반론

反 반대할 **반** + 論 논할 **론**
↳ '반(反)'의 대표 뜻은 '돌이키다'야.

이것만은 꼭!

🔵뜻 다른 사람의 주장이나 의견에 반대하여 말함. 또는 그런 주장.

🔵예 찬성편이 "학급 임원은 반드시 필요하다."라고 주장을 펼친 뒤 반대편에서는 찬성편 주장의 잘못된 점을 지적하면서 반론했다.

비슷한말 반박

'반박'은 어떤 의견, 주장 등에 반대하여 말하는 것이야. 토론 절차에서는 상대편이 제기한 반론에 대해 또다시 반대 의견을 말하는 것을 가리켜.

🔵예 이번에는 찬성편이 반대편의 주장에 대한 반론을 펴고, 반대편에서는 찬성편이 제기한 반론을 반박해 주시기 바랍니다.

타당하다

妥 온당할 **타** + 當 마땅 **당** + 하다

🔵뜻 이치에 맞아 옳다.

🔵예 토론에서 상대편을 설득하려면 주장을 뒷받침할 수 있는 타당한 근거나 근거 자료를 제시해야 한다.

관련 어휘 적절하다

'적절하다'는 무엇에 꼭 알맞다는 뜻을 가진 말이야. 토론이나 주장하는 글에서 근거가 주장을 뒷받침하는 알맞은 내용일 때 근거가 적절하다고 해.

> 주장과 관련 없는 내용이거나 출처를 알 수 없어 신뢰성이 떨어지는 자료는 타당한 근거가 될 수 없어.

3주차 1회

증명

證 증거 증 + 明 밝힐 명
🐭 '명(明)'의 대표 뜻은 '밝다'야.

뜻 어떤 사항이나 판단 등이 진실인지 아닌지 증거를 들어서 밝힘.

예 찬성편에서는 반대편 주장에 대한 반론을 증명하고자 초등학생들의 의류 구입비를 근거 자료로 제시했다.

비슷한말 입증

'입증'은 어떤 증거 등을 내세워 증명함을 뜻하는 말이야.

예 그가 범인이라는 것을 입증하려면 목격자와 객관적인 증거가 필요해.

응답

應 응할 응 + 答 대답 답

뜻 부름이나 물음에 응하여 답함.

예 초등학생이 희망하는 직업을 조사한 이 설문에는 100명의 학생이 응답했다.

반대말 질의

'질의'는 의심나거나 모르는 점을 물음을 뜻하는 말이야.

예 초청 강연이 끝난 뒤 청중들이 강연 내용에 대해 질의하는 시간을 가졌다.

적성

適 맞을 적 + 性 성품 성

뜻 어떤 일에 알맞은 소질이나 성격.

예 직업을 선택할 때에는 유행에 휩쓸리지 말고, 자신의 적성과 특기를 바탕으로 신중하게 결정해야 한다.

꼭! 알아야 할 관용어

○표 하기

'가슴이 뜨겁다'는 "깊고 큰 사랑과 배려를 받아 고마움으로 (책임 , 감동)이 크다."라는 뜻입니다.

✎ 76~77쪽에서 공부한 낱말을 떠올리며 문제를 풀어 보세요.

1 뜻에 알맞은 낱말이 되도록 보기 에서 글자를 찾아 쓰세요.

> 보기
>
> | 사 | 색 | 효 | 탐 | 마 | 냥 | 과 | 녀 |

(1) 드러나지 않은 사물이나 현상을 알아내기 위해 살피어 찾음. → ☐☐

(2) 소리나 영상 등으로 그 장면에 알맞은 분위기를 만들어 실감을 자아내는 일. → ☐☐

(3) 어떤 사람에게 죄를 뒤집어씌우는 것을 비유적으로 이르는 말. → ☐☐☐☐

2 뜻에 알맞은 낱말을 골라 ○표 하세요.

> 영사막이나 브라운관, 모니터 등을 통해 정보와 사상을 전달하는 매체.

(인쇄 매체 , 영상 매체)

3 빈칸에 들어갈 말로 알맞은 것은 무엇인가요? (   )

 '얼토당토않다'와 뜻이 비슷한 관용어는 '☐☐☐☐☐'야.

① 말이 나다   ② 말을 맞추다
③ 말을 삼키다   ④ 말도 안 되다
⑤ 말만 앞세우다

4 (   ) 안에서 알맞은 낱말을 골라 ○표 하세요.

(1) 이 영화는 음향 (성과 , 효과)로 이별 장면의 애틋한 분위기를 잘 표현했다.

(2) 선규는 계속 억지를 부리며 (머지않은 , 얼토당토않은) 변명만 늘어놓았다.

(3) 나는 책 같은 (인쇄 매체 , 영상 매체) 자료로 접한 정보가 더 오래 기억에 남는다.

(4) 깊은 바닷속을 (염색 , 탐색)하면 아직까지 알려지지 않은 새로운 바다 생물을 발견할지도 모른다.

✎ 78~79쪽에서 공부한 낱말을 떠올리며 문제를 풀어 보세요.

5 뜻에 알맞은 낱말을 완성하세요.

(1)

ㅌ	ㄷ	ㅎ	ㄷ

이치에 맞아 옳다.

(2)

ㅈ	ㅅ

어떤 일에 알맞은 소질이나 성격.

(3)

ㅈ	ㅁ

어떤 사항이나 판단 등이 진실인지 아닌지 증거를 들어서 밝힘.

(4)

ㅌ	ㄹ

어떤 문제에 대해 여러 사람이 찬성과 반대로 나뉘어 각각 의견을 말하며 논의함.

6 낱말의 관계가 다른 하나를 찾아 ○표 하세요.

(1) 반론 – 반박 (　　　　)　　　(2) 응답 – 질의 (　　　　)　　　(3) 증명 – 입증 (　　　　)

7 빈칸에 들어갈 알맞은 낱말을 찾아 선으로 이으세요.

(1) 고객 센터에서는 소비자의 질문에 친절하게 [　　　]해 주었다.　•

•　반론

(2) 아무래도 선생님은 내 [　　　]에 안 맞는 것 같아. 장래 희망을 바꾸어야겠어.　•

•　증명

(3) 석희는 상대방의 주장과 근거를 조목조목 따지면서 날카로운 [　　　]을 제기했다.　•

•　응답

(4) 사건의 목격자는 청년이 무죄라는 것을 [　　　]하기 위해 재판의 증인으로 나섰다.　•

•　적성

사회 교과서 어휘

다음 중 낱말의 뜻을 잘 알고 있는 것에 ☑ 하세요.

☐ 붕당 ☐ 탕평책 ☐ 실학 ☐ 서민 문화 ☐ 세도 정치 ☐ 통상

▲ 김홍도, 「논갈이」

▲ 신윤복, 「저자 길」

조선 후기 백성들의 생활 모습을 담고 있는 풍속화야. 임진왜란과 병자호란 이후 조선은 사회 여러 분야에서 변화를 맞이했어. 그림 속 사람들이 살았던 조선 후기를 배울 때 나오는 낱말을 공부해 보자.

✏️ 낱말을 읽고, 　　　 부분에 밑줄을 그으면서 낱말 공부를 해 보세요.

붕당

朋 무리 붕 + 黨 무리 당
🔎 '붕(朋)'의 대표 뜻은 '벗'이야.

뜻 학문이나 정치적으로 생각을 같이하는 사람들의 정치 집단.

예 조선의 지배층은 붕당을 이루어 정치를 이끌었는데 붕당 간에 의견 대립이 자주 일어나면서 정치가 혼란스러워졌다.

관련 어휘 파벌

'파벌'은 개별적인 이해관계에 따라 따로 갈라진 사람들의 집단을 말해. 붕당 안에서도 정치적인 입장에 따라 다시 파벌이 나뉘었는데 이를 '당파'라고 해.

탕평책

蕩 넓고 클 탕 + 平 고를 평 + 策 꾀 책
🔎 '탕(蕩)'의 대표 뜻은 '방탕하다', '평(平)'의 대표 뜻은 '평평하다'야.

뜻 조선 시대에 붕당과 상관없이 나랏일을 할 인재를 골고루 뽑는 정책.

예 영조는 탕평책을 실시해 왕권을 강화하고, 세금을 줄여 백성의 생활을 안정시키는 등 개혁 정책을 펼쳤다.

영조가 실시하고 정조가 이어받은 탕평책은 붕당 간의 다툼을 줄여 정치를 안정시키는 역할을 했어.

이것만은 꼭!

실학

實 실제로 행할 **실** + 學 학문 **학**
'실(實)'의 대표 뜻은 '열매', '학(學)'의 대표 뜻은 '배우다'야.

뜻 조선 후기에 실생활의 향상과 사회 제도의 개선을 이루고자 한 학문.

예 임진왜란과 병자호란 이후 백성들의 삶은 더욱 어려워졌고 기존의 학문이 사회 문제를 해결할 방법을 찾지 못하자 실학이 등장했다.

관련 어휘 **실학자**

'실학자'는 실학을 주장하거나 실천하기 위해 노력한 사람을 말해. 실학자들은 과학적인 농사 기술을 보급하고 상공업을 발달시켜야 한다고 주장했어. 또 우리나라의 고유한 것을 중요하게 생각해 우리의 역사와 지리 등을 연구했어.

서민 문화

庶 여러 **서** + 民 백성 **민** + 文 글월 **문** + 化 될 **화**

뜻 조선 후기에 등장한, 양반뿐만 아니라 일반 백성도 참여하는 문화.

예 조선 후기에 경제적인 여유가 생긴 사람들이 문화와 예술 활동에 관심을 기울이면서 여러 신분의 사람들이 참여하는 서민 문화가 발달했다.

새롭게 등장한 서민 문화에는 한글 소설, 풍속화, 탈놀이, 판소리 등이 있어.

세도 정치

勢 권세 **세** + 道 다스릴 **도** + 政 정사 **정** + 治 다스릴 **치**
'세(勢)'의 대표 뜻은 '형세', '도(道)'의 대표 뜻은 '길'이야.

뜻 왕실과 혼인 관계를 맺은 가문들이 국정을 독점하는 정치.

예 고종의 아버지인 흥선 대원군은 세도 정치의 잘못된 점을 고치고 왕 중심으로 나라를 다스리기 위한 정책을 펼쳤다.

관련 어휘 **외척**

'외척'은 어머니 쪽의 친척을 말해. 조선 후기에 왕들이 어린 나이로 왕위에 오르자 왕의 외척이 나라의 권력을 잡는 세도 정치가 나타났어.

통상

通 통할 **통** + 商 장사 **상**

뜻 나라들 사이에 물건 등을 사고파는 것.

예 프랑스와 미국은 군대를 앞세워 조선에 통상을 요구했다.

관련 어휘 **통상 수교 거부 정책**

'통상 수교 거부 정책'은 다른 나라와 무역 등의 교류를 하지 않는 정책을 말해. 프랑스와 미국이 조선에 통상을 요구하며 침략하자 흥선 대원군은 통상 수교 거부 정책을 강하게 펼쳤어.

사회 교과서 어휘

다음 중 낱말의 뜻을 잘 알고 있는 것에 ✓ 하세요.

☐ 약탈 ☐ 개항 ☐ 조약 ☐ 개화 ☐ 정변 ☐ 동학

서양 오랑캐가 침범하는데 싸우지 않으면 화친하자는 것이요, 화친을 주장함은 나라를 파는 것이다.

서양과 교류하지 않겠다는 뜻을 새긴 척화비와, 왕실의 책을 보관하던 외규장각이야. 외세가 조선을 침략하고 약탈했던 역사와 관련 있단다. 조선 후기 격변의 역사를 배울 때 나오는 낱말을 공부해 보자.

▲ 척화비

▲ 강화도에 있는 외규장각

✏️ 낱말을 읽고, ⬜ 부분에 밑줄을 그으면서 낱말 공부를 해 보세요.

약탈

掠 노략질할 약 + 奪 빼앗을 탈

뜻 폭력을 써서 남의 것을 억지로 빼앗음.

예 강화도를 침략한 프랑스군은 외규장각에 있는 귀중한 책들을 약탈했다.

비슷한말 강탈

'강탈'은 남의 물건이나 권리를 강제로 빼앗음을 뜻하는 말이야. "도둑 떼가 마을 사람들의 재물을 모두 강탈해 갔다."와 같이 쓰여.

개항

開 열 개 + 港 항구 항

뜻 항구를 개방해 외국 배의 출입을 허가하는 것.

예 흥선 대원군은 나라의 문을 굳게 닫는 정책을 폈지만, 조선이 발전하려면 다른 나라와 교류해야 한다고 생각하는 사람들은 개항을 주장했다.

여러 가지 뜻을 가진 낱말 개항

'개항'에는 새로 항구나 공항을 열어 업무를 시작함이라는 뜻도 있어. "여행객 증가로 새로 지은 신공항이 다음 달에 개항한다."와 같이 쓰여.

조약

條 법규 **조** + 約 맺을 **약**
🖱 '조(條)'의 대표 뜻은 '가지'야.

[뜻] 나라와 나라 사이의 약속.

[예] 개항을 바라는 목소리가 높아지고 일본이 통상을 요구하며 압박하자 조선은 결국 일본과 강화도 조약을 맺었다.

[관련 어휘] 늑약

'늑약'은 나라 사이에 강제로 맺은 조약을 뜻해. 1905년에 일본이 대한 제국의 외교 권을 빼앗기 위해 강제로 조약을 체결했는데 이것을 '을사늑약'이라고 해.

개화

開 열 **개** + 化 달라질 **화**
🖱 '화(化)'의 대표 뜻은 '되다'야.

[뜻] 다른 나라의 더 발전된 문화와 제도를 받아들여 과거의 생각, 문화와 제도 등을 발전시켜 나가는 것.

[예] 김옥균은 조선이 청의 간섭을 물리치고 서양의 기술, 사상, 제도까지 받아들여 개화해야 한다고 생각했다.

[글자는 같지만 뜻이 다른 낱말] 개화

'개화'는 풀이나 나무의 꽃이 핌을 뜻하는 낱말이야. **[예]** 봄꽃의 개화 시기

정변

政 정사 **정** + 變 변할 **변**

[뜻] 비합법적인 방법으로 생긴 정치적인 큰 변화.

[예] 김옥균, 박영효 등은 일본의 힘을 빌어 정변을 일으키고, 새 정부를 조직했다.

[관련 어휘] 삼일천하

'삼일천하'는 아주 짧은 기간 동안 정권을 잡았다가 곧 물러나게 됨을 이르는 말이 야. 김옥균 등이 일으킨 정변이 3일 만에 실패로 끝난 일을 뜻하기도 해.

동학

東 동녘 **동** + 學 학문 **학**
🖱 '학(學)'의 대표 뜻은 '배우다'야.

[뜻] 최제우가 민간 신앙과 유교, 불교, 천주교의 장점을 모아 만든 종교. 당시 사회를 바꾸기 위한 여러 가지 주장을 펼침.

[예] 전라도에 있는 고부 지역 군수의 횡포가 심하자 동학 농민 운동의 지도자 전봉 준은 뜻을 같이하는 사람들을 모아 군사를 일으켰다.

> 그 당시 서양의 학문과 종교를 가리키던 '서학'에 반대하여 '동학'으로 이름 지어졌어.

확인 문제

82~83쪽에서 공부한 낱말을 떠올리며 문제를 풀어 보세요.

1 뜻에 알맞은 낱말을 글자판에서 찾아 묶으세요. (낱말은 가로(ー), 세로(丨), 대각선(╱╲) 방향에 숨어 있어요.)

통	역	민	정
세	상	탕	붕
화	도	평	당
실	학	책	벌

❶ 나라들 사이에 물건 등을 사고파는 것.
❷ 학문이나 정치적으로 생각을 같이하는 사람들의 정치 집단.
❸ 조선 시대에 붕당과 상관없이 나랏일을 할 인재를 골고루 뽑는 정책.
❹ 조선 후기에 실생활의 향상과 사회 제도의 개선을 이루고자 한 학문.

2 뜻에 알맞은 낱말은 무엇인지 ( ) 안에서 알맞은 낱말을 골라 ○표 하세요.

(1)
(파벌 , 세도) 정치

왕실과 혼인 관계를 맺은 가문들이 국정을 독점하는 정치.

(2)
(실학 , 서민) 문화

조선 후기에 등장한, 양반뿐만 아니라 일반 백성도 참여하는 문화.

3 빈칸에 알맞은 낱말을 완성하세요.

(1) 국제 사회의 교류가 활발해지면 더 많은 나라와 ㅌㅣㅅ 을 하게 된다.

(2) ㅅㅣㅁㅣㅁㅣㅎ 중 탈을 쓰고 하는 연극인 탈놀이는 백성의 생각이나 감정을 솔직하게 표현해서 인기가 많았다.

(3) 왕의 외척이 높은 벼슬을 차지하고 자신들의 이익을 앞세워 ㅅㅣㄷㅣㅈㅣㅊ 를 하자 백성들의 삶은 더욱 힘들어졌다.

(4) 정약용은 ㅅㅣㅎ 을 바탕으로 기술, 경제, 정치, 농업 등 다양한 분야에서 실제 생활에 도움이 되는 지식과 방법을 찾고자 했다.

✎ 84~85쪽에서 공부한 낱말을 떠올리며 문제를 풀어 보세요.

4 뜻에 알맞은 낱말을 글자 카드로 만들어 빈칸에 쓰세요.

(1) 폭력을 써서 남의 것을 억지로 빼앗음. ▯ 탈 도 질 약 ▯▯

(2) 비합법적인 방법으로 생긴 정치적인 큰 변화. ▯ 변 정 학 심 ▯▯

(3) 항구를 개방해 외국 배의 출입을 허가하는 것. ▯ 개 동 항 걸 ▯▯

5 밑줄 친 낱말을 다음과 같은 뜻으로 사용한 친구에게 ○표 하세요.

다른 나라의 더 발전된 문화와 제도를 받아들여 과거의 생각, 문화와 제도 등을 발전시켜 나가는 것.

(1) 산에 갔더니 벌써 진달래꽃이 개화했더라.

( )

(2) 조선이 개화를 하던 시기에 신식 교육을 받은 신여성이 나오는 만화를 봤어.

( )

6 ( ) 안에 알맞은 낱말을 보기 에서 찾아 쓰세요.

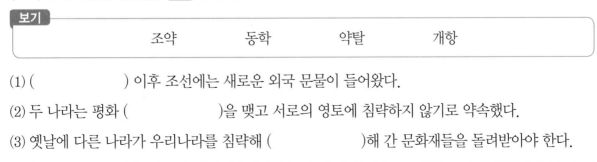

보기

조약   동학   약탈   개항

(1) (   ) 이후 조선에는 새로운 외국 문물이 들어왔다.

(2) 두 나라는 평화 (   )을 맺고 서로의 영토에 침략하지 않기로 약속했다.

(3) 옛날에 다른 나라가 우리나라를 침략해 (   )해 간 문화재들을 돌려받아야 한다.

(4) (   ) 농민군의 개혁안은 "탐관오리, 못된 양반은 그 죄를 조사해 벌한다." 등 백성의 생활이 좀 더 나아질 수 있도록 하는 내용을 담고 있다.

다음 중 낱말의 뜻을 잘 알고 있는 것에 ✓ 하세요.

☐ 접다 ☐ 선대칭도형 ☐ 대칭축 ☐ 점대칭도형 ☐ 대칭의 중심 ☐ 비치다

날아간다!

우아, 거울에 모습이 비쳐서 공중에 떠 있는 것 같아!

친구가 거울을 이용하여 대칭을 만들었어. 거울은 대칭축, 친구의 모습은 선대칭이야. 무슨 뜻인지 잘 모르겠니? 도형의 대칭과 관련 있는 낱말을 공부하면 알 수 있단다.

✏️ 낱말을 읽고, 부분에 밑줄을 그으면서 낱말 공부를 해 보세요.

접다

🈂️ 천이나 종이 등을 꺾어서 겹치다.

📝 종이 위에 물감을 바르고 종이를 반으로 접었다가 펼치니 대칭을 이루는 무늬가 나왔다.

> **여러 가지 뜻을 가진 낱말** 접다
>
> '접다'에는 "폈던 것을 본래의 모양이 되게 하다."라는 뜻도 있어.
> 📝 비 오는 날 식당에 들어갈 때 우산을 접어서 우산 통에 넣었다.

선대칭도형

線 줄 **선** + 對 마주할 **대** +
稱 걸맞을 **칭** + 圖 그림 **도** +
形 모양 **형**

👆 '대(對)'의 대표 뜻은 '대하다', '칭
(稱)'의 대표 뜻은 '일컫다'야.

🈂️ 한 직선을 따라 접었을 때 완전히 겹치는 도형.

📝 직사각형, 정삼각형, 마름모는 선대칭도형이지만 평행사변형은 반으로 접었을 때 완전히 겹치지 않으므로 선대칭도형이 아니다.

선대칭은 직선을 사이에 두고 양쪽에 같은 모양이 있는 거야.

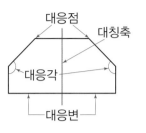

대칭축

對 마주할 **대** + 稱 걸맞을 **칭** + 軸 축 **축**

뜻 도형이 완전히 겹치도록 접을 수 있는 선.

예 대칭축이 한 개인 도형도 있고 두 개인 도형도 있는데, 원은 대칭축이 무수히 많다.

관련 어휘 선대칭도형의 대응점, 대응변, 대응각

대칭축을 따라 접었을 때 겹치는 점을 '대응점', 겹치는 변을 '대응변', 겹치는 각을 '대응각'이라고 해.

점대칭도형

點 점 **점** + 對 마주할 **대** + 稱 걸맞을 **칭** + 圖 그림 **도** + 形 모양 **형**

뜻 한 도형을 어떤 점을 중심으로 180° 돌렸을 때 처음 도형과 완전히 겹치는 도형.

예 정사각형, 마름모, 평행사변형은 점대칭도형이지만 정삼각형은 180° 돌렸을 때 처음 모양과 완전히 겹치지 않으므로 점대칭도형이 아니다.

점대칭은 한 점을 중심으로 반 바퀴 돌렸을 때 원래 모양과 완전히 겹치는 거야.

대칭의 중심

對 마주할 **대** + 稱 걸맞을 **칭** + 의 + 中 가운데 **중** + 心 가운데 **심**

👆 '심(心)'의 대표 뜻은 '마음'이야.

뜻 점대칭도형을 180° 돌렸을 때 처음 도형과 완전히 겹치게 하는 중심이 되는 점.

예 대칭의 중심은 도형 안에 있고 오직 한 개만 있다.

관련 어휘 점대칭도형의 대응점, 대응변, 대응각

대칭의 중심을 중심으로 180° 돌렸을 때 겹치는 점을 '대응점', 겹치는 변을 '대응변', 겹치는 각을 '대응각'이라고 해.

비치다

뜻 어디에 사람이나 사물의 모습이 나타나 보이다.

예 물에 비친 오리의 모습이 물 위에 떠 있는 오리와 똑같다.

여러 가지 뜻을 가진 낱말 비치다

'비치다'에는 "빛이 나서 환하게 되다."라는 뜻도 있어.
예 햇빛이 비치는 곳으로 화분을 옮겼다.

다음 중 낱말의 뜻을 잘 알고 있는 것에 ✔ 하세요.

☐ 결괏값 ☐ 곱의 소수점 위치 ☐ 늘리다 ☐ 달하다 ☐ 계량스푼 ☐ 최고치

✏️ 낱말을 읽고, ▨ 부분에 밑줄을 그으면서 낱말 공부를 해 보세요.

결괏값

結 맺을 결 + 果 결과 과 + 값
🔖 '과(果)'의 대표 뜻은 '실과'예요.

🔵 뜻 결과로 얻게 되는 값이나 양.

🟠 예 0.7은 소수 한 자리 수이고 0.05는 소수 두 자리 수이므로 두 수를 곱하면 결괏값은 소수 세 자리 수이다.

0.7 × 0.5 = 0.35
0.7 × 0.05 = 0.035
0.07 × 0.05 = 0.0035

 곱하는 두 수의 소수점 아래 자리 수를 더한 것과 결괏값의 소수점 아래 자리 수가 같아.

곱의 소수점 위치

곱의 + 小 작을 소 +
數 셈 수 + 點 점 점 +
位 자리 위 + 置 둘 치

이것만은 꼭!

🔵 뜻 곱셈 결과가 되는 값에 찍는 소수점의 자리.

🟠 예 (자연수) × (소수)에서 곱하는 소수의 소수점 아래 자리 수가 하나씩 늘어날 때마다 곱의 소수점 위치는 왼쪽으로 한 자리씩 옮겨진다.

3270 × 0.1 = 327
3270 × 0.01 = 32.7
3270 × 0.001 = 3.27

늘리다

뜻 넓이를 본디보다 커지게 하거나 수나 양 등을 본디보다 많아지게 하다.

예 새롭게 단장한 공원에 가 봤니? 넓이를 그전보다 2.5배 늘려서 널찍하고 좋아.

헷갈리는 말 늘이다

'늘이다'는 "본디보다 더 길어지게 하다."라는 뜻이야.
예 고무줄을 잡아당겨 길게 늘였다.

달하다

達 이를 **달** + 하다
🖱 '달(達)'의 대표 뜻은 '통달하다' 야.

뜻 어떠한 정도, 수준, 수량, 상태 등에 이르다.

예 이번 대회에 참가한 학생은 천여 명으로 이는 작년 대회 참가자 수의 3배에 달하는 인원이다.

반대말 미달하다

'미달하다'는 "어떤 기준이나 정도에 미치지 못하다."라는 뜻이야.
예 소희의 몸무게는 5학년 평균 몸무게에 미달한다.

계량스푼

計 셀 **계** + 量 헤아릴 **량** + 스푼

뜻 요리할 때에 주로 가루나 액체 등의 양을 재는 숟가락.

예 요리에 소금을 12.5 mL 넣으라고 해서 5 mL짜리 계량스푼으로 두 스푼 반을 넣었다.

▲ 계량스푼

최고치

最 가장 **최** + 高 높을 **고** + 値 값 **치**

뜻 어떤 값 가운데 가장 높은 값.

예 인플루엔자 유행 주의보 발령 이후 독감 환자 발생 수가 증가하더니 이달 최고치를 기록했다.

뜻을 더해 주는 말 -치

'-치'는 수나 값의 뜻을 더해 주는 말이야. '최고치'처럼 '-치'가 붙어서 만들어진 낱말이 있어. 여러 수나 양의 중간값을 갖는 수인 '평균치', 어떤 값 가운데 가장 작은 값인 '최소치', 목표로 정해 놓은 값인 '목표치' 등이야.

✏️ 88～89쪽에서 공부한 낱말을 떠올리며 문제를 풀어 보세요.

1 낱말의 뜻을 보기 에서 찾아 사다리를 타고 내려간 곳에 기호를 쓰세요.

보기
ㄱ 도형이 완전히 겹치도록 접을 수 있는 선.
ㄴ 한 직선을 따라 접었을 때 완전히 겹치는 도형.
ㄷ 점대칭도형을 180° 돌렸을 때 처음 도형과 완전히 겹치게 하는 중심이 되는 점.
ㄹ 한 도형을 어떤 점을 중심으로 180° 돌렸을 때 처음 도형과 완전히 겹치는 도형.

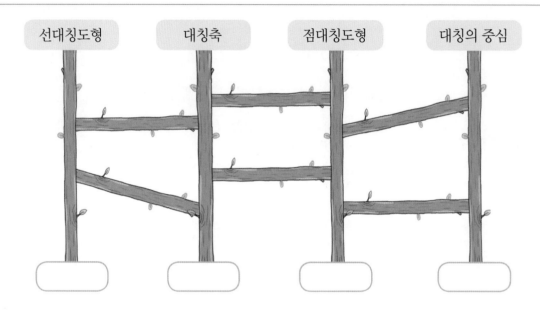

선대칭도형　　　대칭축　　　점대칭도형　　　대칭의 중심

2 밑줄 친 낱말의 뜻이 <u>다른</u> 하나에 ◯표 하세요.

(1) 친구에게 쓴 편지를 <u>접어</u> 편지 봉투에 넣었다. (　　　)

(2) 도서관에서 빌린 책인데 책장을 <u>접으면</u> 어떡하니? (　　　)

(3) 둥지로 돌아온 어미 새는 날개를 <u>접고</u> 새끼들에게 먹이를 주었다. (　　　)

3 (　　) 안에서 알맞은 낱말을 골라 ◯표 하세요.

(1)
정사각형은 (대칭축 , 대칭의 중심)이 4개이다.

(2)
소영이는 잔잔한 호수에 (부친 , 비친) 자기 얼굴을 물끄러미 바라보았다.

(3)
이 바람개비는 반 바퀴 돌리면 처음 모양과 겹치므로 (선대칭도형 , 점대칭도형)이다.

정답과 해설 ▶ 42쪽

✎ 90~91쪽에서 공부한 낱말을 떠올리며 문제를 풀어 보세요.

4 낱말의 뜻은 무엇인지 ( ) 안에서 알맞은 말을 골라 ◯표 하세요.

(1) 최고치 | 어떤 값 가운데 가장 (낮은 , 높은) 값.

(2) 달하다 | 어떠한 정도, 수준, 수량, 상태 등에 (이르다 , 미치지 못하다).

(3) 곱의 소수점 위치 | (곱셈 , 덧셈) 결과가 되는 값에 찍는 소수점의 (개수 , 자리).

5 뜻에 알맞은 낱말이 되도록 보기에서 글자를 찾아 쓰세요.

보기
| 계 | 결 | 푼 | 값 | 스 | 괏 | 량 |

(1) 결과로 얻게 되는 값이나 양. → ☐☐☐

(2) 요리할 때에 주로 가루나 액체 등의 양을 재는 숟가락. → ☐☐☐☐

6 ( ) 안에서 알맞은 낱말을 골라 ◯표 하세요.

우리 가족은 건강을 위해 채소와 과일을 먹는 양을 (늘였다 , 늘렸다).

7 밑줄 친 말을 알맞게 사용한 친구에게 ◯표, 알맞게 사용하지 <u>못한</u> 친구에게 ✕표 하세요.

(1) 미주: 과일을 <u>계량스푼</u>으로 갈아서 주스를 만들어 먹었어. ( )

(2) 동현: 나는 (소수)×(소수)의 계산에서 <u>곱의 소수점 위치</u>가 늘 헷갈려. ( )

(3) 경우: 단풍이 절정에 <u>달하는</u> 다음 주에 설악산으로 여행을 가기로 했어. ( )

(4) 솔아: 이렇게 성적이 떨어지다가는 초등학교 때 성적의 <u>최고치</u>를 찍겠어. ( )

다음 중 낱말의 뜻을 잘 알고 있는 것에 ✔ 하세요.

☐ 기압 ☐ 지면 ☐ 해풍 ☐ 공기 덩어리 ☐ 기상 ☐ 불쾌지수

> 바다에서 육지 쪽으로 바람이 불고 있네. 이렇게 바람이 부는 까닭은 기압과 관련 있단다. '날씨와 우리 생활' 단원을 배울 때 나오는 낱말을 공부해 보자.

✏️ 낱말을 읽고, ⬜ 부분에 밑줄을 그으면서 낱말 공부를 해 보세요.

기압

氣 공기 **기** + 壓 누를 **압**
🖱️ '기(氣)'의 대표 뜻은 '기운'이야.

이것만은 꼭!

뜻 공기의 무게로 생기는 누르는 힘.

예 일정한 부피에 공기 알갱이가 많을수록 공기는 무거워지고 기압은 높아진다.

관련 어휘 **바람**

어느 두 지점 사이에 기압 차가 생기면 공기는 고기압에서 저기압으로 이동하는데, 이것이 '바람'이야.

> 상대적으로 공기가 무거운 것을 '고기압'이라고 하고, 공기가 가벼운 것을 '저기압'이라고 해.

지면

地 땅 **지** + 面 겉 **면**
🖱️ '면(面)'의 대표 뜻은 '낯'이야.

뜻 땅의 거죽.

예 낮에는 햇볕에 지면이 수면보다 빠르게 데워지고, 밤에는 지면이 수면보다 빠르게 식는다.

관련 어휘 **수면**

'수면'은 물의 겉면을 말해. 수면의 온도는 낮에는 지면의 온도보다 낮고, 밤에는 지면의 온도보다 높아.

3주차

4회

해풍

海 바다 **해** + 風 바람 **풍**

뜻 바다에서 육지로 부는 바람.

예 맑은 날 낮에 바닷가에서 해풍이 부는 까닭은 낮에는 육지 위는 저기압, 바다 위는 고기압이기 때문이다.

관련 어휘 육풍

'육풍'은 육지에서 바다로 부는 바람이야. 밤에는 바다 위는 저기압, 육지 위는 고기압이 되니까 육풍이 불어.

공기 덩어리

空 빌 **공** + 氣 공기 **기** + 덩어리

뜻 넓은 지역에 걸쳐 있는, 수평 방향으로 거의 같은 성질을 가진 공기의 덩어리.

예 우리나라는 여름에는 남동쪽에서 이동해 오는 공기 덩어리의 영향으로 덥고 습하며, 겨울에는 북서쪽에서 이동해 오는 공기 덩어리의 영향으로 춥고 건조하다.

우리나라의 날씨가 계절별로 서로 다른 특징이 있는 것은 주변 지역에서 이동해 오는 공기 덩어리의 영향 때문이야.

기상

氣 공기 **기** + 象 형상 **상**
🐭 '상(象)'의 대표 뜻은 '코끼리'야.

뜻 바람, 구름, 비, 눈, 더위, 추위 등 대기 중에서 일어나는 모든 현상.

예 기상 자문가는 기상 정보를 분석해서 우리 생활과 기업의 활동에 도움을 준다.

글자는 같지만 뜻이 다른 낱말 기상

'기상'은 잠에서 깨어 잠자리에서 일어남을 뜻하는 낱말이야. "아침 7시에 기상 시각을 알리는 알람이 울렸다."와 같이 쓰여.

불쾌지수

不 아닐 **불** + 快 쾌할 **쾌** + 指 가리킬 **지** + 數 셈 **수**

뜻 기온과 습도 등의 기상 요소를 자료로 무더위에 대해 몸이 느끼는 불쾌감의 정도를 나타낸 수치.

예 오늘은 무덥고 습도가 높아 불쾌지수가 높으니 주변 사람에게 짜증을 내지 않도록 주의하자.

너무 더워서 불쾌지수가 올라가.

다음 중 낱말의 뜻을 잘 알고 있는 것에 ✓ 하세요.

☐ 운동 ☐ 일정하다 ☐ 속력 ☐ 과속 ☐ 안전장치 ☐ 제동

경주용 자동차와 달팽이의 빠르기 차이는 엄청 크겠지? 우리 주변에 있는 여러 물체가 이동하는 모습을 생각하며 '물체의 운동' 단원에 나오는 낱말을 공부해 보자.

✏️ 낱말을 읽고, ⬜ 부분에 밑줄을 그으면서 낱말 공부를 해 보세요.

운동
運 옮길 운 + 動 움직일 동

뜻 시간이 지남에 따라 물체의 위치가 변하는 것.

예 운동하는 물체는 걷는 사람, 떨어지는 낙엽, 하늘을 나는 비행기 등이고 운동하지 않는 물체는 신호등, 가로수, 승객이 내리고 있는 비행기 등이다.

여러 가지 뜻을 가진 낱말 운동

'운동'에는 사람이 몸을 단련하거나 건강을 위해 몸을 움직이는 일이라는 뜻도 있어.

예 진솔이는 축구, 야구, 달리기 등 못하는 운동이 없다.

일정하다
一 한 일 + 定 고정될 정 + 하다
👆'정(定)'의 대표 뜻은 '정하다'야.

뜻 어떤 것의 양, 성질, 상태, 계획 등이 달라지지 않고 한결같다.

예 놀이 기구 중에서 롤러코스터는 내리막길에서 점점 빨라지고 오르막길에서 점점 느려지면서 빠르기가 변하는 운동을 하지만, 대관람차는 빠르기가 일정한 운동을 한다.

▲ 일정한 빠르기로 회전하는 대관람차

3
주
차

4회

이것만은 꼭!

속력

速 빠를 **속** + 力 힘 **력**

뜻 1초, 1분, 1시간 등과 같은 단위 시간 동안 물체가 이동한 거리.

예 속력이 큰 물체는 속력이 작은 물체보다 일정한 시간 동안 더 긴 거리를 이동하고, 일정한 거리를 이동하는 데 더 짧은 시간이 걸린다.

물체의 속력이 크다는 것은 물체가 빠르다는 뜻이야.

과속

過 지날 **과** + 速 빠를 **속**

뜻 자동차 등이 정해진 속도보다 지나치게 빠르게 달림.

예 교통경찰이 규정 속도를 위반하는 과속 차량을 단속하였다.

관련 어휘 고속

'고속'은 매우 빠른 속도를 뜻해. 빠른 속도로 달리는 버스와 열차를 각각 '고속버스', '고속 열차'라고 해.

안전장치

安 편안 **안** + 全 온전할 **전** +
裝 꾸밀 **장** + 置 둘 **치**

뜻 사고나 위험으로부터 사람을 보호하기 위한 장치.

예 빠르게 달리는 자동차가 충돌하면 피해가 크기 때문에 안전장치가 필요하다.

▲ 자동차에 설치된 안전장치인 안전띠와 에어백

제동

制 억제할 **제** + 動 움직일 **동**
↳'제(制)'의 대표 뜻은 '절제하다'야.

뜻 기계나 자동차 등의 운동을 멈추게 함.

예 자동차의 속력이 크면 운전자가 제동 장치를 밟더라도 자동차를 바로 멈출 수 없어 위험하다.

관용어 제동을 걸다

'제동을 걸다'는 "일의 진행이나 활동을 방해하거나 멈추게 하다."라는 뜻이야.
예 선생님께서 아이들의 위험한 놀이에 제동을 거셨다.

 **확인 문제**

✎ 94~95쪽에서 공부한 낱말을 떠올리며 문제를 풀어 보세요.

1 뜻에 알맞은 낱말을 빈칸에 쓰세요.

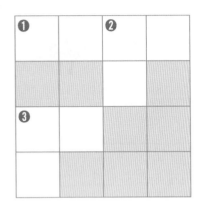

가로 열쇠 ❶ 기온과 습도 등의 기상 요소를 자료로 무더위에 대해 몸이 느끼는 불쾌감의 정도를 나타낸 수치.
❸ 공기의 무게로 생기는 누르는 힘.

세로 열쇠 ❷ 땅의 거죽.
❸ 바람, 구름, 비, 눈, 더위, 추위 등 대기 중에서 일어나는 모든 현상.

2 뜻에 알맞은 낱말을 골라 ○표 하세요.

바다에서 육지로 부는 바람. → (육풍 , 해풍 , 공기 덩어리)

3 빈칸에 공통으로 들어갈 낱말은 무엇인가요? (   )

• 비바람이 몰아치고 [   ] 상태가 나빠져서 비행기가 뜨지 못했다.
• 아버지께서는 일요일에도 아침 여섯 시에 [   ]해서 하루를 시작하신다.

① 대기   ② 수면   ③ 기온   ④ 기후   ⑤ 기상

4 (   ) 안에 알맞은 낱말을 보기 에서 찾아 쓰세요.

보기
기압   지면   해풍   불쾌지수

(1) 여기는 (   )이/가 울퉁불퉁해서 돗자리를 깔고 앉기에 좋지 않다.

(2) 낮에 바닷가를 산책하는데 짭조름한 바다 냄새가 나는 (   )이/가 불어왔다.

(3) 기상청에서는 온도와 습도가 높은 여름철이 되면 (   )을/를 날씨 정보로 제공한다.

(4) 바람은 고기압에서 저기압 쪽으로 부는데 두 곳의 (   ) 차가 클수록 바람이 더 강해진다.

✎ 96~97쪽에서 공부한 낱말을 떠올리며 문제를 풀어 보세요.

5 뜻에 알맞은 낱말을 빈칸에 쓰세요.

(1)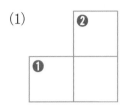

가로 열쇠 ❶ 시간이 지남에 따라 물체의 위치가 변하는 것.

세로 열쇠 ❷ 기계나 자동차 등의 운동을 멈추게 함.

(2)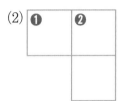

가로 열쇠 ❶ 자동차 등이 정해진 속도보다 지나치게 빠르게 달림.

세로 열쇠 ❷ 1초, 1분, 1시간 등과 같은 단위 시간 동안 물체가 이동한 거리.

6 낱말의 뜻을 바르게 말한 친구에게 ○표 하세요.

(1) '안전장치'는 사고나 위험으로부터 사람을 보호하기 위한 장치야.

(   )

(2) '일정하다'는 어떤 것의 양, 성질, 상태, 계획 등이 계속 달라진다는 뜻이야.

(   )

7 관용어의 빈칸에 들어갈 낱말로 알맞은 것에 ○표 하세요.

을 걸다: 일의 진행이나 활동을 방해하거나 멈추게 하다.

(운동 , 과속 , 제동)

8 (   ) 안에서 알맞은 낱말을 골라 ○표 하세요.

(1) 기어가는 개미는 걷는 사람보다 느리게 (운전 , 운동)한다.

(2) 이 약은 하루에 한 번 (일정한 , 심심한) 시간에 먹어야 한다.

(3) 학교 앞 도로에 차들이 빨리 달리지 못하도록 (정지 , 과속) 방지 턱을 설치해 주세요.

(4) 한 시간 동안 80 km를 이동한 자동차의 (체력 , 속력)은 '80 km/h'로 나타내고, '시속 팔십 킬로미터'라고 읽는다.

3주차

4회

🌸 流 (류(유))가 들어간 낱말

✏️ '流(류(유))'가 들어간 낱말을 읽고, ▢ 부분에 밑줄을 그으면서 낱말 공부를 해 보세요.

流
흐를 류(유)

'류(유)(流)'는 냇물 위로 내리는 비와, 물에 떠내려가는 아이를 합해 표현한 글자야. 급한 물살에 아이가 떠내려가는 것에서 '흐르다'라는 뜻을 갖게 되었어. '번져 퍼지다'라는 뜻으로도 쓰여.

급流
流창하다
流언비어
流행

흐르다
流

급류
急 빠를 급 + 流 흐를 류
👆 '급(急)'의 대표 뜻은 '급하다'야.

뜻 빠른 속도로 흐르는 물.

예 폭우로 계곡물이 갑자기 불어나면 급류에 휩쓸릴 수 있으니 조심해야 한다.

유창하다
流 흐를 유 + 暢 막힘없을 창 + 하다
👆 '창(暢)'의 대표 뜻은 '화창하다'야.

뜻 말을 하거나 글을 읽는 것이 물 흐르듯이 거침이 없다.

예 외국에서 살다 온 규희는 영어가 유창하다.

관련 어휘 청산유수

'청산유수'는 푸른 산에 흐르는 맑은 물이라는 뜻으로, 막힘없이 썩 잘하는 말을 비유적으로 이르는 말이야. "장사꾼은 사람들에게 청산유수의 말솜씨로 물건을 광고했다."와 같이 쓰여.

번져 퍼지다
流

유언비어
流 번져 퍼질 유 + 言 말씀 언 + 蜚 바퀴 비 + 語 말씀 어

뜻 아무 근거 없이 널리 퍼진 소문.

예 유언비어를 퍼뜨린 사람들이 처벌을 받았다.

비슷한말 뜬소문, 낭설

'뜬소문'은 사람들 입에 오르내리며 근거 없이 떠도는 소문을 말해. '낭설'은 터무니없는 헛소문이야.

유행
流 번져 퍼질 유 + 行 다닐 행

뜻 말이나 옷차림, 행동 양식 등이 사람들에게 인기를 얻어 일시적으로 널리 퍼짐.

예 올해는 통이 넓은 바지가 유행이다.

여러 가지 뜻을 가진 낱말 유행

'유행'에는 전염병이 널리 퍼짐이라는 뜻도 있어.

정답과 해설 ▶ 46쪽

(대)가 들어간 낱말

✏️ '待(대)'가 들어간 낱말을 읽고, 　　　 부분에 밑줄을 그으면서 낱말 공부를 해 보세요.

待
기다릴 대

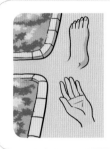

'대(待)'는 길과, 손으로 발을 받드는 모습을 합해 표현한 글자야. 받드는 것은 나랏일을 하는 높은 분이 있는 관청을 뜻하는데, 관청에 가면 일이 처리되는 동안 기다려야 하는 것에서 '기다리다'의 뜻을 갖게 되었어. '대접하다'의 뜻으로 쓰이기도 해.

학수고待
待기
초待
냉待

기다리다 待

학수고대

鶴 학 **학** + 首 머리 **수** + 苦 애쓸 **고** + 待 기다릴 **대**
🖱 '고(苦)'의 대표 뜻은 '쓰다'야.

🔵뜻 학의 목처럼 목을 길게 빼고 간절히 기다림.

🔵예 늙은 어머니는 돈을 벌러 먼 길을 떠난 아들이 돌아오기를 학수고대했다.

관용어 눈이 빠지게 기다리다

'눈이 빠지게 기다리다'는 "몹시 애타게 오랫동안 기다리다."를 뜻하는 말이야.

대기

待 기다릴 **대** + 機 기회 **기**
🖱 '기(機)'의 대표 뜻은 '틀'이야.

🔵뜻 때나 기회를 기다림.

🔵예 손님 차례가 되면 부를 테니 여기에서 대기하고 계세요.

대접하다 待

초대

招 부를 **초** + 待 대접할 **대**

🔵뜻 사람을 불러 대접함.

🔵예 올해 생일에는 친구들을 집으로 초대하지 않고 밖에서 생일잔치를 하고 싶어요.

냉대

冷 찰 **냉** + 待 대접할 **대**

🔵뜻 정성을 들이지 않고 아무렇게나 하는 대접.

🔵예 놀부는 흥부의 어려운 처지를 모른 척하고 집으로 찾아오면 냉대했다.

비슷한말 푸대접

'푸대접'은 정성을 들이지 않고 아무렇게나 하는 대접을 뜻해. "겉모습이 초라하다고 사람을 푸대접하면 못쓴다."와 같이 쓰여.

✎ 100쪽에서 공부한 낱말을 떠올리며 문제를 풀어 보세요.

1 뜻에 알맞은 낱말을 찾아 선으로 이으세요.

(1) 빠른 속도로 흐르는 물. · · 급류

(2) 아무 근거 없이 널리 퍼진 소문. · · 유행

(3) 말을 하거나 글을 읽는 것이 물 흐르듯이 거침이 없다. · · 유창하다

(4) 말이나 옷차림, 행동 양식 등이 사람들에게 인기를 얻어 일시적으로 널리 퍼짐. · · 유언비어

2 밑줄 친 낱말과 바꾸어 쓸 수 있는 낱말을 두 가지 고르세요. (,   )

재이: 그 얘기 들었어? 내년부터 우리 학교 교복이 생긴대.
훈영: 그거 유언비어야. 내가 선생님께 여쭈어봤는데 아니라고 하셨어.

① 전설   ② 비밀   ③ 낭설   ④ 진실   ⑤ 뜬소문

3 빈칸에 알맞은 낱말을 완성하세요.

(1) 구조대원들이 [ㄱ][ㄹ]에 떠내려가는 사람을 구조했다.

(2) 누나는 요즘 단발머리가 [ㅇ][ㅎ]이라고 하면서 긴 머리를 짧게 잘랐다.

(3) 영국 사람인 찰스는 한국말로 자신이 좋아하는 한국 음식과 한국 문화에 대해 [ㅇ][ㅊ]하게 말했다.

(4) 아버지께서는 떠도는 [ㅇ][ㅇ][ㅂ][ㅇ]를 무턱대고 믿지 말고 직접 본 것만 믿으라고 당부하셨다.

✏️ 101쪽에서 공부한 낱말을 떠올리며 문제를 풀어 보세요.

4 뜻에 알맞은 낱말을 빈칸에 쓰세요.

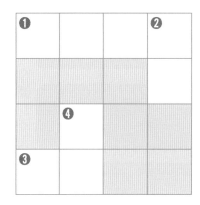

가로 열쇠 ❶ 학의 목처럼 목을 길게 빼고 간절히 기다림.
❸ 사람을 불러 대접함.
세로 열쇠 ❷ 때나 기회를 기다림.
❹ 정성을 들이지 않고 아무렇게나 하는 대접.

5 밑줄 친 말을 바르게 사용한 친구에게 ◯표 하세요.

(1) 언니가 며칠 동안 밤늦게까지 공부하더니 오늘은 하루 종일 졸려서 <u>학수고대</u> 상태야.

( )

(2) 내 동생은 산타 할아버지에게 선물을 받고 싶어서 크리스마스를 <u>눈이 빠지게 기다리고</u> 있어.

( )

6 빈칸에 알맞은 낱말을 글자 카드로 만들어 쓰세요.

(1) 병원에 사람이 많아서 한참 ☐☐ 하다가 진료를 받았다.

| 고 | 기 | 수 | 대 |

(2) 인정 없는 마을 사람들은 가난한 소녀와 할머니를 무시하고 ☐☐했다.

| 접 | 대 | 냉 | 장 |

(3) 성화는 지난 주말에 반 친구들을 집에 ☐☐하여 즐거운 시간을 보냈다.

| 대 | 립 | 화 | 초 |

3주차 1~5회에서 공부한 낱말을 떠올리며 문제를 풀어 보세요.

낱말 뜻

1 낱말의 뜻이 알맞지 <u>않은</u> 것은 무엇인가요? (   )

① 냉대: 정성을 들이지 않고 아무렇게나 하는 대접.
② 대칭축: 도형이 완전히 겹치도록 접을 수 있는 선.
③ 기압: 시간이 지남에 따라 물체의 위치가 변하는 것.
④ 탕평책: 조선 시대에 붕당과 상관없이 나랏일을 할 인재를 골고루 뽑는 정책.
⑤ 효과: 소리나 영상 등으로 그 장면에 알맞은 분위기를 만들어 실감을 자아내는 일.

비슷한말

2 밑줄 친 낱말과 뜻이 비슷한 낱말은 무엇인가요? (   )

> 홍길동과 그 무리는 양반의 재물을 <u>약탈</u>하여 가난한 백성들에게 나누어 주었다.

① 허탈   ② 반박   ③ 탐색   ④ 강탈   ⑤ 통상

여러 가지 뜻을 가진 낱말

3 밑줄 친 '유행'이 다음 문장과 <u>다른</u> 뜻으로 쓰인 것에 ○표 하세요.

> <u>유행</u>을 따라 하기보다 자신만의 개성을 표현하는 것이 더 멋지다고 생각한다.

(1) 올 겨울에는 털실로 짠 긴 목도리가 <u>유행</u>이다. (   )

(2) <u>유행</u>하는 결막염에 걸려서 안과에서 치료를 받았다. (   )

(3) 석우가 아이들 사이에서 <u>유행</u>하는 최신 가요를 흥얼거렸다. (   )

낱말 뜻

4 (   ) 안에서 알맞은 낱말을 골라 ○표 하세요.

(1) '(타당하다 , 얼토당토않다)'는 이치에 맞아 옳다는 뜻이다.

(2) (결괏값 , 최고치)은/는 어떤 값 가운데 가장 높은 값이다.

(3) (동학 , 실학)은 조선 후기에 실생활의 향상과 사회 제도의 개선을 이루고자 한 학문이다.

5 밑줄 친 낱말의 반대말을 문장에서 찾아 쓰세요.

> 김 교수가 수업 내용에 대해 질의와 <u>응답</u> 시간을 갖겠다고 하자 기다렸다는 듯이 한 학생이 손을 번쩍 들었다.

(   )

낱말 활용

6 밑줄 친 낱말을 잘못 사용한 친구에게 ✕표 하세요.

(1) 너무 떨려서 발표를 <u>유창</u>하게 했어. 준비한 내용을 제대로 발표하지 못해서 속상해.

(   )

(2) 우리 할머니께서는 평생 쓰신 일기장을 전부 모아 두셨는데 무려 50여 권에 <u>달해</u>.

(   )

낱말 활용

7 ~ 10 ( ) 안에 알맞은 낱말을 보기 에서 찾아 쓰세요.

> 보기
> 적성   개화   과속   기상

7 고속도로를 ( )(으)로 달리던 트럭이 빗길에 미끄러져 사고가 났다.

8 너의 ( )이/가 무엇인지 모르겠다면 다양한 경험을 하면서 찾아보렴.

9 이번 여름은 우리나라에서 ( ) 관측을 한 이래로 평균 기온이 가장 높았다.

10 조선 사회가 ( )하면서 신분 제도가 없어지고 여성들도 교육을 받을 수 있게 되었다.

4주차 어휘 미리 보기

한 주 동안
공부할 어휘들이야.
쓱 한번 훑어볼까?

1회 학습 계획일 ◯월 ◯일

국어 교과서 어휘

문맥	사례
사소하다	높이다
뜬금없다	외국어
걸림돌	자제
끼적이다	설문지
독창적	능숙하다

2회 학습 계획일 ◯월 ◯일

사회 교과서 어휘

일제	수립
단발령	광복
망명	주둔
계몽	신탁 통치
의거	초대
시위	정전

3회 학습 계획일 ◯월 ◯일

수학 교과서 어휘

직육면체	평균
직육면체의 면	반반
직육면체의 밑면	가능성
겨냥도	공정
전개도	최고점
주사위	순위

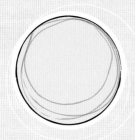

4회 학습 계획일 ◯월 ◯일

과학 교과서 어휘

지시약	기포
리트머스 종이	누출
산성 용액	제산제
염기성 용액	억제
점적병	오염원
염색	산성화

5회 학습 계획일 ◯월 ◯일

한자 어휘

기사회생	자업자득
회귀	득점
철회	납득
회상	터득

어휘력 테스트

2학기
어휘 학습 끝!
이젠 학교 공부
자신 있어!

다음 중 낱말의 뜻을 잘 알고 있는 것에 ✓ 하세요.

□ 문맥 □ 사소하다 □ 뜬금없다 □ 걸림돌 □ 끼적이다 □ 독창적

✎ 낱말을 읽고, ▨▨ 부분에 밑줄을 그으면서 낱말 공부를 해 보세요.

문맥
文 글월 **문** + 脈 줄기 **맥**

이것만은 꼭!

뜻 서로 이어져 있는 문장의 앞뒤 의미 관계.

예 문맥을 고려하며 글을 읽으면 낱말의 뜻을 잘 파악할 수 있다.

관련 어휘 맥락
'맥락'은 서로 이어져 있는 관계나 연관된 흐름을 말해. "앞뒤 맥락이 잘 맞지 않아 매끄럽게 연결되도록 글을 수정했다."와 같이 쓰여.

글을 읽다가 잘 모르는 낱말이 나왔을 때 낱말의 앞뒤 내용을 자세히 보고 문맥을 살피면 낱말의 뜻을 짐작할 수 있어.

사소하다
些 적을 **사** + 少 적을 **소** + 하다

뜻 중요하지 않은 정도로 아주 작거나 적다.

예 글을 요약할 때에는 사소한 내용은 삭제하고 중요한 내용만 간추린다.

비슷한말 자질구레하다, 소소하다
'자질구레하다'는 "모두가 잘고 시시하여 대수롭지 않다."라는 뜻이고, '소소하다'는 "작고 대수롭지 않다."라는 뜻을 가진 낱말이야. "바쁠 때는 자질구레한 일은 뒤로 미루고 중요한 일부터 해라.", "가족과 함께하는 소소한 일상이 내겐 가장 큰 행복이다."와 같이 쓰여.

뜬금없다

뜻 갑작스럽고도 엉뚱하다.

예 가족회의를 하는데 동생이 시골로 이사를 가자고 뜬금없는 소리를 해서 모두 당황했다.

둘 이상의 낱말이 합쳐진 말 '없다'가 들어간 말
'뜬금없다'처럼 어떤 낱말과 '없다'가 결합해 만들어진 낱말이 있어. "체면을 생각하거나 부끄러움을 아는 마음이 없다."라는 뜻의 '염치없다', "쓸 만한 가치가 없다."라는 뜻의 '쓸모없다', "어른을 대할 때 예의가 없고 태도가 바르지 못하다."라는 뜻의 '버릇없다' 등이야.

걸림돌

뜻 일을 해 나가는 데에 방해가 되는 장애물을 비유적으로 이르는 말.

예 게으른 습관은 꿈을 이루는 데 걸림돌이 될 수 있으니 고쳐야 한다.

관련 어휘 디딤돌

'디딤돌'은 어떤 문제를 해결하는 데 바탕이 되는 것을 비유적으로 이르는 말이야.
"이번 회담이 두 나라의 관계 개선에 디딤돌이 되길 바랍니다."와 같이 쓰여.

끼적이다

뜻 글씨나 그림 등을 아무렇게나 쓰거나 그리다.

예 동희는 글쓰기 숙제가 하기 싫어서 몇 자 끼적이기만 했다.

비슷한말 끄적이다

'끄적이다'는 "글씨나 그림 등을 대충 쓰거나 그리다."라는 뜻이야. "그녀는 머릿속에 떠오르는 대로 소설을 끄적이기 시작했다."와 같이 쓰여.

독창적

獨 홀로 독 + 創 비롯할 창 +
的 ~한 상태로 되는 적
🖱'적(的)'의 대표 뜻은 '과녁'이야.

뜻 다른 것을 모방하지 않고 새로운 것을 처음으로 만들어 내거나 생각해 내는 것.

예 글쓰기 선생님께서는 평범하게 글을 쓰지 말고 읽는 사람이 예상하지 못한 독창적인 방법으로 표현하라고 하셨다.

꼭! 알아야 할 속담

○표
하기
'(입 , 말)은 비뚤어져도 (입 , 말)은 바로 해라'는 상황이 어떻든지 말은 언제나 바르게 하여야 함을 이르는 말입니다.

국어 교과서 어휘

수록 교과서 국어 5-2 ④
8. 우리말 지킴이

다음 중 낱말의 뜻을 잘 알고 있는 것에 ✓ 하세요.

☐ 사례 ☐ 높이다 ☐ 외국어 ☐ 자제 ☐ 설문지 ☐ 능숙하다

✎ 낱말을 읽고,   부분에 밑줄을 그으면서 낱말 공부를 해 보세요.

사례

事 일 **사** + 例 보기 **례**
👆'례(例)'의 대표 뜻은 '법식'이야.

이것만은 꼭!

뜻 어떤 일이 전에 실제로 일어난 예.

예 줄임 말을 사용하거나 우리말과 영어를 섞은 신조어를 사용하는 등 우리말을 바르게 사용하지 못한 사례를 찾아보았다.

편의점에서 삼김 사 먹을까?	영화가 노잼이었어.	주문하신 커피 나오셨습니다.
〈사례 1〉	〈사례 2〉	〈사례 3〉

글자는 같지만 뜻이 다른 낱말 사례

'사례'는 말과 행동, 선물 등으로 상대에게 고마운 뜻을 나타냄을 뜻하는 말이야.
예 잃어버린 지갑을 찾아 주신 분께 사례로 작은 선물을 드렸다.

높이다

뜻 존경하는 마음으로 받들다. 또는 그런 태도로 말하다.

예 "여기 거스름돈이 있으세요.", "반려견이 정말 귀여우시네요."와 같이 사람이 아닌 사물이나 동식물을 높이는 것은 우리말 규칙에 맞지 않는다.

여러 가지 뜻을 가진 낱말 높이다

'높이다'에는 "소리의 세기를 세게 하다."라는 뜻도 있어.
예 주변이 시끄러워서 텔레비전의 볼륨을 높였다.

외국어

外 바깥 **외** + 國 나라 **국** +
語 말씀 **어**

뜻 외국에서 들어온 말로 아직 국어로 정착되지 않은 단어.

예 영어를 쓰면 고급스러워 보인다는 편견 때문에 외국어를 지나치게 많이 사용하는 경우가 있다.

김 셰프가 만든 메인 디시가 정말 맛있네요.

밑줄 친 외국어를 우리말 '요리사', '주요 요리'로 바꾸어 말해야 해.

4주차
1회

자제
自 스스로 **자** + 制 억제할 **제**
🖐 '제(制)'의 대표 뜻은 '절제하다'야.

뜻 자기의 감정이나 욕망을 스스로 억제함.

예 우리말이 있는데도 영어를 무분별하게 사용하는 방송을 조사한 뒤 방송국에 영어 사용을 자제해 달라고 요청하자.

설문지
設 베풀 **설** + 問 물을 **문** + 紙 종이 **지**

뜻 조사를 하거나 통계 자료 등을 얻기 위해 어떤 주제에 대해 문제를 내어 묻는 질문지.

예 설문지를 이용한 조사 방법은 여러 사람을 한꺼번에 조사할 수 있다는 장점이 있는 반면에 답한 내용 외에는 자세한 내용을 알기 어렵다는 단점이 있다.

뜻을 더해 주는 말 **-지**
'-지'는 종이의 뜻을 더해 주는 말이야. 예 포장지, 시험지, 답안지, 메모지

능숙하다
能 능할 **능** + 熟 익숙할 **숙** + 하다
🖐 '숙(熟)'의 대표 뜻은 '익다'야.

뜻 어떤 일에 뛰어나고 익숙하다.

예 실수하지 않고 능숙하게 발표하려고 발표할 내용과 활용할 자료를 어떻게 구성할지 미리 글로 작성해 보았다.

반대말 **서투르다**
'서투르다'는 "어떤 것에 미숙하거나 잘하지 못하다."를 뜻하는 말이야.
예 외국에서 태어나고 자란 사촌 동생은 한국말이 서투르다.

꼭! 알아야 할 관용어

빈칸 채우기 '귀에 ☐이 박히다'는 "같은 말을 여러 번 듣다."라는 뜻입니다.

✎ 108～109쪽에서 공부한 낱말을 떠올리며 문제를 풀어 보세요.

1 뜻에 알맞은 낱말을 완성하세요.

(1)

ㄸ	ㄱ	ㅇ	ㄷ

갑작스럽고도 엉뚱하다.

(2)

ㄱ	ㄹ	ㄷ

일을 해 나가는 데에 방해가 되는 장애물을 비유적으로 이르는 말.

(3)

ㄷ	ㅊ	ㅈ

다른 것을 모방하지 않고 새로운 것을 처음으로 만들어 내거나 생각해 내는 것.

2 뜻에 알맞은 낱말이 되도록 보기에서 글자를 찾아 쓰세요.

보기

이	맥	끼	문	적	다

(1) 서로 이어져 있는 문장의 앞뒤 의미 관계. →

(2) 글씨나 그림 등을 아무렇게나 쓰거나 그리다. →

3 다음 중 뜻이 비슷한 낱말을 모두 고르세요. (,   ,   )

① 생소하다   ② 소소하다   ③ 사소하다
④ 자질구레하다   ⑤ 늙수그레하다

4 (   ) 안에 알맞은 낱말을 보기에서 찾아 쓰세요.

보기

문맥	걸림돌	독창적	뜬금없게

(1) 문장의 뜻은 앞뒤 (   )에 따라 달라질 수 있다.

(2) 이 그림에는 화가의 (   )인 작품 세계가 잘 표현되어 있다.

(3) 마지막 회에서 주인공이 느닷없이 시한부 인생이 되면서 드라마가 (   ) 끝났다.

(4) 인터넷에서 자유롭게 의견을 표현하는 데 (   )이/가 될 수 있으므로 인터넷 실명제에 반대한다.

🖊 110~111쪽에서 공부한 낱말을 떠올리며 문제를 풀어 보세요.

5 낱말과 그 뜻을 알맞게 선으로 이으세요.

(1) 사례 •

(2) 자제 •

(3) 높이다 •

(4) 능숙하다 •

• 어떤 일에 뛰어나고 익숙하다.

• 어떤 일이 전에 실제로 일어난 예.

• 자기의 감정이나 욕망을 스스로 억제함.

• 존경하는 마음으로 받들다. 또는 그런 태도로 말하다.

6 빈칸에 공통으로 들어갈 말은 무엇인가요? (   )

설문☐   포장☐   답안☐   메모☐

① 화   ② 력   ③ 기   ④ 지   ⑤ 도

7 빈칸에 알맞은 낱말을 글자 카드로 만들어 쓰세요.

(1) 청년들이 새롭고 창의적인 발상으로 사업에 성공한 ☐☐를 발표했다.

제 례 감 자 사

(2) 조사 대상인 '가게에서 높임 표현을 잘못 사용하는 예'를 ☐☐☐를 이용해 조사했다.

설 수 지 장 문

(3) ☐☐인 '워터 파크', '패셔니스타'를 '물놀이 공원', '맵시꾼'으로 다듬어 사용하자.

국 유 외 어 고

사회 교과서 어휘

다음 중 낱말의 뜻을 잘 알고 있는 것에 ✔ 하세요.

☐ 일제 ☐ 단발령 ☐ 망명 ☐ 계몽 ☐ 의거 ☐ 시위

우리나라를 침략하는 일제에 맞서 우리 민족은 나라를 지키기 위해 다양한 노력을 했어. 3·1 운동 때는 대한 독립 만세를 외치며 우리 민족의 독립 의지를 널리 알렸지. 그 시기 역사를 배울 때 어떤 낱말이 나오는지 공부해 보자.

▲ 탑골 공원의 3·1 운동 기념 부조

🖊 낱말을 읽고,　　　부분에 밑줄을 그으면서 낱말 공부를 해 보세요.

일제
日 날 **일** + 帝 임금 **제**

뜻 '일본 제국주의' 또는 '일본 제국'을 줄인 말로, 자기 나라의 이익을 위해 여러 나라를 침략한 일본을 일컫는 말.

예 일제는 대한 제국의 외교권을 빼앗는 을사늑약을 체결하고 고종을 강제로 물러나게 했다.

'제국주의'는 우월한 군사력과 경제력으로 다른 나라나 민족을 침략하여 거대한 국가를 건설하려는 경향을 말해.

단발령
斷 끊을 **단** + 髮 머리털 **발** + 令 법령 **령**
🔎 '발(髮)'의 대표 뜻은 '터럭', '령(令)'의 대표 뜻은 '하여금'이야.

뜻 고종 때 내정 개혁으로 강제로 백성들의 머리를 깎게 한 명령.

예 우리나라는 예로부터 부모에게 물려받은 머리털을 소중히 여기는 전통이 있었기 때문에 정부의 단발령에 많은 백성이 반대했다.

뜻을 더해 주는 말 -령
'-령'은 법령 또는 명령의 뜻을 더해 주는 말이야. 예 금지령, 대통령령, 휴교령

주둔

駐 머무를 **주** + 屯 진칠 **둔**

뜻 군대가 임무를 수행하기 위해 어떤 곳에 얼마 동안 머무르는 일.

예 일본이 연합국에 항복하자 38도선을 경계로 우리나라의 남쪽에는 미군이, 북쪽에는 소련군이 주둔했다.

관련 어휘 주둔군, 주둔지

한 지역에 얼마 동안 머물러 있는 군대를 '주둔군'이라고 하고, 군대가 주둔하고 있는 장소를 '주둔지'라고 해.

신탁 통치

信 믿을 **신** + 託 부탁할 **탁** +
統 거느릴 **통** + 治 다스릴 **치**

뜻 특정 국가가 다른 나라의 일정 지역을 대신 통치하는 제도.

예 최대 5년 간 신탁 통치를 실시한다는 소식이 알려지자 우리나라에서는 이에 반대하는 사람들과 찬성하는 사람들 간에 갈등이 일어났다.

우리나라의 경우 한반도의 임시 정부 수립을 돕고자 미국, 소련, 영국, 중국이 신탁 통치를 하려고 했어.

초대

初 처음 **초** + 代 계승의 차례 **대**
🖱 '대(代)'의 대표 뜻은 '대신하다'야.

뜻 차례로 이어 나가는 자리나 지위에서 그 첫 번째 차례.

예 남한에서는 1948년 5월에 총선거로 뽑힌 국회 의원들이 제헌 국회를 구성하여 이승만을 초대 대통령으로 선출했다.

'초대 회장', '초대 대통령'과 같이 주로 '초대 ~'로 써.

정전

停 멈출 **정** + 戰 싸움 **전**
🖱 '정(停)'의 대표 뜻은 '머무르다'야.

뜻 전쟁 중인 나라들이 합의에 따라 일시적으로 전투를 중단하는 일.

예 1950년 6월 25일에 북한이 남한을 침략해 6·25 전쟁이 일어났고, 1953년 7월에 휴전선을 정해 전쟁을 멈추기로 약속하는 정전 협정을 맺었다.

관련 어휘 휴전, 종전

'휴전'은 '정전'과 뜻이 비슷한 말로, 전쟁을 일정한 기간 동안 멈추는 일을 뜻해. '종전'은 전쟁이 끝남, 또는 전쟁을 끝냄을 뜻하는 말이야.

확인 문제

🖊 114~115쪽에서 공부한 낱말을 떠올리며 문제를 풀어 보세요.

1 뜻에 알맞은 낱말을 글자판에서 찾아 묶으세요. (낱말은 가로(─), 세로(│), 대각선(╱╲) 방향에 숨어 있어요.)

명	훈	계	몽
단	성	시	말
발	의	제	위
령	학	거	판

❶ 정의를 위해 개인이나 집단이 의로운 일을 일으킴.
❷ 지식수준이 낮거나 의식이 덜 깬 사람을 가르쳐서 깨우침.
❸ 고종 때 내정 개혁으로 강제로 백성들의 머리를 깎게 한 명령.
❹ 많은 사람들이 요구 조건을 내걸고 집회나 행진을 하며 의사를 나타내는 것.

2 뜻에 알맞은 낱말을 골라 ◯표 하세요.

(1) 정치, 사상 등을 이유로 받는 탄압이나 위협을 피해 자기 나라를 떠나 다른 나라로 감.　　(이민 , 망명)

(2) '일본 제국주의' 또는 '일본 제국'을 줄인 말로, 자기 나라의 이익을 위해 여러 나라를 침략한 일본을 일컫는 말.　　(일제 , 일국)

3 밑줄 친 낱말을 알맞게 사용한 친구에게 ◯표, 알맞게 사용하지 못한 친구에게 ✕표 하세요.

(1) 우리 민족은 일제에 빼앗긴 나라를 되찾기 위해 다양한 노력을 기울였어.

(　　)

(2) 유관순은 고향인 충청남도 천안으로 망명하여 만세 시위를 계획했어.

(　　)

(3) 윤봉길 의사는 일본 왕의 생일을 기념하는 행사장에 폭탄을 던지는 의거를 일으켰어.

(　　)

(4) 조선에서 손꼽히는 부자였던 이회영은 막대한 재산을 계몽해 독립운동가를 키우는 신흥 강습소를 세웠어.

(　　)

✏️ 116~117쪽에서 공부한 낱말을 떠올리며 문제를 풀어 보세요.

4 뜻에 알맞은 낱말이 되도록 **보기** 에서 글자를 찾아 쓰세요.

보기

통 신 주
수 치 둔
탁 립

(1) 국가나 정부, 제도, 계획 등을 이룩하여 세움. → ☐☐

(2) 군대가 임무를 수행하기 위해 어떤 곳에 얼마 동안 머무르는 일.

→ ☐☐

(3) 특정 국가가 다른 나라의 일정 지역을 대신 통치하는 제도.

→ ☐☐ ☐☐

5 친구들이 설명한 '이것'은 무엇인지 알맞은 낱말을 빈칸에 쓰세요.

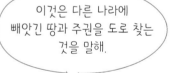

이것은 다른 나라에 빼앗긴 땅과 주권을 도로 찾는 것을 말해.

우리나라는 1945년 8월 15일에 이것을 맞이했어. 이것을 해방이라고도 해.

☐☐

6 ( ) 안에서 알맞은 낱말을 골라 ○표 하세요.

(1) 설립한 지 100여 년이 된 이 병원에는 (초보 , 초대) 원장부터 현재 원장까지 7명의 사진이 걸려 있다.

(2) 남한에서는 1948년 8월 15일에 대한민국 정부가 (수립 , 수락)되어 대한민국 임시 정부의 전통을 이었다.

(3) 전쟁을 멈추려고 (절전 , 정전) 협상을 하는 동안에도 38도선 근처에서는 땅을 조금이라도 더 차지하려고 치열한 전투가 벌어졌다.

(4) (광복 , 3·1 운동) 이후 어린이들은 학교에서 일본어 대신 우리말 국어 수업을 받고 우리 역사를 배우고 우리말 노래를 부를 수 있게 되었다.

수학 교과서 어휘

다음 중 낱말의 뜻을 잘 알고 있는 것에 ✔ 하세요.

☐ 직육면체 ☐ 직육면체의 면 ☐ 직육면체의 밑면 ☐ 겨냥도 ☐ 전개도 ☐ 주사위

뭐가 내 선물이지?

석이, 웅이 생일 축하해! 정육면체 상자가 석이 선물이고 직육면체 상자가 웅이 선물이란다.

직육면체는 직사각형이랑 비슷한 건가?

석이, 웅이가 자기 생일 선물 상자를 찾고 있어. 그런데 정육면체와 직육면체가 무엇인지 잘 모르나 봐. '직육면체' 단원에 나오는 낱말을 공부하고 알려 주자.

✏️ 낱말을 읽고, 부분에 밑줄을 그으면서 낱말 공부를 해 보세요.

이것만은 꼭!

직육면체

直 곧을 **직** + 六 여섯 **육** + 面 평면 **면** + 體 물체 **체**
🖱 '면(面)'의 대표 뜻은 '낯', '체(體)'의 대표 뜻은 '몸'이야.

뜻 직사각형 6개로 둘러싸인 도형.

예 주변에서 직육면체 모양을 찾아보았더니 냉장고, 휴지 갑, 책, 지우개 등이 있었다.

▲ 직육면체

관련 어휘 **정육면체**

'정육면체'는 정사각형 6개로 둘러싸인 도형이야. 큐브, 각설탕, 주사위 등이 정육면체 모양이지.

▲ 정육면체

직육면체의 면

直 곧을 **직** + 六 여섯 **육** + 面 평면 **면** + 體 물체 **체** + 의 + 面 평면 **면**

뜻 직육면체에서 선분으로 둘러싸인 부분.

예 직육면체의 면, 모서리, 꼭짓점의 수는 각각 6개, 12개, 8개이다.

관련 어휘 **직육면체의 모서리와 꼭짓점**

직육면체의 면과 면이 만나는 선분이 '모서리'이고, 모서리와 모서리가 만나는 점이 '꼭짓점'이야.

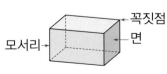

꼭짓점
면
모서리

정답과 해설 ▶ 56쪽

직육면체의 밑면

直 곧을 **직** + 六 여섯 **육** +
面 평면 **면** + 體 물체 **체** +
의 + 밑 + 面 평면 **면**

뜻 직육면체에서 계속 늘여도 만나지 않는, 서로 평행한 두 면.

예 직육면체에는 평행한 면이 3쌍 있고 이 평행한 면은 각각 직육면체의 밑면이 될 수 있다.

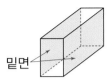
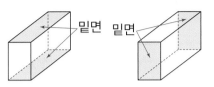

밑면   밑면 밑면

겨냥도

겨냥 + 圖 그림 **도**

뜻 입체도형의 모양을 잘 알 수 있게 실선과 점선으로 나타낸 그림.

예 겨냥도에서는 보이는 모서리는 실선으로, 보이지 않는 모서리는 점선으로 그린다.

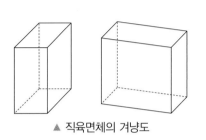

▲ 직육면체의 겨냥도

전개도

展 펼 **전** + 開 열 **개** +
圖 그림 **도**

뜻 입체도형의 모서리를 잘라서 평면 위에 펼친 그림.

예 정육면체의 전개도에서 잘린 모서리는 실선으로, 잘리지 않는 모서리는 점선으로 그린다.

뜻을 더해 주는 말 -도

'-도'는 그림이나 도면의 뜻을 더해 주는 말이야. '전개도'처럼 '설계도, 해부도, 노선도, 일기도' 등이 '-도'가 붙어서 만들어진 낱말이야.

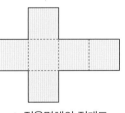

▲ 정육면체의 전개도

주사위

뜻 조그만 정육면체의 각 면에 하나에서 여섯까지의 점을 새긴 놀이 도구로, 바닥에 던져 윗면에 나온 수로 승부를 결정함.

예 주사위의 마주 보는 면에 있는 눈의 수를 합하면 7이 되는 점을 이용해 정육면체 전개도에 주사위 눈을 그려 보았다.

속담 주사위는 던져졌다

'주사위는 던져졌다'는 일이 되돌릴 수 없는 지경에 이르렀으니 결정한 것을 실행하는 수밖에 없음을 이르는 말이야.

수학 교과서 어휘

수록 교과서 수학 5-2
6. 평균과 가능성

다음 중 낱말의 뜻을 잘 알고 있는 것에 ☑ 하세요.

☐ 평균 ☐ 반반 ☐ 가능성 ☐ 공정 ☐ 최고점 ☐ 순위

✎ 낱말을 읽고, ▢ 부분에 밑줄을 그으면서 낱말 공부를 해 보세요.

이것만은 꼭!

평균

平 고를 **평** + 均 고를 **균**
↳ '평(平)'의 대표 뜻은 '평평하다'야.

뜻 자료의 값을 모두 더해 자료의 수로 나눈 값.

예 일주일 동안 운동한 시간의 평균을 구하려고 운동 시간을 모두 더한 뒤 7로 나누었더니 35분이 나왔다.

평균은 여러 개의 자료를 대표하는 값으로 정할 수 있어.

반반

半 반 **반** + 半 반 **반**

뜻 전체를 둘로 똑같이 나눈 것의 각각.

예 누나, 우리 둘이 엄마 생신 선물을 같이 사고 선물값을 반반 내자.

여러 가지 뜻을 가진 낱말 반반

'반반'에는 절반의 절반이라는 뜻도 있어. "다음 주가 개학인데 아직 방학 숙제를 반반도 못 끝냈다."와 같이 쓰여.

가능성

可 옳을 **가** +
能 ~할 수 있을 **능** + 性 성질 **성**
☞ '능(能)'의 대표 뜻은 '능하다', '성(性)'의 대표 뜻은 '성품'이야.

뜻 어떠한 상황에서 특정한 일이 일어나길 기대할 수 있는 정도.

예 "길에서 살아 움직이는 공룡을 보게 될 것이다."라는 일이 일어날 **가능성**은 '불가능하다'이고, "동전을 던지면 숫자 면이 나올 것이다."라는 일이 일어날 **가능성**은 '반반이다'입니다.

일이 일어날 가능성은 불가능하다, ~아닐 것 같다, 반반이다, ~일 것 같다, 확실하다 등으로 표현할 수 있어.

공정

公 공평할 **공** + 正 바를 **정**

뜻 어느 한쪽으로 치우치지 않고 올바름.

예 공정한 놀이가 되려면 놀이를 하는 사람들이 점수를 얻을 가능성이 모두 같아야 한다.

비슷한말 **공평**

'공평'은 어느 쪽으로도 치우치지 않고 고름을 뜻하는 말이야. "모든 사람에게 공평한 건 시간이야. 누구에게나 하루는 24시간이잖아."와 같이 쓰여.

최고점

最 가장 **최** + 高 높을 **고** +
點 점 **점**

뜻 가장 높은 점수.

예 김연아 선수는 피겨 스케이팅 대회에서 최고점을 받았다.

반대말 **최하점**

'최하점'은 가장 낮은 점수를 말해. "심사 위원 6명의 점수 중 최고점과 최하점을 빼고 나머지 점수로 평균 점수를 냈다."와 같이 쓰여.

순위

順 차례 **순** + 位 자리 **위**
☞ '순(順)'의 대표 뜻은 '순하다'야.

뜻 어떤 기준에 따라 순서를 나타내는 위치나 지위.

예 우리나라는 이번 대회에서 참가국 중 메달 순위 11위를 차지했다.

관련 어휘 **우선순위**

'우선'과 '순위'가 결합해 만들어진 낱말인 '우선순위'는 어떤 것을 먼저 차지하거나 사용할 수 있는 차례나 위치를 말해. "우리 식당은 자리가 모자랄 때 어린이와 함께 오신 손님에게 우선순위를 드립니다."와 같이 쓰여.

✎ 120~121쪽에서 공부한 낱말을 떠올리며 문제를 풀어 보세요.

1 뜻에 알맞은 낱말을 빈칸에 쓰세요.

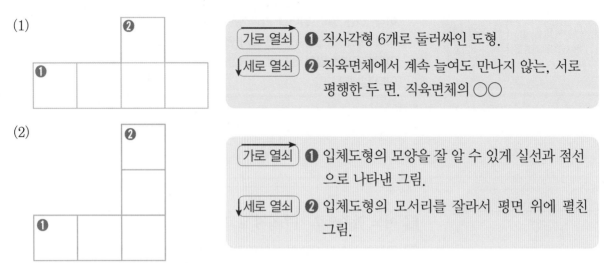

(1)

> 가로 열쇠 ❶ 직사각형 6개로 둘러싸인 도형.
> 세로 열쇠 ❷ 직육면체에서 계속 늘여도 만나지 않는, 서로 평행한 두 면. 직육면체의 ○○

(2)

> 가로 열쇠 ❶ 입체도형의 모양을 잘 알 수 있게 실선과 점선으로 나타낸 그림.
> 세로 열쇠 ❷ 입체도형의 모서리를 잘라서 평면 위에 펼친 그림.

2 빈칸에 들어갈 낱말로 알맞은 것에 ◯표 하세요.

> 대회 참가 신청을 했으니 이제 [   ]는 던져졌어. 최선을 다해 준비해 보자.

(1) 주사위 (   )   (2) 정육면체 (   )   (3) 직육면체 (   )

3 빈칸에 알맞은 낱말을 완성하세요.

(1) | ㅈ | ㅅ | ㅇ | 를 굴리자 오가 나와서 말판에서 말을 다섯 칸 앞으로 옮겼다.

(2) 이 정육면체 | ㅈ | ㄱ | ㄷ | 는 접었을 때 서로 겹치는 면이 있으므로 잘못 그린 것이다.

(3) 승희는 | ㄱ | ㄴ | ㄷ | 를 그릴 때 점선으로 입체도형의 보이지 않는 부분을 그리는 게 어려웠다.

(4) 정육면체의 모서리의 길이는 모두 같지만, | ㅈ | ㅇ | ㅁ | ㅊ | 의 모서리의 길이는 같을 수도 있고 다를 수도 있다.

✏️ 122~123쪽에서 공부한 낱말을 떠올리며 문제를 풀어 보세요.

4 뜻에 알맞은 낱말을 글자 카드로 만들어 빈칸에 쓰세요.

(1) 어느 한쪽으로 치우치지 않고 올바름. = 성 정 공 항

(2) 자료의 값을 모두 더해 자료의 수로 나눈 값. = 평 총 가 균

(3) 어떤 기준에 따라 순서를 나타내는 위치나 지위. = 경 위 차 순

(4) 어떠한 상황에서 특정한 일이 일어나길 기대할 수 있는 정도. = 능 가 최 성

5 밑줄 친 낱말과 바꾸어 쓸 수 있는 낱말을 골라 ○표 하세요.

감독은 심판이 <u>공정</u>하지 않고 상대 팀에 유리한 판정을 한다고 항의했다.

(1) 공허 (   )   (2) 공손 (   )   (3) 공평 (   )

6 (   ) 안에 알맞은 낱말을 보기 에서 찾아 쓰세요.

보기
반반   순위   평균   최고점

(1) 내가 좋아하는 가수의 노래가 이번 주 인기 가요 (   ) 1위를 차지했다.

(2) 열심히 공부한 창수는 수학 시험에서 우리 반 학생들 중 (   )을/를 받았다.

(3) 우리 학년에서 키가 가장 큰 민서는 5학년 여학생 (   ) 키보다 10 cm나 더 크다.

(4) "주사위를 굴리면 주사위 눈의 수가 짝수가 나올 것이다."라는 일이 일어날 가능성은 (   )이다.

다음 중 낱말의 뜻을 잘 알고 있는 것에 ✔ 하세요.

☐ 지시약 ☐ 리트머스 종이 ☐ 산성 용액 ☐ 염기성 용액 ☐ 점적병 ☐ 염색

사진의 실험처럼 리트머스 종이에 용액을 한 방울 떨어뜨리면 색깔 변화로 용액의 성질을 알아볼 수 있어. 이러한 내용을 배우는 '산과 염기' 단원에 어떤 낱말이 나오는지 공부해 보자.

✏️ 낱말을 읽고, ▢ 부분에 밑줄을 그으면서 낱말 공부를 해 보세요.

지시약

指 가리킬 지 + 示 보일 시 + 藥 약 약

🏷 어떤 용액을 만났을 때 그 용액의 성질에 따라 눈에 띄는 변화가 나타나는 물질.

📋 자주색 양배추 지시약은 식초를 만나면 붉은색 계열의 색깔로 변하고, 유리 세정제를 만나면 푸른색 계열의 색깔로 변한다.

리트머스 종이

이것만은 꼭!

🏷 색깔 변화를 통해 용액이 산성인지 염기성인지 판별하는 검사에 쓰이는 종이. 붉은색과 푸른색 두 가지가 있음.

📋 푸른색 리트머스 종이에 산성 용액을 떨어뜨리면 붉은색으로 변하고, 붉은색 리트머스 종이에 염기성 용액을 떨어뜨리면 푸른색으로 변한다.

◀ 산성 용액에 담가 붉게 변한 푸른색 리트머스 종이

◀ 염기성 용액에 담가 푸르게 변한 붉은색 리트머스 종이

산성 용액

酸 (맛이) 실 **산** + 性 성질 **성** +
溶 녹을 **용** + 液 진 **액**
🖱 '성(性)'의 대표 뜻은 '성품'이야.

뜻 푸른색 리트머스 종이를 붉은색으로 변하게 하고, 페놀프탈레인 용액의 색깔을 변하지 않게 하는 용액.

예 생선을 손질한 도마를 식초로 닦아 내는 것은 우리 생활에서 산성 용액을 이용하는 예이다.

> 산성 용액에는 식초, 레몬즙, 사이다, 묽은 염산 등이 있어.

염기성 용액

鹽 소금 **염** + 基 터 **기** +
性 성질 **성** + 溶 녹을 **용** +
液 진 **액**

뜻 붉은색 리트머스 종이를 푸른색으로 변하게 하고, 페놀프탈레인 용액의 색깔을 붉은색으로 변하게 하는 용액.

예 염기성 용액인 묽은 수산화 나트륨 용액에 삶은 달걀 흰자나 두부를 넣으면 녹아 흐물흐물해지고 시간이 지남에 따라 용액이 뿌옇게 흐려진다.

> 염기성 용액에는 유리 세정제, 석회수, 빨랫비누 물, 묽은 수산화 나트륨 용액 등이 있어.

점적병

點 점 **점** + 滴 물방울 **적** +
瓶 병 **병**

뜻 약물이나 액즙 등의 분량을 한 방울씩 떨어뜨려서 헤아리는 기구.

예 점적병에 담긴 여러 가지 용액의 성질을 알아보려고 푸른색 리트머스 종이와 붉은색 리트머스 종이에 각각 한두 방울씩 떨어뜨려 보았다.

▲ 스포이트가 부착되어 있는 점적병

염색

染 물들 **염** + 色 빛 **색**

뜻 염료를 사용하여 천이나 실, 머리카락 등에 물을 들임.

예 자주색 양배추즙으로 하얀 천을 염색했더니 연한 보라색 천이 되었다.

반대말 탈색

'탈색'은 천이나 옷감 등에 들어 있는 색깔을 빼는 것을 뜻해.

예 새로 산 청바지를 빨았더니 탈색이 되어서 색이 연해졌다.

다음 중 낱말의 뜻을 잘 알고 있는 것에 ✓ 하세요.

☐ 기포 ☐ 누출 ☐ 제산제 ☐ 억제 ☐ 오염원 ☐ 산성화

와, 예쁜 수국이 피어 있네.
수국은 산성 흙에서는 푸른색 꽃이,
염기성 흙에서는 붉은색 꽃이 핀대.
자연환경인 토양도 산성과 염기성을
가진단다. '산과 염기' 단원에 나오는
낱말을 더 공부해 보자.

✏️ 낱말을 읽고, ▢ 부분에 밑줄을 그으면서 낱말 공부를 해 보세요.

기포

氣 기체 **기** + 泡 거품 **포**
🖱'기(氣)'의 대표 뜻은 '기운'이야.

뜻 액체나 고체 속에 기체가 들어가 거품처럼 둥그렇게 부풀어 있는 것.

예 묽은 염산에 넣은 달걀 껍데기를 관찰했더니 표면에서 **기포**가 발생했고 시간이 지남에 따라 달걀 껍데기는 녹아 사라지고 막만 남았다.

▲ 물속에서 발생한 기포

누출

漏 샐 **누** + 出 나갈 **출**
🖱'출(出)'의 대표 뜻은 '나다'야.

이것만은 꼭!

뜻 액체나 기체가 밖으로 새어 나오는 것.

예 공장에서 염산이 **누출**되는 사고가 나자 소석회를 뿌려 염산의 성질을 약해지게 했다.

여러 가지 뜻을 가진 낱말 | 누출

'누출'에는 비밀이나 정보가 외부로 새어 나가는 것이라는 뜻도 있어.
예 인터넷에 개인 정보가 <u>누출</u>되지 않도록 주의해야 한다.

제산제

制 절제할 **제** + 酸 위액 **산** +
劑 약제 **제**

🖲 '산(酸)'의 대표 뜻은 '(맛이) 시다'
야.

뜻 위산이 너무 많아 위장에 생긴 병을 치
료하는 약.

예 속이 쓰릴 때 제산제를 먹으면 속 쓰림 증상이
나아진다.

염기성인 제산제가 위산의
산성을 약해지게 해.

뜻을 더해 주는 말 -제

'–제'는 약의 뜻을 더해 주는 말이야. 예 소화제, 살충제, 영양제, 수면제

억제

抑 누를 **억** + 制 절제할 **제**

뜻 정도나 한도를 넘어서 나아가려는 것을 억눌러 그치게 함.

예 염기성 물질인 치약은 입안의 산성 물질을 없애기 때문에 산성 환경에서 활발
히 활동하는 입속 세균의 활동을 억제한다.

반대말 촉진

'촉진'은 다그쳐서 빨리 진행하게 함을 뜻하는 말이야.
예 아기가 모유를 먹으면 뇌 발달이 촉진된다는 연구 결과가 나왔다.

오염원

汚 더러울 **오** + 染 물들 **염** +
源 근원 **원**

뜻 환경 오염을 일으키는 근원이 되는 것.

예 환경 과학자는 물, 토양, 공기 등을 관측하고 분석하여 환경에 영향을 주는 오
염원이 무엇인지 밝힌다.

◀ 오염원인 공장 폐수와
자동차 배기가스

산성화

酸 (맛이) 실 **산** + 性 성질 **성** +
化 변할 **화**

🖲 '성(性)'의 대표 뜻은 '성품',
'화(化)'의 대표 뜻은 '되다'야.

뜻 산성으로 변함. 또는 산성으로 변화
시킴.

예 물이 지나치게 산성화되면 물고기가 죽고 물
속 식물이 누렇게 변하는 등 생물이 살아가
는 데 큰 피해를 준다.

토양과 물의 산성화
정도가 심하면 생태계에
안 좋은 영향을 미쳐.

126～127쪽에서 공부한 낱말을 떠올리며 문제를 풀어 보세요.

1 낱말의 뜻을 보기 에서 찾아 사다리를 타고 내려간 곳에 기호를 쓰세요.

보기
㉠ 약물이나 액즙 등의 분량을 한 방울씩 떨어뜨려서 헤아리는 기구.
㉡ 어떤 용액을 만났을 때 그 용액의 성질에 따라 눈에 띄는 변화가 나타나는 물질.
㉢ 색깔 변화를 통해 용액이 산성인지 염기성인지 판별하는 검사에 쓰이는 종이.

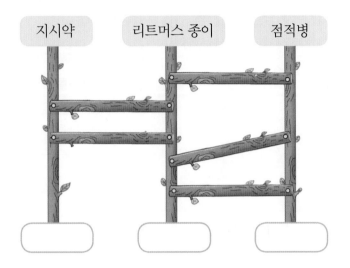

2 뜻에 알맞은 낱말은 무엇인지 ( ) 안에서 알맞은 낱말을 골라 ○표 하세요.

(1) (산성 , 염기성) 용액

푸른색 리트머스 종이를 붉은색으로 변하게 하고, 페놀프탈레인 용액의 색깔을 변하지 않게 하는 용액.

(2) (산성 , 염기성) 용액

붉은색 리트머스 종이를 푸른색으로 변하게 하고, 페놀프탈레인 용액의 색깔을 붉은색으로 변하게 하는 용액.

3 ( ) 안에 알맞은 낱말을 보기 에서 찾아 쓰세요.

보기
지시약   염색   산성 용액   점적병

(1) 할아버지께서 흰머리를 검게 ( )하셨다.

(2) 리트머스 종이는 색깔 변화로 용액의 성질을 판별하므로 ( )의 하나이다.

(3) 묽은 염산에 묽은 수산화 나트륨 용액을 넣으면서 ( )과 염기성 용액을 섞는 실험을 했다.

(4) 자주색 양배추를 우려내어 만든 지시약을 ( )에 담아 두고 실험할 때 몇 방울씩 사용하였다.

✎ 128~129쪽에서 공부한 낱말을 떠올리며 문제를 풀어 보세요.

4 뜻에 알맞은 낱말을 빈칸에 쓰세요.

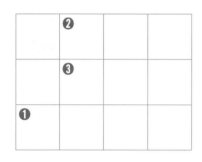

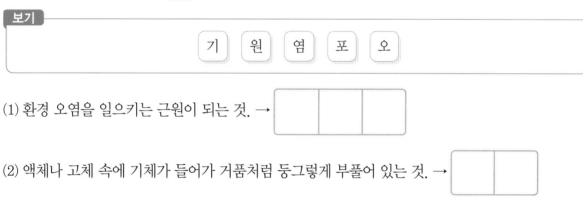

가로 열쇠 ❶ 정도나 한도를 넘어서 나아가려는 것을 억눌러 그치게 함.

❸ 산성으로 변함. 또는 산성으로 변화시킴.

세로 열쇠 ❷ 위산이 너무 많아 위장에 생긴 병을 치료하는 약.

5 뜻에 알맞은 낱말이 되도록 보기 에서 글자를 찾아 쓰세요.

보기

| 기 | 원 | 염 | 포 | 오 |

(1) 환경 오염을 일으키는 근원이 되는 것. →

(2) 액체나 고체 속에 기체가 들어가 거품처럼 둥그렇게 부풀어 있는 것. →

6 밑줄 친 낱말이 보기 의 뜻으로 쓰인 문장에 ◯표 하세요.

보기

액체나 기체가 밖으로 새어 나오는 것.

(1) 유조선에서 석유가 누출되어 바다가 심하게 오염되었다. (   )

(2) 사장은 직원들에게 회사의 중요한 정보를 누출하지 않겠다는 다짐을 받았다. (   )

7 (   ) 안에서 알맞은 낱말을 골라 ◯표 하세요.

(1) 돈을 그렇게 막 쓰면 어떡하니? 소비를 좀 (억제 , 억지)하렴.

(2) 사이다를 따서 컵에 따르자 (기포 , 세포)가 올라오는 것이 보였다.

(3) 이곳은 환경 오염으로 토양이 (산업화 , 산성화)되어 농작물이 잘 자라지 못한다.

(4) 시장 후보는 지역의 (수목원 , 오염원)을 제거해 깨끗한 환경을 만들겠다고 공약했다.

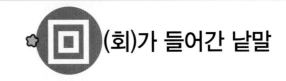

✿ 回 (회)가 들어간 낱말

✏️ '回(회)'가 들어간 낱말을 읽고, ⬜ 부분에 밑줄을 그으면서 낱말 공부를 해 보세요.

回

돌아올 회

'회(回)'는 물이 소용돌이치며 빙글빙글 도는 모습을 표현한 글자야. 물이 빙글빙글 한참 돌다 보면 제자리로 돌아오는 것에서 '돌아오다'라는 뜻을 갖게 되었어. '돌이키다'라는 뜻으로도 쓰여.

기사回생
回귀
철回
回상

돌아오다 回

✿ 기사회생

起 일어날 **기** + 死 죽을 **사** + 回 돌아올 **회** + 生 살 **생**
🖱️ '생(生)'의 대표 뜻은 '나다'야.

뜻 거의 죽을 뻔하다가 도로 살아남.

예 우리나라 축구 대표 팀은 경기 종료 5분 전에 동점 골을 넣어 기사회생하고 연장전에서 한 골을 더 넣어 승리했다.

✿ 회귀

回 돌아올 **회** + 歸 돌아갈 **귀**

뜻 본래의 자리로 돌아오거나 돌아감.

예 바다에서 성장한 연어는 알을 낳을 때가 되면 자기가 태어난 강으로 회귀한다.

비슷한말 **복귀**

'복귀'는 원래 있던 자리나 상태로 되돌아감을 뜻해.
예 휴가를 나왔던 삼촌이 군 부대로 복귀했다.

돌이키다 回

✿ 철회

撤 거둘 **철** + 回 돌이킬 **회**

뜻 이미 제출했던 것이나 주장했던 것을 도로 거두어들이거나 취소함.

예 소비자들의 불만이 거세자 라면 회사는 라면값 인상을 철회했다.

✿ 회상

回 돌이킬 **회** + 想 생각 **상**

뜻 지난 일을 돌이켜 생각함.

예 죽마고우인 준규와 민준이는 즐거웠던 어린 시절을 떠올리며 회상에 잠겼다.

비슷한말 **회고**

'회고'는 지나간 일을 돌이켜 생각함을 뜻해.
예 교장 선생님께서는 지나온 삶을 회고하며 자서전을 쓰고 계신다.

得 (득)이 들어간 낱말

정답과 해설 ▶ 62쪽

✏️ '得(득)'이 들어간 낱말을 읽고, ⬜ 부분에 밑줄을 그으면서 낱말 공부를 해 보세요.

得
얻을 득

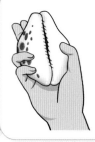

'득(得)'은 손에 조개를 쥐고 있는 모습을 표현한 글자야. 옛날에는 조개가 화폐로 쓰였기 때문에 이 모습은 재물을 얻었다는 의미이고, 이것에서 '얻다'라는 뜻을 갖게 되었어. '알다', '깨닫다'라는 뜻으로 쓰이기도 해.

자업자得
得점
납得
터得

얻다 得

자업자득

自 스스로 자 + 業 일 업 + 自 스스로 자 + 得 얻을 득
↳ '업(業)'의 대표 뜻은 '업'이야.

뜻 자기가 저지른 일의 결과를 자기가 받음.

예 네가 친구를 도와준 적이 없으니 지금 너를 아무도 안 돕지. 자업자득인데 누굴 원망하겠니?

득점

得 얻을 득 + 點 점 점

뜻 시험이나 경기 등에서 점수를 얻음.

예 아깝게 득점 기회를 살리지 못하고 상대 팀에게 공격이 넘어가는군요.

반대말 실점

'실점'은 운동 경기나 승부 등에서 점수를 잃음을 뜻하는 말이야.

알다 得

납득

納 받아들일 납 + 得 알 득
↳ '납(納)'의 대표 뜻은 '들이다'야.

뜻 다른 사람의 말이나 행동, 형편 등을 잘 알아서 긍정하고 이해함.

예 몇 번을 자세하게 설명해 줘도 은수는 이 상황을 납득하지 못했다.

터득

攄 펼 터 + 得 알 득

뜻 깊이 생각하여 이치를 깨달아 알아냄.

예 지민이는 날마다 머리를 싸매고 큐브를 맞추더니 드디어 큐브 여섯 면을 동시에 맞추는 원리를 터득했다.

관련 어휘 체득

'체득'은 몸소 체험하여 알게 됨을 뜻하는 말이야.

✎ 132쪽에서 공부한 낱말을 떠올리며 문제를 풀어 보세요.

1 뜻에 알맞은 낱말을 빈칸에 쓰세요.

(1)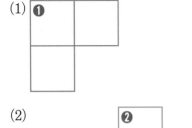

> 가로 열쇠 ❶ 지난 일을 돌이켜 생각함.
> ↓세로 열쇠 ❶ 본래의 자리로 돌아오거나 돌아감.

(2)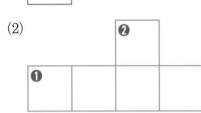

> 가로 열쇠 ❶ 거의 죽을 뻔하다가 도로 살아남.
> ↓세로 열쇠 ❷ 이미 제출했던 것이나 주장했던 것을 도로 거두어들이거나 취소함.

2 ▢ 안의 낱말과 뜻이 비슷한 낱말에 ◯표 하세요.

(1) 회귀   회전   진출   복귀

(2) 회상   상상   회고   감상

3 빈칸에 들어갈 알맞은 낱말을 찾아 선으로 이으세요.

(1) 할아버지께서는 운동선수로 활약하셨던 젊은 시절을 [   ]하셨다.   •   • 철회

(2) 젊은이는 목숨이 위태로웠지만 수술이 잘되어 기적적으로 [   ]했다.   •   • 회상

(3) 일정이 맞지 않아 강의를 들을 수 없는데 강의 신청을 [   ]할 수 있나요?   •   • 회귀

(4) 그는 오랜 떠돌이 생활을 끝내고 고향으로 [   ]하여 농사를 지으며 살았다.   •   • 기사회생

✎ 133쪽에서 공부한 낱말을 떠올리며 문제를 풀어 보세요.

4 뜻에 알맞은 낱말이 되도록 글자 카드에서 글자를 찾아 빈칸에 쓰세요.

(1) 깊이 생각하여 이치를 깨달아 알아냄.
→ [　] 득

획　체　터

(2) 시험이나 경기 등에서 점수를 얻음.
→ 득 [　]

실　점　표

(3) 자기가 저지른 일의 결과를 자기가 받음.
→ 자 [　][　] 득

자　신　업

5 뜻에 알맞은 낱말을 골라 ○표 하세요.

다른 사람의 말이나 행동, 형편 등을 잘 알아서 긍정하고 이해함.

(이득 , 습득 , 납득)

6 밑줄 친 낱말의 반대말은 무엇인가요? (　　　　)

옆 반 친구들이랑 축구 시합을 했는데 시작한 지 5분 만에 내가 첫 <u>득점</u>을 올렸어.

① 점수　　　② 실점　　　③ 장점
④ 요점　　　⑤ 허점

7 (　) 안에 알맞은 낱말을 **보기**에서 찾아 쓰세요.

보기

납득　　　터득　　　자업자득

(1) 신동이라고 소문이 자자한 도령은 하나를 알려 주면 열을 (　　　　)한다.

(2) 친구가 처한 상황을 알고 나니 그제야 친구의 말과 행동이 (　　　　)되었다.

(3) 베짱이는 여름에 일하지 않고 놀기만 했잖아. 그러니 겨울에 먹을 것도 없이 힘들게 지내는 것은 (　　　　)이야.

✏️ 4주차 1~5회에서 공부한 낱말을 떠올리며 문제를 풀어 보세요.

낱말 뜻

1 뜻에 알맞은 낱말을 [보기]에서 찾아 기호를 쓰세요.

보기
| ㉠ 의거 | ㉡ 납득 | ㉢ 지시약 | ㉣ 걸림돌 | ㉤ 가능성 |

(1) 정의를 위해 개인이나 집단이 의로운 일을 일으킴. (   )

(2) 어떠한 상황에서 특정한 일이 일어나길 기대할 수 있는 정도. (   )

(3) 다른 사람의 말이나 행동, 형편 등을 잘 알아서 긍정하고 이해함. (   )

(4) 일을 해 나가는 데에 방해가 되는 장애물을 비유적으로 이르는 말. (   )

(5) 어떤 용액을 만났을 때 그 용액의 성질에 따라 눈에 띄는 변화가 나타나는 물질. (   )

비슷한말

2 뜻이 비슷한 말끼리 짝 지어지지 <u>않은</u> 것은 무엇인가요? (   )

① 수립 – 설립　　　② 공정 – 공평　　　③ 광복 – 해방
④ 염색 – 탈색　　　⑤ 회상 – 회고

뜻을 더해 주는 말

3 빈칸에 공통으로 들어갈 알맞은 말은 무엇인가요? (   )

| 제산☐ | 소화☐ | 영양☐ | 살충☐ |

① 지　　　② 제　　　③ 품　　　④ 권　　　⑤ 화

낱말 뜻

4 (   ) 안에서 알맞은 낱말을 골라 ○표 하세요.

(1) (겨냥도 , 전개도)는 입체도형의 모서리를 잘라서 평면 위에 펼친 그림이다.

(2) (기사회생 , 자업자득)은 자기가 저지른 일의 결과를 자기가 받음을 뜻한다.

(3) (망명 , 주둔)은 정치, 사상 등을 이유로 받는 탄압이나 위협을 피해 자기 나라를 떠나 다른 나라로 가는 것이다.

반대말

5 밑줄 친 낱말의 반대말은 무엇인가요? (   )

　　뜨개질에 <u>능숙하신</u> 어머니께서는 겨울이 되면 목도리와 장갑, 털 스웨터까지 손수 떠서 만들어 주신다.

① 사소하다　　　　　　② 끼적이다　　　　　　③ 뜬금없다
④ 계몽하다　　　　　　⑤ 서투르다

글자는 같지만 뜻이 다른 낱말

6 다음 두 문장의 빈칸에 공통으로 들어갈 낱말은 무엇인가요? (   )

• 잃어버린 강아지를 찾습니다. 강아지를 찾아 주시는 분께는 [   ]하겠습니다.
• 선생님께서는 구체적인 [   ]를 들어 외모를 평가하는 말이 무엇인지 알려 주셨다.

① 억제　　　② 기포　　　③ 사례　　　④ 회귀　　　⑤ 시위

낱말 활용

7 ~ 10 (   ) 안에 알맞은 낱말을 보기 에서 찾아 쓰세요.

보기
　　　　　　정전　　　　자제　　　　누출　　　　평균

7 윤희는 국어 (   ) 점수가 4학년 때보다 5점 올랐다.

8 주방에 가스가 조금이라도 (   )되면 바로 경보음이 울리는 장치를 달았다.

9 주인아저씨는 음식점에서 소란스럽게 구는 손님들에게 (   )을/를 부탁했다.

10 6·25 전쟁을 멈춘 뒤 오랜 세월이 지났지만 남북은 아직도 종전이 아닌 (   ) 상태이다.

찾아보기

『어휘가 문해력이다』 초등 5학년 2학기에 수록된 모든 어휘를
과목별로 나누어 ㄱ, ㄴ, ㄷ … 순서로 정리했습니다.

과목별로 뜻이 궁금한 어휘를 바로바로 찾아보세요!

차례

국어 교과서 어휘

사회 교과서 어휘

수학 교과서 어휘

과학 교과서 어휘

한자 어휘

사진 자료 출처

- **국립공주박물관** 무령왕 금제 관식(19쪽)
- **국립중앙박물관** 청자 음각 연꽃 넝쿨무늬 매병(20쪽), 청자 인물형 주전자(20쪽),

  한글 금속 활자 소자(21쪽), 『삼강행실도』(51쪽), 『단원 풍속도첩』 – 「논갈이」(82쪽),

  『신윤복필 여속도첩』 – 「저자 길」(82쪽), 척화비(84쪽)

- **셔터스톡**
- **아이엠서치**
- **아이클릭아트**

66

어휘가
문해력이다

어휘 학습으로
문해력 키우기

99

1주차

어휘 학습 점검

1주차에서 학습한 어휘를 잘 알고 있는지 ✔ 해 보고,
잘 모르는 어휘는 해당 쪽으로 가서 다시 한번 확인해 보세요.

국어

- [ ] 처지 12
- [ ] 경청 12
- [ ] 태도 12
- [ ] 누리 소통망 대화 13
- [ ] 좇다 13
- [ ] 비행사 13
- [ ] 활용 14
- [ ] 흥미롭다 14
- [ ] 체험 14
- [ ] 조사 15
- [ ] 핵심어 15
- [ ] 상설 15

사회

- [ ] 건국 18
- [ ] 청동기 18
- [ ] 전성기 19
- [ ] 동맹 19
- [ ] 멸망 19
- [ ] 고분 19
- [ ] 세력 20
- [ ] 호족 20
- [ ] 침입 21
- [ ] 담판 21
- [ ] 등재 21
- [ ] 활자 21

수학

- [ ] 범위 24
- [ ] 이상 24
- [ ] 이하 25
- [ ] 초과 25
- [ ] 미만 25
- [ ] 등급 25
- [ ] 최대 26
- [ ] 올림 26
- [ ] 버림 27
- [ ] 반올림 27
- [ ] 정원 27
- [ ] 농도 27

과학

- [ ] 작동 30
- [ ] 모래시계 30
- [ ] 원리 31
- [ ] 개선 31
- [ ] 보완 31
- [ ] 생활용품 31
- [ ] 생물 요소 32
- [ ] 생태계 32
- [ ] 생산자 33
- [ ] 소비자 33
- [ ] 분해자 33
- [ ] 먹이 사슬 33

한자

- [ ] 겸비 36
- [ ] 정비 36
- [ ] 유비무환 36
- [ ] 대비 36
- [ ] 동분서주 37
- [ ] 경주 37
- [ ] 탈주 37
- [ ] 도주 37

어휘 학습 점검

2주차에서 학습한 어휘를 잘 알고 있는지 ✔ 해 보고,
잘 모르는 어휘는 해당 쪽으로 가서 다시 한번 확인해 보세요.

어휘가 문해력이다

초등 5학년 2학기

교과서 어휘

정답과 해설

EBS

당신의 문해력

어휘가
문해력이다

초등 5학년 2학기

1주차 정답과 해설

국어 교과서 어휘

다음 중 낱말의 뜻을 잘 알고 있는 것에 ✓ 하세요.

□ 처지　□ 경청　□ 태도　□ 누리 소통망 대화　□ 쫓다　□ 비행사

✏ 낱말을 읽고, ▨부분에 뜻풀이를 그려면서 낱말 공부를 해 보세요.

수록 교과서 국어 5-2 ㉮
1. 마음을 나누며 대화해요

처지
處 곳 처 + 地 땅 지
'지(地)'의 대표 뜻은 '땅'이야.

뜻 처해 있는 사정이나 형편.
예 공감하는 대화를 바꾸어 생각하고 상대를 배려하며 말하는 대화이다.

(말풍선) 처지를 바꾸어 생각하면 상대의 마음을 알 수 있어.

이것만은 꼭!

경청
傾 기울 경 + 聽 들을 청

뜻 귀를 기울여 들음.
예 친구의 말을 경청할 때에는 "그렇구나."라고 말하거나 동의하는 고개를 끄덕이는 등 상대의 말을 잘 듣고 있다는 것을 나타내면 좋다.

편리 어휘 맞장구
'맞장구'는 남의 말에 덩달아 호응하거나 동의하는 일을 말해. 대화할 때 상대의 말에 적절하게 맞장구를 치면 말하는 사람은 자신이 듣는 사람의 말을 경청하고 있다는 느낌을 줄 수 있다.

(말풍선) 그림이 붙어있지 않아서 무척 서운했어.

Tip 남자아이는 그림이 붙어있지 않아서 친구의 말에 맞장구치고 있어요.

태도
態 모양기질 태 + 度 모습 도
'태(態)'의 대표 뜻은 '모습'이고, '도(度)'의 대표 뜻은 '법도'야.

뜻 어떤 일이나 상황 등을 대하는 마음가짐. 또는 그 마음가짐이 드러난 자세.
예 속상한 일이 있어서 친구에게 말했는데 친구가 진지한 태도로 듣지 않아서 기분이 더 안 좋아졌어.

비슷한말 자세
'자세'는 어떤 일이나 사람을 대하는 마음가짐을 뜻하는 말이야. '춘하는 모든 일에 적극적인 자세로 임한다.'와 같이 쓰여.

(말풍선) '누리 소통망'은 '소셜 네트워크 서비스[SNS]'를 다듬은 말이야.

누리 소통망 대화
누리 + 疏 소통할 소 + 通 통할 통 + 網 그물 망 + 對 대할 대 + 話 말씀 화

뜻 온라인에서 자유롭게 글이나 사진 등을 올리거나 나누는 누리 소통망에서 상대와 나누는 대화.
예 누리 소통망 대화를 할 때에는 상대의 얼굴이 보이지 않기 때문에 예의 바르게 말해야 한다.

쫓다

뜻 목표, 이상, 행복 등을 추구하다.
예 소녀는 어려운 환경에서도 꿈을 좇으며 하루하루 열심히 살았다.

헷갈리는 말 쫓다
'쫓다'는 "어떤 대상을 잡거나 만나기 위해 뒤를 급히 따르다."를 뜻하는 말이야. "경찰이 도망가는 도둑을 쫓았다."와 같이 써. "도둑을 좇다."는 잘못된 표현이야.

Tip '좇다'와 '쫓다'의 받침을 'ㅈ'으로 잘못 쓰지 않도록 주의해야 해요.

비행사
飛 날 비 + 行 다닐 행 + 士 선비 사
'사(士)'의 이름에 붙이는 말 선비 사

뜻 일정한 자격을 지니고 민간용 비행기를 조종하는 사람.
예 권기옥은 비행기를 타고 일본과 싸우려고 우리나라 최초의 여자 비행사가 됐다.

뜻을 더해 주는 말 -사
'-사'는 직업의 뜻을 더해 주는 말이야. '비행사'처럼 '-사'가 붙어서 만들어진 낱말에는 '변호사, 운전사, 조리사, 조종사, 통역사' 등이 있어.

꼭! 알아야 할 속담

○표 하기

'(빨간, 작은) 고추가 더 맵다'는 몸집이 작은 사람이 큰 사람보다 재주가 뛰어나고 야무짐을 비유적으로 이르는 말입니다.

1주차 1회

국어 교과서 어휘

수록 교과서 국어 5-2 ㉮
2. 지식이나 경험을 활용해요

다음 중 낱말의 뜻을 잘 알고 있는 것에 ✓ 하세요.
□ 활용 □ 흥미롭다 □ 체험 □ 조사 □ 핵심어 □ 상설

낱말을 읽고, ___ 부분에 밑줄을 그으면서 낱말 공부를 해 보세요.

활용
活 살 활 + 用 쓸 용
✓'활(活)'의 대표 뜻은 '살다'.
뜻 충분히 잘 이용함.
예 지식이나 경험을 활용해 글을 읽으면 이미 아는 내용에 새롭게 안 내용이 더해져 글 내용을 더 오래 기억할 수 있다.

흥미롭다
興 흥겨울 흥 + 롭다
味 기분 미 + 롭다
✓'흥(興)'의 대표 뜻은 '일다', '미(味)'의 대표 뜻은 '맛'이다.
뜻 흥을 느끼는 재미가 있다.
예 로봇에 대한 지식과 로봇 박물관에 간 경험을 떠올리며 책 '미래의 로봇'을 흥미롭게 읽었다.

뜻을 더해 주는 말 '-롭다'
'-롭다'는 '그런 성질이나 느낌이 있음.'의 뜻을 더해 주는 말이야. '흥미롭다'처럼 '-롭다'가 붙어서 만들어진 낱말이 많이 있어.
예 •향기롭다: 향기가 있다. •신비롭다: 신기하고 묘한 느낌이 있다.
•슬기롭다: 슬기가 있다. •정의롭다: 정의에 벗어남이 없이 올바르다.
Tip 명사에 '-롭다'가 붙어 형용사가 되어요.

체험
體 몸 체 + 驗 경험 험
✓'험(驗)'의 대표 뜻은 '시험'이다.

뜻 자기가 몸소 겪음.
예 민속촌은 갯벌 조사, 경주 문화재 견학, 수영 교실 참가 등 체험할 일 가운데에서 국립생태원에 견학 갔던 일을 글로 썼다.
비슷한말 경험
'경험'은 자신이 실제로 해 보거나 겪어 본 일.
예 우리 가족은 3박 4일 동안 전기 여행을 하면서 다양한 경험을 했다.

이것만은 꼭!

조사
調 살필 조 + 查 조사할 사
✓'조(調)'의 대표 뜻은 '고르다'.
뜻 일이나 사물의 내용을 알기 위해 자세히 살펴보거나 찾아봄.
예 현장 체험학습 계획을 발표 자료로 만들기 위해 체험학습 장소와 관련한 정보를 조사했다.

핵심어
核 씨 핵 + 心 중심 심 + 語 말씀 어
✓'핵(核)'의 대표 뜻은 '씨', '심(心)'의 대표 뜻은 '마음'이다.
뜻 어떤 말이나 글 등에서 가장 중심이 되는 단어.
예 경주 여행을 가서 체험한 일을 글로 쓰려고 글의 처음, 가운데, 끝에 들어갈 내용을 핵심어로 정리해 보았다.

처음	가족 여행, 요금소, 김유신 장군 동상
가운데	천마총, 첨성대, 석가탑, 다보탑
끝	돌아오는 길, 저녁 식사

상설
常 항상 상 + 設 설치할 설
✓'설(設)'의 대표 뜻은 '베풀다'이다.
뜻 언제든지 이용할 수 있도록 설비와 시설을 마련해 둠.
예 국립한글박물관의 상설 전시실은 언제든지 볼 수 있으니 오늘도 특별 전시실에서 개관 기념 특별전을 보자꾸나.
반대말 특설
'특설'은 특별히 설치하였음을 뜻하는 말이야. **예** 특설 매장, 특설 무대
Tip '상설'과 '특설'은 주로 일부 명사 앞에서 '상설 ~', '특설 ~'로 쓰여요.

꼭 알아야 할 관용어

빈칸 채우기
'꼬리에 꼬리 를 물다 는 "계속 이어지다."라는 뜻입니다.

확인 문제

✏ 12~13쪽에서 공부한 낱말을 떠올리며 문제를 풀어 보세요.

1 뜻에 알맞은 낱말을 글자판에서 찾아 묶으세요. (낱말은 가로(一), 세로(l), 대각선(\) 방향에 숨어 있어요.)

❶ 가슴 기울여 들음.
❷ 처해 있는 사정이나 형편.
❸ 어떤 일이나 상황 등을 대하는 마음가짐.
❹ 일정한 자격을 지니고 변화를 받아 비행기를 조종하는 사람.

소	통	망	경	청
배	옥	수	행	앙
도	비	대	지	지
가	자	지	처	사

2 밑줄 친 낱말을 바르게 사용한 친구에게 ○표 하세요.

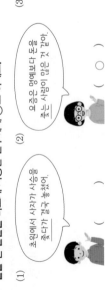

(1) 초임에서 사서가 사슴을 좋다가 경우 놓쳤어.
(2) 요즘에 영예보다 돈을 좇는 사람이 많은 것 같아.
(3) 영화에서 형사가 악당을 좇는 장면이 손에 땀을 쥐고 있어.

3 ( ) 안에 알맞은 낱말을 보기 에서 찾아 쓰세요.

보기: 처지 경청 태도 누리 소통망 대화

(1) 유미는 상대의 말을 끝까지 (경청)하고 나서 자신의 생각을 말했다.
(2) 그는 인기 스타가 된 뒤에도 늘 겸손한 (태도)(으)로 사람들을 대했다.
(3) 싸운 친구와 화해하고 싶은데 어떻게 직접 말하기가 쑥스러워서 (누리 소통망 대화)(으)로 마음을 전했다.
(4) 넘은 청소 구역을 맡고 있는 학생의 (처지)에서 생각해 보니 우리 반 학생들이 청소 구역을 바꾸어 가며 맡는 게 좋겠다.

✏ 14~15쪽에서 공부한 낱말을 떠올리며 문제를 풀어 보세요.

4 뜻에 알맞은 낱말이 되도록 보기 에서 글자를 찾아 쓰세요.

보기: 심 다 옹 어 흥 해 활 룸 미

(1) 충분히 잘 이용함. → [활][용]
(2) 흥을 느끼는 재미가 있다. → [흥][미][다]
(3) 어떤 말이나 글 등에서 가장 중심이 되는 단어. → [핵][심][어]

5 뜻에 알맞은 낱말을 골라 ○표 하세요.
(1) 언제든지 이용할 수 있도록 설비와 시설을 마련해 둠. (상설 , 상식)
(2) 일이나 사물의 내용을 알기 위해 자세히 살펴보거나 찾아봄. (해선 , 조사)

6 밑줄 친 낱말과 바꾸어 쓸 수 있는 낱말은 무엇인가요? (⑤)

> 민주의 글에는 전문대에 가서 체험한 일과 그에 대한 감상이 생생하게 드러나 있다.

① 위험 ② 명령 ③ 상상 ④ 계획 ⑤ 경험

7 ( ) 안에서 알맞은 낱말을 골라 ○표 하세요.
(1) 글로 쓸 내용에 필요한 정보를 인터넷과 책에서 (조사 , 조언)하였다.
(2) (전설 , 상성) 한이 마장에 가면 언제든지 웃음 싸게 살 수 있어서 좋다.
(3) 욕식 공통의 깃발을 담고 있다는 (향기로운 , 종미로운) 사실을 알고 있다.

1주차 2회

사회 교과서 어휘

수록 교과서: 사회 5-2
1. 옛사람들의 삶과 문화

다음 중 낱말의 뜻을 잘못 읽고 있는 것에 ✓ 하세요.

□ 건국 □ 청동기 □ 전성기 □ 동맹 □ 멸망 □ 고분

눈 내린 경주 불국사 풍경이 아름답지요? 경주는 삼국을 통일한 신라의 도읍이었답니다. 우리 역사에 처음 등장하는 나라인 고조선과 우리 신라 삼국 시대를 배울 때 나오는 낱말을 공부해 보자.

낱말을 읽고, ___ 부분에 알맞은 글자를 그으면서 낱말 공부를 해 보세요.

건국
建 세울 건 + 國 나라 국

뜻: 나라를 세움.
예: 『삼국유사』에는 웅녀와 환웅의 아들인 단군왕검이 고조선을 건국했다는 이야기가 실려 있다.
비슷한말: 개국
'개국'은 새로 나라를 세우는 것을 뜻해. "백제는 개국 후에 여러 번 도읍을 옮겼다."와 같이 쓰여.

청동기
青 푸를 청 + 銅 구리 동 + 器 그릇 기

뜻: 구리와 주석을 섞어 만든 그릇이나 기구.
예: 청동기 시대 이후 한반도와 주변 지역에서 권력을 가진 사람들이 나타나 다른 사람들을 지배하기 시작했고, 이 과정에서 고조선이 등장했다.
Tip: 고조선은 우수한 청동기 문화를 바탕으로 다른 부족을 정복하거나 통합했어요.

청동기 시대는 구리와 주석을 섞은 청동으로 도구를 만들어 사용하던 시대야.

전성기
全 온전할 전 + 盛 성할 성 + 期 기간 기

뜻: 어느 집단의 힘이 가장 강한 시기.
예: 고구려, 백제, 신라는 전성기를 맞이했을 때 공통적으로 한강 유역을 차지하고 한반도에서 영역을 크게 넓혔다.
반대말: 쇠퇴기
'쇠퇴기'는 경하게 일어났던 현상이나 세력, 기운 등이 약해져 지는 시기를 말해.

이것만은 꼭!: 고구려, 백제, 신라 중 백제가 가장 먼저 전성기를 맞이했어.

동맹
同 함께 동 + 盟 맹세 맹

뜻: 둘 이상의 개인이나 단체 또는 국가가 서로의 목적을 이루거나 목적을 위해 동일하게 행동하기로 맹세하여 맺는 약속.
예: 신라는 당과 동맹을 맺고 함께 군대를 만들어 백제, 고구려와의 전쟁에서 승리했다.
Tip: 신라와 당이 함께 만든 군대인 나당 연합군은 백제와 고구려를 차례로 멸망시켰어요.
비슷한말: 연합
'연합'은 공동의 목적을 가진 단체나 국가가 서로 돕고 행동을 함께 할 것을 약속하는 것, 또는 그런 조직을 말해. "이웃한 세 나라가 연합을 결성했다."와 같이 쓰여.

멸망
滅 없어질 멸 + 亡 망할 망

뜻: 망하여 없어짐.
예: 고구려가 멸망한 뒤 대조영은 고구려의 유민들과 말갈족을 이끌고 발해를 세웠다.
Tip: '유민'은 망하여 없어진 나라의 백성이에요.
관련 어휘: 흥망성쇠
'흥망성쇠'는 나라나 민족, 문화 등이 생겨나고 발전하고 약해지고 망하는 것을 뜻하는 나타낸 말이야. "역사 속에서 수많은 나라가 흥망성쇠를 겪고 사라졌다."와 같이 쓰여.

고분
古 옛 고 + 墳 무덤 분

뜻: 역사적으로 가치가 있는 옛 무덤.
예: 옛사람들은 고분 안에 무덤의 주인이 살아 있을 때 사용하던 물건들을 두거나, 무덤 벽과 천장에 그림을 그리기도 했다.

▲ 백제 무령왕의 무덤에서 출토된 무령왕 금제 관식

침입
侵 침노할 침 + 入 들 입

뜻 남의 땅이나 나라, 권리, 재산 등을 범하여 들어가거나 들어옴.

예 거란은 고려에 3번이나 침입해 왔으나 고려는 끈질기게 맞서 싸웠고, 3차 침입 때 강감찬이 이끄는 고려군이 귀주에서 거란군을 크게 물리쳤다.

Tip 거란은 당이 멸망한 이후 성장한 나라로 발해를 멸망시켰어요.

비슷한말 침범
'침범'은 남의 땅이나 구역, 권리 등을 범하여 해 끼침을 뜻하는 말이야.

예 두목머리 사자는 자신의 영역을 침범한 이웃과 수컷 사자를 공격하여 쫓아냈다.

담판
談 말씀 담 + 判 판단할 판

뜻 서로 맞선 관계에 있는 쌍방이 의논해 옳고 그름을 판단함.

예 거란의 1차 침입 때 서희는 거란의 장수 소손녕과 담판을 벌여 거란군을 물러나게 하고 압록강 동쪽의 강동 6주를 얻었다.

우리의 옛 영토를 돌려준다면 거란과 교류를 할 것이다.

▲ 서희의 외교 담판

등재
登 오를 등 + 載 실을 재

뜻 이름이나 어떤 내용을 장부에 적어 올림.

예 팔만대장경판은 유네스코 세계 기록 유산으로 등재되어 있으며 이를 보관하는 장경판전도 유네스코 세계 유산으로 지정되어 있다.

Tip 팔만대장경판은 목판 8만 여 장에 불경을 새긴 것이에요.

비슷한말 기재
'기재'는 문서 등에 기록하여 올린다는 뜻이야.

예 서류에 필요한 내용을 빠짐없이 기재해 주세요.

'세계 기록 유산'은 유네스코가 세계의 귀중한 기록물을 보존하고 활용하고자 선정하는 문화유산이야.

활자
活 살 활 + 字 글자 자

뜻 인쇄를 하기 위해 네모난 기둥 모양의 금속 윗면에 문자나 기호를 볼록 튀어나오게 새긴 것.

예 고려 시대에는 목판 인쇄술뿐 아니라 금속 활자를 이용한 인쇄술도 발달했다.

Tip 고려 시대에 금속 활자로 인쇄한 책 '직지심체요절'은 오늘날 전해지는 금속 활자 인쇄본 중 가장 오래된 것이에요.

▲ 한글 금속 활자 소자

1주차 2회
사회 교과서 어휘

수록 교과서 사회 5-2
1. 옛사람들의 삶과 문화

다음 중 낱말의 뜻을 잘 알고 있는 것에 ✓ 하세요.
□ 세력 □ 호족 □ 침입 □ 담판 □ 등재 ☑ 활자

팔만대장경과 고려대장경은 고려의 외세에 대한 문화유산이야. 고려는 거란과 여러 민족에게 침입을 당했지만 부처의 힘으로 이를 잘 극복하고 독창적인 문화를 발전시켰단다. 고려 시대에 불경을 배울 때 나오는 낱말을 공부해 보자.

Tip 팔만대장경판이 보관된 합천 해인사 장경판전 내부 모습이에요.

낱말을 읽고, ▢부분에 알맞은 낱말을 그으면서 낱말 공부를 해 보세요.

세력
勢 권세 세 + 力 힘 력

뜻 권력이나 기세의 힘.

예 왕건은 세력을 가진 궁예의 신하가 되어 후고구려의 건국을 도왔다.

여러 가지 뜻을 가진 낱말 세력
'세력'에는 어떤 속성이나 힘을 가진 집단이라는 뜻도 있어. '반대 세력', '핵심 세력', '보수 세력', '민주 세력', '지방 세력' 등과 같이 쓰여. '세력' 앞에 오는 말이 그 집단이 가지는 특징이나 성질을 나타내지.

Tip 기세는 남에게 영향을 줄 만한 기운이나 태도예요.

호족
豪 호걸 호 + 族 겨레 족

뜻 신라 말 고려 초에 활동한 지방 세력. 군사력과 경제력을 바탕으로 각 지방을 다스렸다.

예 신라 말 귀족들의 왕위 다툼으로 정치가 혼란해지자 지방에서는 새로운 정치 세력인 호족이 등장했다.

Tip 여러 호족 중 세력을 기온 견훤과 궁예는 후백제와 후고구려를 세웠다.

이것만은 꼭!
고려를 세운 왕건도 송악(지금의 개성)의 호족이었어요.

확인 문제

18~19쪽에서 공부한 낱말을 떠올리며 문제를 풀어 보세요.

1 뜻에 알맞은 낱말을 글자 카드로 만들어 빈칸에 쓰세요.

(1) 망하여 없어짐.

(2) 역사적으로 가치가 있는 옛 무덤.

(3) 어느 집단의 힘이 가장 강한 시기.

(4) 구리와 주석을 섞어 만든 그릇이나 기구.

멸	청	망	전	기
고	분	뼈	성	동
석	기	동	전	청

해설 | 망하여 없어짐은 '멸망'이고, 역사적으로 가치가 있는 옛 무덤은 '고분'입니다. 어느 집단의 힘이 가장 강한 시기는 '전성기'이고, 구리와 주석을 섞어 만든 그릇이나 기구는 '청동'입니다.

2 ⬛ 안의 낱말과 뜻이 비슷한 낱말에 ○표 하세요.

(1) **건국** 전국 (개국) 개선

(2) **동맹** 집단 쇠퇴 (연맹)

해설 | (1) 나라를 세움을 뜻하는 '건국'과 뜻이 비슷한 낱말은 '건국과 서로 비슷한 낱말은 '개국'입니다. (2) 둘 이상의 개인이나 단체 또는 국가가 서로의 이익이나 목적을 위해 동일하게 행동하기로 맹세하여 맺는 약속이 '동맹'과 뜻이 비슷한 낱말은 '연맹'입니다.

3 빈칸에 알맞은 낱말을 완성하세요.

(1) 고구려의 왕자인 온조는 고구려에서 남쪽으로 내려와 백제를 건 국 했다.

(2) 고조선이 멸 망 한 뒤 한반도에는 고구려, 백제, 가야, 신라 등의 나라가 나타났다.

(3) 고 분 에 그려진 그림에서 그 당시 사람들이 상상한 짐이나 먹었던 음식, 옷차림 등의 생활 모습을 알 수 있다.

(4) 고구려의 전 성 기 는 광개토 대왕과 장수왕 때였는데, 광개토 대왕은 중국의 요동 지...

해설 | (1) 반칸에 '건국'을 넣어 온조가 백제를 세웠다는 뜻이 되는 것이 알맞습니다. (2) '고조선이 멸망한'이 알맞습니다. (3) 옛 무덤인 '고분'에 그려진 그림을 보면 그 당시 사람들의 생활 모습을 알 수 있습니다. (4) 영토를 크게 확장시킨 광개토 대왕과 장수왕 때가 고구려의 전성기였습니다.

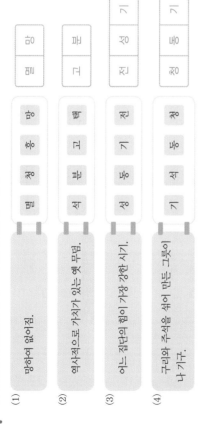

4 뜻에 알맞은 낱말을 글자판에서 찾아 묶으세요. (낱말은 가로(─), 세로(│), 대각선(╲) 방향에 숨어 있어요.)

① 권력이나 기세의 힘.

② 이름이나 어떤 내용을 장부에 적어 올림.

③ 서로 맞선 관계에 있는 쌍방이 이로에 옳고 그름을 판단함.

④ 인쇄를 하기 위해 네모난 기둥 모양의 금속 옆면에 문자나 기호를 볼록 튀어나오게 새긴 것.

세	방	호	실
력	지	등	족
명	박	판	임

해설 | ① 권력이나 기세의 힘은 '세력'입니다. ② 이름이나 어떤 내용을 장부에 적어 올림은 '등재'입니다. ③ 서로 맞선 관계에 있는 쌍방이 이로에 옳고 그름을 판단함은 '판단'입니다. ④ 인쇄를 하기 위해 네모난 기둥 모양의 금속 옆면에 문자나 기호를 볼록 튀어나오게 새긴 것은 '활자'입니다.

5 친구가 설명한 뜻에 맞는 낱말을 빈칸에 쓰세요.

신라 말 고려 초에 활동한 지방 세력이야. 이들은 군사력과 경제력을 바탕으로 각 지방을 다스렸어.

호
족

해설 | 신라 말과 고려 초에 활동한 지방 세력으로 군사력과 경제력을 바탕으로 각 지방을 다스린 사람들을 '호족'이라고 합니다.

6 낱말의 관계가 다른 하나를 찾아 ○표 하세요.

(1) 등재 - 기재 ( )

(2) 점임 - 점범 ( )

(3) 답파 - 화해 (○)

해설 | '등재'와 '기재', '점임'과 '점범'은 뜻이 서로 비슷한 낱말입니다. '답파'와 '화해'는 서로 관련이 없습니다.

7 친구들이 고려에 대해 알게 된 내용을 말했습니다. ( )안에 알맞은 낱말을 보기에서 찾아 쓰세요.

보기
호족 세력
점임
세력

(1) 미애: 왕건은 정치를 안정시키려고 (호족)의 딸들과 결혼하여 부인이 스물아홉 명이 있어.

(2) 현정: 여러 방면으로 (세력)을 확장한 거란이 발해까지 멸망시키자 고려는 거란을 경계했어.

(3) 성진: 30여 년에 걸친 몽골의 (점임)으로 고려의 국토는 황폐해졌...

해설 | (1) 지방 세력인 '호족'의 딸들과 결혼한 것이 알맞습니다. (2) 거란의 힘이 커져 세력이 발해까지 미쳤으므로 '세력'이 알맞습니다. (3) 몽골이 고려에 쳐들어왔다는 내용으로 되어야 하므로 '점임'이 알맞습니다.

이하
以 아래 이 + 下 아래 하

Tip 수량이 일정한 기준을 포함하여 그보다 작은 것.

뜻 수의 범위에서 '이하'는 어떤 수와 같거나 작은 수를 나타내요.

예 10.0, 9.5, 8.7 등과 같이 10과 같거나 작은 수를 10 이하인 수라고 한다.

▲ 10 이하인 수를 나타낸 수직선

어떤 수의 '이상'이나 '이하'에는 어떤 수가 포함되니까 수직선에서 그 수가 안이 채워진 동그라미야.

초과
超 뛰어넘을 초 + 過 지날 과

Tip 수량이 일정한 기준을 넘음.

뜻 수의 범위에서 '초과'는 어떤 수보다 큰 수를 나타내요.

예 19.4, 20.9, 22.0 등과 같이 19보다 큰 수를 19 초과인 수라고 한다.

▲ 19 초과인 수를 나타낸 수직선

미만
未 아닐 미 + 滿 찰 만

Tip 수량이 일정한 기준에 이르지 못함.

뜻 수의 범위에서 '미만'은 어떤 수보다 작은 수를 나타내요.

예 139.5, 137, 135.8 등과 같이 140보다 작은 수를 140 미만인 수라고 한다.

▲ 140 미만인 수를 나타낸 수직선

어떤 수의 '초과'나 '미만'에는 어떤 수가 포함되지 않으니까 수직선에서 그 수가 안이 비어 있는 동그라미야.

등급
等 등급 등 + 級 등급 급
↳ 등(等)의 대표 뜻은 '무리'야.

Tip 높고 낮음이나 좋고 나쁨의 정도를 여러 층으로 나누어 놓은 단계.

뜻 준서는 윗몸 말아 올리기를 30회 하여 횟수 범위가 22회 이상 39회 이하인 3등급에 속한다.

1주차 3회

수학 교과서 어휘

● 다음 중 낱말의 뜻을 정확히 알고 있는 것에 ☑ 하세요.

☐ 범위 ☐ 이상 ☐ 이하 ☐ 초과 ☐ 미만 ☐ 등급

키가 110cm 이상
탑승 가능

형, 나 범퍼카 탈 수 있어요?

네 키가
110 cm니까 ……

키가 110 센티미터인 동생은 놀이 기구를 탈 수 있을까? 형이 '이상'의 뜻을 알면 동생에게 대답해 줄 수 있겠지? 이상, 이하, 초과, 미만 등 수의 범위와 관련된 낱말을 공부해 보자.

✏️ 낱말을 읽고, ＿＿ 부분에 밑줄을 그으면서 낱말 공부를 해 보세요.

범위
範 한계 범 + 圍 에워쌀 위
↳ 범(範)의 대표 뜻은 '법'이야.

뜻 일정하게 정해진 영역.

예 "오늘 최고 기온은 24도, 최저 기온은 18도입니다." 에서 기온을 수의 범위로 나타내면 18부터 24까지이다.

이상
以 ~부터 이 + 上 윗 상
↳ '에서'의 대표 뜻은 '~에서'야.

Tip 수량이 일정한 기준을 포함하여 '이상'은 어떤 수와 같거나 큰 수를 나타낸 것.

뜻 수의 범위에서 '이상'은 어떤 수와 같거나 큰 수를 나타내요.

예 70, 71, 73, 75 등과 같이 70과 같거나 큰 수를 70 이상인 수라고 한다.

▲ 70 이상인 수를 나타낸 수직선

이것만은 꼭! 글자는 같지만 뜻이 다른 낱말 **이상**

'이상'은 정상적인 상태와 다름을 뜻하는 말이기도 해. "몸에 이상을 느껴 병원에 갔다.", "이상 기온으로 4월에 눈이 내렸다." 와 같이 쓰여.

버림

뜻 구하려는 자리의 아래 수를 버려서 나타내는 방법.

예 756을 버림하여 십의 자리까지 나타내면 750이고, 백의 자리까지 나타내면 700이다.

백의 자리 아래 수인 56을 0으로 보고 700으로 나타낼 수 있어.
756 —버림→ 700

십의 자리 아래 수인 6을 0으로 보고 750으로 나타낼 수 있어.
756 —버림→ 750

반올림

뜻 구하려는 자리 바로 아래 자리의 숫자가 0, 1, 2, 3, 4이면 버리고, 5, 6, 7, 8, 9이면 올려서 나타내는 방법.

예 4282를 반올림하여 십의 자리까지 나타내면 4280이고, 백의 자리까지 나타내면 4300이다.

백의 자리 아래 자리의 숫자가 8이니까 4300으로 나타낼 수 있어.
4282 —반올림→ 4300

십의 자리 아래 자리의 숫자가 2이니까 4280으로 나타낼 수 있어.
4282 —반올림→ 4280

이것만은 꼭! 부수: 番(번) + 올림

정원
定 정할 정 + 員 인원 원

뜻 일정한 규정에 따라 정해진 사람의 수.

예 케이블카 한 대에 탈 수 있는 정원이 10명이어서 등산객 15명 중 5명은 못 탔다.

글자는 같지만 뜻이 다른 낱말 정원
집 안에 있는 뜰이나 꽃밭을 뜻하는 '정원'도 있어. "어머니께서는 정원에 꽃을 심고 정성껏 가꾸신다."와 같이 쓰여.
Tip 한자로는 庭園(뜰 정 + 園 동산 원)이에요.

농도
濃 짙을 농 + 度 정도 도
↳度(도)의 대표 뜻은 '법도'.

뜻 기체나 액체 등이 진함과 묽음의 정도.

예 현영이는 고춧 농도가 높아져서 맛이 진한 과일주스를 좋아한다.

오른쪽으로 갈수록 농도가 높아지.

수학 교과서 어휘

수록 교과서 수학 5-2
1. 수의 범위와 어림하기

다음 중 낱말의 뜻을 잘 알고 있는 것에 ✓하세요.
□ 최대 □ 올림 □ 버림 □ 반올림 □ 정원 □ 농도

고기 가격이 1233원이니까 1250원만 주세요.

무게에 따라 1233원이니다.

반올림하여 15300원 드릴게요.

Tip '어림'은 대강 짐작으로 헤아린 셈이에요. 어림을 하는 대표적인 방법으로 '올림, 버림, 반올림'이 있어요.

낱말을 읽고, ＿＿＿ 부분에 밑줄을 그으면서 낱말 공부를 해 보세요.

최대
最 가장 최 + 大 큰 대

뜻 수나 양, 정도 등이 가장 큼.

예 만 원으로 한 개에 900원짜리 붕어빵을 최대 11개 살 수 있다.

반대말 최소
'최소'는 수나 정도 등이 가장 작음을 뜻해. "영화관까지 걸어가려면 최소 30분은 걸리니까 버스를 타자."와 같이 쓰여.

올림

뜻 구하려는 자리의 아래 수를 올려서 나타내는 방법.

예 214를 올림하여 십의 자리까지 나타내면 220이고, 백의 자리까지 나타내면 300이다.

백의 자리 아래 수인 14를 100으로 보고 300으로 나타낼 수 있어.
214 —올림→ 300

십의 자리 아래 수인 4를 10으로 보고 220으로 나타낼 수 있어.
214 —올림→ 220

확인 문제

24~25쪽에서 공부한 낱말을 떠올리며 문제를 풀어 보세요.

1 낱말의 뜻을 보기에서 찾아 사다리를 타고 내려간 곳에 기호를 쓰세요.

보기
㉠ 수량이 일정한 기준을 넘음. - 초과
㉡ 수량이 일정한 기준에 이르지 못함. - 미만
㉢ 수량이 일정한 기준을 포함하여 그보다 많은 것. - 이상
㉣ 수량이 일정한 기준을 포함하여 그보다 적은 것. - 이하

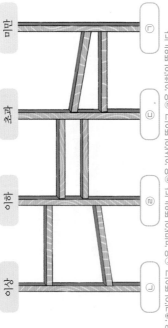

이상	이하	초과	미만
㉡	㉣	㉢	㉠

해설 | ㉠은 초과의 뜻이고, ㉡은 '미만'의 뜻입니다, ㉢은 '이상'의 뜻이고, ㉣은 '이하'의 뜻입니다.

2 밑줄 친 낱말의 뜻이 다른 하나를 골라 ○표 하세요.

(1) 이 영화는 19세 <u>이상</u> 관람할 수 있다. ( )
(2) 에어컨에 <u>이상</u>이 생겨서 찬바람이 나오지 않는다. (○)
(3) 호우 경보는 12시간 동안 180 mm <u>이상</u>의 비가 예상될 때 내려진다. ( )

해설 | (1)과 (3)에서 '이상'은 수량이 일정한 기준을 포함하여 그보다 많은 것을 뜻하고, (2)에서는 정상적인 상태와 다름이라는 뜻으로 쓰였습니다.

3 ( ) 안에서 알맞은 낱말을 골라 ○표 하세요.

(1) 이번 수학 시험 (범위, 방아)는 1단원부터 3단원까지이다.
(2) 8세 이상 13세 (이하, 초과)의 어린이는 요금이 2000원이다.
(3) 심사 위원은 대회 참가자들의 작품을 심사하여 상 · 중 · 하의 세 (지역, 등급)으로 나누었다.
(4) 스마트폰 사용 시간을 하루에 2시간 (이상, 미만)으로 줄이겠다고 부모님과 약속했다.

해설 | (1) 시험을 볼 부분이 1단원부터 3단원까지의 정해진 영역이므로 '범위'가 알맞습니다. (2) '8세 이상 13세 이하'는 8세 수준이 높고 낮음의 정도를 상 · 중 · 하로 나누는 것이므로 '등급'이 알맞습니다. (3) 작품 수준의 높고 낮음의 정도를 상 · 중 · 하의 세 (지역 · 등급)으로 나누었다는 것이므로 '등급'이 알맞습니다. (4) 스마트폰 사용 시간을 줄이겠다고 약속한 것이므로 2시간을 넘지 않는 '미만'이 알맞습니다.

26~27쪽에서 공부한 낱말을 떠올리며 문제를 풀어 보세요.

4 낱말의 뜻이 무엇인지 ( ) 안에서 알맞은 말을 골라 ○표 하세요.

(1) 최대 - 수나 양, 정도 등이 가장 (큼, 적음).
(2) 정원 - 일정한 규정에 따라 정해진 (시간, 사람의 수).
(3) 농도 - 액체나 기체 등이 (많음과 적음, 진함과 묽음)의 정도.
(4) 반올림 - 구하려는 자리 바로 아래 자리의 숫자가 0, 1, 2, 3, 4이면 (올리고, 버리고), 5, 6, 7, 8, 9이면 (올려서, 버려서) 나타내는 방법.

해설 | (1) 최대는 수나 양, 정도 등이 가장 큼을 뜻합니다. (2) 정원은 정해진 시험이 사람의 수를 뜻하는 '정원'이 들어가야 합니다. 두 번째 문장에는 '정원'이 들어가야 합니다. (3) '농도'는 액체나 기체 등이 진함과 묽음의 정도입니다. (4) '반올림'은 구하려는 자리 바로 아래 자리의 숫자가 0~4이면 버리고, 5~90l면 올려서 나타내는 방법입니다.

5 빈칸에 공통으로 들어갈 낱말을 쓰세요.

· 종이접기 방과 후 수업 ___은 스무 명입니다.
· 내 소원은 이 넓은 집에서 강아지를 기르는 거야.

정원

해설 | 첫 번째 문장의 빈칸에는 일정한 규정에 따라 정해진 시험이 수를 뜻하는 '정원'이 들어가야 합니다. 두 번째 문장의 빈칸에는 집 안에 있는 뜰이나 꽃밭을 뜻하는 '정원'이 들어가야 합니다.

6 빈칸에 알맞은 낱말을 글자 카드로 만들어 쓰세요.

(1) 이 보트에는 **최대** 8명이 탈 수 있다.

반	올	림	하
올	다	림	

(2) 내가 인터넷에게 줄 돈이 480원인데 __ 해서 500원을 줄게.

최	정	만	대
도	중	진	농

(3) 157.4 cm인 내 기름 **올림** 하여 158 cm이다.
일의 자리까지 나타내면 158 cm이다.

(4) 현재 초미세 먼지 **농도**는 40 마이크로그램으로 '나쁨'이다.

도	반	피	약
농		응	

해설 | (1) 보트에 가장 많이 탈 수 있는 사람 수가 8명이라는 뜻이므로 '최대'가 들어갑니다. (2) 480을 반올림하면 5000이 됩니다. (3)40 마이크로그램은 공기 중의 초미세 먼지 '농도'를 나타내는 것입니다. (4) 157.4가 158이 되려면 소수 첫째 자리에서 반올림해야 합니다.

1주차 4회

과학 교과서 어휘

수록 교과서 **과학 5-2**
1. 재미있는 나의 탐구

다음 중 낱말의 뜻을 잘 알고 있는 것에 ✓ 하세요.

□ 작동　□ 모래시계　□ 원리　□ 개선　□ 보완　□ 생활용품

자석은 같은 극끼리는 서로 밀어 내고 다른 극끼리는 서로 끌어당겨. 이러한 자석의 성질을 이용하면 장난감을 만들 수 있을까?

친구가 자석을 관찰하고 자석의 원리와 관련 있는 장난감을 만들려고 해. 이와 같이 '재미있는 나의 탐구' 단원에서 나의 탐구를 공부해 보자.

Tip 재미있는 나의 탐구 단원에서 탐구 활동은 '탐구 문제 정하기 → 탐구 계획 세우기 → 탐구 실행하기 → 탐구 결과 발표하기 → 새로운 탐구 하기'의 과정으로 이루어져요.

✏️ 낱말을 읽고, 본문에 알맞은 낱말을 그으면서 낱말 공부를 해 보세요.

작동
作 일할 작 + 動 움직일 동
'작(作)'의 대표 뜻은 '짓다'야.

뜻 기계 등이 제 기능대로 움직임.
예 주변에서 여러 가지 물건이 작동하는 모습을 관찰하고, 만들고 싶은 것을 선택하여 탐구 문제로 정해 보세요.

비슷한말 기동
'기동'은 기계 등이 움직여 일함을 뜻하는 말이야.

모래시계
모래 + 時 때 시 + 計 셀 계

뜻 일정한 크기의 구멍을 통해 모래가 아래로 떨어지는 것을 이용하여 시간을 측정하는 장치.
예 우리 모둠은 페트병을 이용하고 모래를 이용해 1분을 측정하는 모래시계를 만들기로 하고 탐구 계획을 세웠다.

둘 이상의 낱말이 합쳐진 말 '시계'가 들어간 말
'모래시계'처럼 어떤 낱말과 '시계'가 결합해 만들어진 낱말이 있어.
예 벽시계, 손목시계, 시계탑, 전자시계

원리
原 근본 원 + 理 이치 리
'원(原)'의 대표 뜻은 '언덕', '근본'. '리(理)'의 대표 뜻은 '다스리다'야.

뜻 사물이나 현상이 근본이 되는 이치.
예 과학 원리 가운데에서 흐릿흐릿 공기의 진동, 거울은 빛의 반사, 보온병은 열의 이동과 관련 있다.

▲ 빛이 반사 원리로 모습을 비추는 거울

개선
改 고칠 개 + 善 좋을 선
'선(善)'의 대표 뜻은 '착하다'야.

뜻 잘못된 것이나 부족한 것, 나쁜 것 등을 고쳐 더 좋게 만듦.
예 탐구 계획과 달리 모래가 모두 떨어지는 데 걸리는 시간이 1분보다 짧은데? 모래를 더 넣어 모래시계를 개선해야겠어.

반대말 개악
'개악'은 고쳐서 도리어 나빠지게 함을 뜻하는 말이야.
예 새로운 규칙은 혼란한 상황을 개선하기는커녕 오히려 개악하고 말았다.

이것만은 꼭!
탐구 실행 중 문제가 생기면 해결 방법을 생각해서 개선해야 해.

보완
補 보탤 보 + 完 완전할 완
'보(補)'의 대표 뜻은 '깁다'야.

뜻 모자라거나 부족한 것을 보태어 채워 완전하게 함.
예 다른 모둠의 탐구 결과 발표를 들으며 우리 모둠이 탐구에서 잘한 점과 보완할 점을 생각해 보았다.

비슷한말 보충
'보충'은 부족한 것을 보태어 채움을 뜻하는 말이야.
예 선생님께서는 학생들이 수업 내용을 잘 이해하지 못하자 보충 설명을 하셨다.

생활용품
生 살 생 + 活 살 활 + 用 쓸 용 + 品 물건 품
'생(生)'의 대표 뜻은 '나다'야.

뜻 생활에 필요한 물품.
예 선생님께서는 주변의 생활용품을 관찰하여 어떤 과학 원리가 숨어 있는지 알아보고, 새로운 탐구 문제를 정해 보라고 말씀하셨다.

둘 이상의 낱말이 합쳐진 말 '용품'이 들어간 말
'생활용품'처럼 어떤 낱말과 '용품'이 결합해 만들어진 낱말이 있어.
예 주방용품, 청소용품, 목욕용품, 유아용품, 사무용품
Tip '용품'은 어떤 일이나 목적에 관련해 쓰이는 물품을 뜻하는 낱말이에요.

생산자
生 날 생 + 産 생산할 산 + 者 사람 자
→ '생산(生産)'의 대표 뜻은 '낳다'.

뜻 생물 요소 중 햇빛 등을 이용하여 살아가는 데 필요한 양분을 스스로 만드는 생물.
예 배추밭의 생산자에는 햇빛 등을 이용해 스스로 양분을 만드는 배추가 있다.
Tip 생산자를 만드는 배추가 있다.

▲ 배추밭의 생산자인 배추
배추밭의 생산자는 햇빛, 물, 이산화 탄소로 광합성을 하는 식물들이에요.

소비자
消 사라질 소 + 費 쓸 비 + 者 사람 자

뜻 생물 요소 중 스스로 양분을 만들지 못하고 다른 생물을 먹이로 하여 살아가는 생물.
예 배추밭의 소비자에는 배춧잎을 먹으면서 양분을 얻는 배추흰나비 애벌레나, 배추흰나비 애벌레를 먹어 양분을 얻는 참새가 있다.
Tip 생산자를 먹이로 하는 생물은 1차 소비자, 1차 소비자를 먹이로 하는 생물을 간 소비자라고 해요.

분해자
分 나눌 분 + 解 풀 해 + 者 사람 자

뜻 생물 요소 중 주로 죽은 생물이나 배출물을 분해하여 양분을 얻는 생물.
예 배추밭의 분해자에는 죽은 배추흰나비를 분해하여 양분을 얻는 곰팡이가 있다.
Tip 배출물은 생물체가 섭취한 음식을 소화하여 몸 밖으로 내보낸 물질이에요.

양분을 얻는 방법에 따라 생물 요소를 생산자, 소비자, 분해자로 분류할 수 있구나.

먹이 사슬
뜻 생태계에서 생물이 서로 먹고 먹히는 먹이 관계가 사슬처럼 연결되어 있는 것.
예 벼는 메뚜기에게 먹히고 메뚜기는 개구리에게 먹히고 개구리는 뱀에게 먹히는 것은 '벼 → 메뚜기 → 개구리 → 뱀'으로 먹이 사슬을 연결할 수 있다.
관련 어휘 먹이 그물
'먹이 그물'은 생태계에서 여러 개의 먹이 사슬이 얽혀 그물처럼 연결되어 있는 것을 말해. 먹이 그물은 생물이 먹고 먹히는 관계가 여러 방향이야.

▲ 한 방향으로 연결된 먹이 사슬

1주차 4회 과학 교과서 어휘

수록 교과서 과학 5-2
2. 생물과 환경

다음 중 낱말의 뜻을 잘 알고 있는 것에 ✓ 하세요.
□ 생물 요소 □ 생태계 □ 생산자 □ 소비자 □ 분해자 □ 먹이 사슬

이곳은 경상남도 창녕에 있는 우포늪이야. 수많은 생물들이 살고 있는 우포늪은 늪지대이지만도 그 생태적 가치를 인정받은 습지란다. 다양한 생물이 관련된 소중함을 생각하며 생태계에 관련된 낱말을 공부해 보자.

낱말을 읽고, ___ 부분에 밑줄을 그으면서 낱말 공부를 해 보세요.

생물 요소
生 날 생 + 物 물건 물 + 要 요긴할 요 + 素 성질 소
→ '생물(生物)'의 대표 뜻은 '나다', '물건'의 대표 뜻은 '물건'. '소(素)'의 대표 뜻은 '바탕'.

뜻 동물과 식물처럼 살아 있는 것.
예 비생물 요소인 물이 없으면 물고기나 수련처럼 연못이나 강가에서 사는 생물 요소들이 살 수 없다.
관련 어휘 비생물 요소
'비생물 요소'는 공기, 햇빛, 물, 흙처럼 살아 있지 않은 것을 말해. 생물 요소와 비생물 요소는 서로 영향을 주고받아.

이것만은 꼭!
뜻 어떤 장소에서 서로 영향을 주고받는 생물 요소와 비생물 요소.
예 다양한 생물이 함께 살아가는 생태계는 숲, 연못, 화단, 바다, 갯벌 등 종류가 다양하다.
Tip 화단, 연못처럼 규모가 작은 생태계도 있고, 숲, 바다와 같이 규모가 큰 생태계도 있어요.

생태계
生 날 생 + 態 성질 태 + 系 이어맬 계
→ '생태(生態)'의 대표 뜻은 '모습', '계(系)'의 대표 뜻은 '매다'.

▲ 규모가 큰 바다 생태계

확인 문제

✎ 30~31쪽에서 공부한 낱말을 떠올리며 문제를 풀어 보세요.

1 뜻에 알맞은 낱말을 완성하세요.

(1) 자 동 : 기계 등이 제 기능대로 움직임.

(2) 원 리 : 사물이나 현상의 근본이 되는 이치.

(3) 모 래 시 계 : 일정한 크기의 구멍을 통해 모래가 아래로 떨어지는 것을 이용하여 시간을 측정하는 장치.

해설 | (1) 기계 등이 제 기능대로 움직임을 뜻하는 낱말은 '자동'입니다. (2) 사물이나 현상의 근본이 되는 이치는 '원리'입니다. (3) 일정한 크기의 구멍을 통해 모래가 아래로 떨어지는 것을 이용하여 시간을 측정하는 장치는 '모래시계'입니다.

2 뜻에 알맞은 낱말이 되도록 보기에서 글자를 찾아 쓰세요.

보기 : 선 보 개 완

(1) 모자라거나 부족한 것을 보태어 채워 완전하게 함. → 보 완

(2) 잘못된 것이나 부족한 것, 나쁜 것 등을 고쳐 더 좋게 만듦. → 개 선

해설 | (1) 모자라거나 부족한 것을 보태어 채워 완전하게 하는 것은 '보완'입니다. (2) 잘못된 것이나 부족한 것, 나쁜 것 등을 고쳐 더 좋게 만드는 것은 '개선'입니다.

3 빈칸에 들어갈 낱말로 알맞은 것에 ○표 하세요.

읽기 나는 종이비행기를 만들려면 종이비행기가 나는 ___을 알아야 해.

(주리 , 탐구 , (원리))

해설 | 종이비행기가 나는 근본이 되는 이치는 '원리'입니다. 종이비행기를 만들려면 원리를 알아야 그것을 이용하여 멀리 나는 종이비행기를 만들 수 있습니다.

4 밑줄 친 낱말을 알맞게 사용한 친구에게 ○표, 알맞게 사용하지 못한 친구에게 ×표 하세요.

(1) 우재: 새로 산 가게라서의 작동 방법을 어려고 설명서를 읽었어. (○)

(2) 문식: 병원에 가면 청진기, 주사기, 이어폼 등 생활용품을 볼 수 있어. (×)

(3) 현이: 이 보온병은 따뜻한 물의 온도가 더 오랫동안 유지되도록 기능을 개선한 거야. (×)

(4) 나영: 탐구 활동을 하면서 느낀 점과 더 탐구하고 싶은 내용을 넣어 발표 자료를 보완했어. (○)

해설 | (2) 청진기, 주사기, 이어폼 등은 일상생활에 필요한 물품인 '생활용품'이 아니고 의료용품입니다. (3) 따뜻한 물의 온도가 더 오랫동안 유지되도록 한 것은 보온병의 기능을 이전보다 더 좋게 만든 것이므로 '개량'이 아니라 '개선'을 사용해야 합니다.

✎ 32~33쪽에서 공부한 낱말을 떠올리며 문제를 풀어 보세요.

5 뜻에 알맞은 낱말을 빈칸에 쓰세요.

가로 열쇠 →
❶ 어떤 장소에서 서로 영향을 주고받는 생물 요소와 비생물 요소.
❷ 스스로 양분을 만들지 못하고 다른 생물을 먹이로 하여 살아가는 생물.

세로 열쇠 ↓
❶ 햇빛 등을 이용하여 살아가는 데 필요한 양분을 스스로 만드는 생물.
❸ 주로 죽은 생물이나 배출물을 분해하여 양분을 얻는 생물.

생	태	계	
산		❸분	
자	❷소	비	자
해		자	

해설 | 가로 열쇠 ❶은 '생태계'의 뜻이고, ❷는 '소비자'입니다. 세로 열쇠 ❶은 '생산자'의 뜻이고, ❸은 '분해자'의 뜻입니다.

6 뜻에 알맞은 낱말을 골라 ○표 하세요.

생태계에서 생물이 서로 먹고 먹히는 먹이 관계가 사슬처럼 연결되어 있는 것.

(먹이 그물 , (먹이 사슬) , 먹이 피라미드)

해설 | 제시된 뜻에 알맞은 낱말은 '먹이 사슬'입니다. 여러 개의 먹이 사슬이 얽혀 그물처럼 연결되어 있는 것을 뜻하는 '먹이 그물'과 구분하여 이해하도록 합니다.

7 빈칸에 들어갈 알맞은 낱말을 찾아 선으로 이으세요.

(1) 연못에서는 소금쟁이, 연꽃, 붕어 등 다양한 생물이 모여 ___을/를 이룬다.

(2) ___인 이 식물이 사라진다면 사용을 먹는 소비자와 그 소비자를 먹는 소비자도 죽게 된다.

(3) 세균이나 곰팡이와 같은 ___는 구의 청소부라고 불리기도 한다.

(4) ___은/는 한 방향이지만 먹이 그물은 여러 방향으로 연결된다는 차이점이 있다.

· 분해자
· 먹이 사슬
· 생태계
· 생산자

해설 | (1) 연못에서는 다양한 생물이 모여 '생태계'를 이룹니다. (2) 스스로 양분을 만드는 생물인 '생산자'가 사라진다면 소비자와 먹이가 사라지므로 결국 소비자도 살아남지 못합니다. (3) 분해자인 먹이가 사라지는 죽은 생물이나 배출물을 분해합니다. (4) 먹이 사슬은 청소부로 불립니다. (4) 먹이 사슬은 소 '벼 → 메뚜기 → 개구리 → 뱀'과 같이 한 방향입니다.

1주차 5회 한자 어휘

走 (주)가 들어간 낱말

✏️ '走(주)가 들어간 낱말들을 읽고, ▨ 부분에 알맞은 낱말을 그으면서 낱말 공부를 해 보세요.

走 달릴 주

동분서주 / 경주 / 탈走 / 도走

'주(走)'는 양팔을 휘두르며 힘차게 걷는 사람과 움직임을 뜻하는 발을 통해 표현한 글자야. 빠르게 걷는 모습과 발을 결합한 것에서 '달리다'라는 뜻을 갖게 되었어. '달아나다'의 뜻으로 쓰이기도 해.

달아나다 走

탈주 脫 벗어날 탈 + 走 달릴 주
- 뜻 몸에 빠져나가 달아남. '탈'의 대표 뜻은 '벗다'야.
- 예 이웃 나라에 포로로 잡혀 있던 사람들이 목숨을 걸고 탈주하여 조국으로 돌아왔다.

도주 逃 도망칠 도 + 走 달릴 주
- 뜻 피하거나 쫓기어 달아남.
- 예 지나가던 시민들이 도주하는 소매치기를 쫓아갔다.
- 비슷한말 도망
  '도망'은 피하거나 쫓기어 달아남을 뜻하는 말이야. "물건을 훔치던 도둑이 주인에게 들키자 도망을 쳤다."와 같이 쓰여.

달리다 走

동분서주 東 동녘 동 + 奔 달릴 분 + 西 서녘 서 + 走 달릴 주
- 뜻 동쪽으로 뛰고 서쪽으로 뛴다는 뜻으로, 사방으로 이리저리 몹시 바쁘게 돌아다님을 이르는 말.
- 예 아버지는 밭의 수술비를 구하기 위해 동분서주 주로 뛰어다녔다.

경주 競 겨룰 경 + 走 달릴 주
- 뜻 사람, 동물, 차량 등이 일정한 거리를 달려 빠르기를 겨루는 일. 또는 그런 경기.
- 예 몸을 헤엄쳐 다니는 거북이 ... 경주를 한다면 ... 질 게 뻔해.

Tip 走(주)가 달리다의 뜻으로 쓰인 한자 성어에는 '주마간산走馬看山'도 있어요. 주마간산은 말을 타고 달리면서 산천을 구경한다는 뜻으로 자세히 살피지 않고 대충대충 보고 지나감을 이르는 말이에요.

1주차 5회 한자 어휘

備 (비)가 들어간 낱말

✏️ '備(비)가 들어간 낱말들을 읽고, ▨ 부분에 알맞은 낱말을 그으면서 낱말 공부를 해 보세요.

備 갖출 비

겸備 / 정備 / 유비무환 / 대備

'비(備)'는 병사와, 화살을 넣는 통에 담긴 모습을 통해 표현한 글자야. 화살을 통에 담아 전쟁 준비를 마쳤어. 화살을 담아 전쟁 준비를 마친 것에서 '갖추다'라는 뜻을 갖게 되었어. '준비'의 뜻으로 쓰이기도 해.

준비하다 備

유비무환 有 있을 유 + 備 갖출 비 + 無 없을 무 + 患 근심 환
- 뜻 미리 준비해 두면 걱정할 것이 없음.
- 예 나는 소나기가 자주 오는 여름에는 유비무환의 자세로 우산을 가지고 다닌다.

대비 對 대할 대 + 備 갖출 비
- 뜻 앞으로 일어날 수 있는 어려운 상황에 대해 미리 준비함.
- 예 장군은 적군의 공격에 대비하여 병사들을 훈련시키고 국경을 빈틈없이 지켰다.
- 글자는 같지만 뜻이 다른 낱말 대비
  두 가지 차이를 알아보려고 서로 맞대어 비교함을 뜻해. "햇빛을 많이 받은 식물과 그늘에서 자란 식물을 대비하여 관찰했다."와 같이 쓰여.

갖추다 備

겸비 兼 겸할 겸 + 備 갖출 비
- 뜻 두 가지 이상을 아울러 갖춤.
- 예 요즘은 연기력과 인성을 겸비한 배우들이 인기를 끌고 있다.

Tip '겸하다'는 '두 가지 이상의 기능을 함께 지니다.'라는 뜻이에요.

정비 整 정돈할 정 + 備 갖출 비
- 뜻 흐트러진 체계를 정리하여 제대로 갖춤.
- 예 빠르게 변화하는 시대에 맞춰 교육 제도를 정비해야 한다.
- 여러 가지 뜻을 가진 낱말 정비
  '정비'는 기계나 설비가 제대로 작동하도록 보살피고 손질함을 뜻하기도 해. "자동차 정비 업체에서 낡은 타이어를 새것으로 같았다."와 같이 쓰여.

Tip 1주차 5회_정답과 해설

확인 문제

36쪽에서 공부한 낱말을 떠올리며 문제를 풀어 보세요.

1 뜻에 알맞은 낱말을 빈칸에 쓰세요.

(1)

❷대	
❶적	비	환

(2)

❷겸	
❶우	비	무

해설 | (1) 가로 열쇠 ❶은 '정비', 세로 열쇠 ❷는 '대비'의 뜻이므로 '대비', 세로 열쇠 ❷는 '경비'의 뜻입니다.

2 친구가 한 말에서 밑줄 친 낱말의 뜻을 [보기]에서 찾아 기호를 쓰세요.

보기
㉠ 두 가지의 차이를 알아보려고 서로 맞대어 비교함.
㉡ 앞으로 일어날 수 있는 어려운 상황에 대해 미리 준비함.

(1) 언니가 자신과 대비하여 올해 성적이 올랐다고 무척 기뻐했어. (㉠)

(2) 석유와 석탄이 바닥나는 것에 대비하려고 새로운 에너지 개발에 힘을 쏟아야 해. (㉡)

해설 | (1) 자신과 올해 성적을 비교하는 상황이므로 '대비'가 ㉠의 뜻으로 쓰였습니다. (2) 석유와 석탄이 다 써 버린 상황에 대해 미리 준비해서 대체 에너지를 개발해야 한다는 내용이므로 '대비'가 ㉡의 뜻으로 쓰였습니다.

3 ( ) 안에 알맞은 낱말을 [보기]에서 찾아 쓰세요.

보기
정비 경비 유비무환

(1) 배 장군은 무예와 학문을 (겸비)한 훌륭한 장수이다.
(2) 야구 대표 팀은 (정비)하여 다음 대회에서도 꼭 메달을 따도록 합시다.
(3) 어부는 (유비무환)의 태도로 고기잡이를 나가기 전에 미리 그물을 손질하고 배의 상태를 점검했다.

해설 | (1) 학문과 무예 두 가지를 아울러 갖추었다는 뜻이므로 '겸비'가 알맞습니다. (2) 다음 대회에서 메달을 딸 수 있도록 미리 대표 팀을 제대로 갖추는 뜻이므로 '정비'가 알맞습니다. (3) 고기잡이를 나가서 곤란한 일이 생기지 않도록 미리 그물을 손질하고 배의 상태를 점검하는 것은 '유비무환'의 태도입니다.

37쪽에서 공부한 낱말을 떠올리며 문제를 풀어 보세요.

4 낱말의 뜻을 [보기]에서 찾아 사다리를 타고 내려간 곳에 기호를 쓰세요.

도주 / 탈주 / 경주

보기
㉠ 몸체 빠져나와 달아남. - 탈주
㉡ 피하거나 쫓기어 달아남. - 도주
㉢ 사람, 동물, 차량 등이 일정한 거리를 달려 빠르기를 겨루는 일. - 경주

해설 | '경주'의 뜻은 ㉢, '탈주'의 뜻은 ㉠, '도주'의 뜻은 ㉡입니다.

5 친구들이 설명하는 낱말은 무엇인지 빈칸에 쓰세요.

내 글자 넣어야.
동쪽으로 뜨고 서쪽으로 넘어가는 뜻이야.

세상으로 이리저리 몹시 바쁘게 돌아다니는 것을 이르는 말이야.

동	분	서	주

해설 | 두 친구가 모두 '동분서주'의 뜻을 말하고 있습니다.

6 다음 낱말 중 뜻이 서로 비슷한 낱말을 두 가지 찾아 ○표 하세요.

(1) 도전 ( ) (2) 도주 (○) (3) 도망 (○) (4) 도움 ( )

해설 | 피하거나 쫓기어 달아남을 뜻하는 '도주'와 '도망'이 뜻이 서로 비슷한 낱말입니다.

7 ( ) 안에서 알맞은 낱말을 골라 ○표 하세요.

(1) 회장 선거에 출마한 친구이는 선거 운동을 하느라 (동분서담 / (동분서주))하고 있다.
(2) 영화에서 외딴집에 갇혀 있던 주인공은 감시가 소홀한 틈을 타 (연주 / (탈주))에 성공했다.
(3) 아빠랑 자동차 (경주), 도주) 대회를 보러 갔는데, 자동차들이 엄청나게 빠른 속력으로 달렸다.

해설 | (1) 동문서답은 물음과는 전혀 상관없는 엉뚱한 대답을 뜻하므로 알맞지 않습니다. (2) 연주는 악기를 다루어 곡을 표현하는 일이므로 알맞지 않습니다. (3) 자동차들이 빠르기를 겨루는 자동차 경주 대회를 보러 간 그림을 순서대로 배의 상태를 점검하는 것은 '유비무환'의 태도입니다.

밑줄 친 낱말의 반대말을 골라 ○표 하세요.

5~6
반대말

5 요즘 효율이이 최대 고민은 여드름이 나는 것이다.
(최고 , (최소) , 최악)

해설 | '수나 양, 정도 등이 가장 큼'을 뜻하지 못하는 '최대'의 반대말은 '수나 정도 등이 가장 작음'을 뜻하는 '최소'입니다.

6 곧 6학년이 되니 나의 공부 습관을 개선해야겠어.
(개량 , 개국 , (개악))

해설 | '개선'은 잘못된 것이나 부족한 것, 나쁜 것 등을 고쳐 더 좋게 만듦을 뜻합니다. 이와 뜻이 반대인 낱말은 고쳐서 도리어 나빠지게 함을 뜻하는 '개악'입니다. '개량'은 나쁜 점을 보완하여 더 좋게 고침을 뜻하는 낱말입니다.

낱말 활용

7 밑줄 친 낱말을 잘못 사용한 친구에게 ×표 하세요.

(1)

(2)

해설 | (1) '박의 시옷은 생태계에서 생물이 서로 먹고 먹히는 관계가 사슬처럼 연결되어 있는 것이므로 알맞게 사용하였습니다. (2) 여행 가방이 10 kg이어서 요즘보다 요즘을 안 넘었다고 했으므로 가방을 더 나에 하는 무게는 20 kg '미만'이 아니라 '이상'이나 조금입니다.

낱말 활용

8~10 ( ) 안에 알맞은 낱말을 [보기]에서 찾아 쓰세요.

보기
경정   작동   건국

8 태민이는 고구려, 백제, 신라의 (건국) 이야기를 재미있게 읽었다.

해설 | 고구려, 백제, 신라는 나라 이름이므로 나라를 세움을 뜻하는 '건국'이 알맞습니다.

9 윤재는 친구와 대화할 때 상대의 말을 (경정) 하고 공감을 잘해 준다.

해설 | 상대와 말을 귀 기울여 들으며 공감하며 대화함에 대화할 수 있으므로 귀를 기울여 들음을 뜻하는 '경정'이 알맞습니다.

10 가습기의 (작동) 원리가 무엇인지 궁금해서 인터넷에서 백과사전을 찾아보았다.

해설 | 물을 분사 상태로 전환하여 공기 중의 습도를 더하는 전기 기구나 기술 등이 제 기능대로 음직임을 뜻하는 '작동'이 알맞습니다.

1주차 어휘력 테스트

낱말 뜻

1주차 1~5회에서 공부한 낱말을 떠올리며 문제를 풀어 보세요.

1 뜻에 알맞은 낱말을 [보기]에서 찾아 기호를 쓰세요.

보기
㉠ 등급   ㉡ 대비   ㉢ 체험   ㉣ 전성기   ㉤ 생태계

(1) 자기가 몸소 겪음. (㉢)
(2) 어느 집단의 힘이 가장 강한 시기. (㉣)
(3) 앞으로 일어날 수 있는 어떤 상황에 대해서 미리 준비함. (㉡)
(4) 어떤 장소에서 서로 영향을 주고받는 생물 요소와 비생물 요소. (㉤)
(5) 높고 낮음이나 좋고 나쁨의 정도를 여러 층으로 나누어 놓은 단계. (㉠)

해설 | (1)은 '체험, (2)는 '전성기, (3)은 '대비, (4)는 '생태계, (5)는 '등급'의 뜻입니다.

비슷한말

2 뜻이 비슷한 낱말끼리 짝 지어지지 않은 것은 무엇인가요? (⑤)

① 보수 ― 보증
② 도망 ― 도주
③ 태도 ― 자세
④ 동맹 ― 연맹
⑤ 이상 ― 이하

해설 | '수량이 일정한 기준을 포함하여 그보다 더 많거나 낫음'을 뜻하는 '이상'과, 수량이 일정한 기준을 포함하여 그보다 적은 '이하'는 뜻이 서로 반대인 낱말입니다.

뜻을 더해 주는 말

3 빈칸에 공통으로 들어갈 알맞은 말은 무엇인가요? (②)

흥미   습기   향기   신비

① 답다 ② 롭다 ③ 쟁이 ④ 꾸러기 ⑤ 투성이

해설 | '흥미, 습기, 향기, 신비'라는 느낌이 깊이 있음이 뜻에 대해 뜻을 더해 주는 '-롭다'가 붙어서 '흥미롭다', '습기롭다', '향기롭다', '신비롭다'가 됩니다.

글자는 같지만 뜻이 다른 낱말

4 밑줄 친 낱말이 다음 대화와 같은 뜻으로 쓰인 문장에 ○표 하세요.

승재: 이 배에는 몇 명까지 탈 수 있나요?
선장: 배의 정원은 50명입니다.

(1) 식목일을 맞아 정원에 애두나무를 심었다. ( )
(2) 개인의 정원에서 아이들이 즐겁게 뛰어놀았다. ( )
(3) 강좌의 정원이 다 차지 않아서 학생을 추가 모집했다. (○)

해설 | 승재와 선장의 대화에서 '정원'은 쓰인 일정한 규정에 따라 정해진 사람의 수를 뜻합니다. (1)과 (2)에서 쓰인 '정원'은 집 안에 있는 뜰이나 꽃밭을 뜻합니다.

어휘가
문해력
이다

초등 5학년 2학기

2주차 정답과 해설

2주차 1회

국어 교과서 어휘

수록 교과서 국어 5-2 ②
3. 의견을 조정하며 토의해요

✎ 다음 중 낱말의 뜻을 잘 알고 있는 것에 ✓하세요.

☐ 조정 ☐ 발언 ☐ 따지다 ☐ 예측 ☐ 동의 ☐ 배치

낱말을 읽고, ___ 부분에 낱말을 그으면서 낱말 공부를 해 보세요.

이것만은 꼭!

조정

뜻 갈등을 중간에서 화해하게 하거나 서로 타협점을 찾아 합의하도록 함.

예 토의에서 의견이 모아지지 않을 때는 의견을 조정해야 문제를 합리적으로 해결할 수 있다.

헷갈리는 말 **조절**
'조절'은 균형이 맞게 바로잡거나 적당하게 맞추어 나감을 뜻하는 말이야. "스마트폰 화면이 어두워서 밝기를 조절했다."와 같이 쓰여.

Tip '조정'은 '시간표 조정'과 같이 어떤 기준이나 상황에 맞게 정돈함이란 뜻으로 쓰여.

調 고를 조 + 停 머무를 정
↳ '조정(調)'의 대표 뜻이 '고르다'야.

의견 조정 과정은 토의 절차의 하나여야 해요. 여러 가지로 부딪힐 수 있기 때문에 의견 조정 과정은 꼭 필요해요.

발언

뜻 말을 꺼내어 의견을 나타냄. 또는 그 말.

예 원활한 토의 진행을 위해 주제와 관련 있는 발언만 해야 한다.

반대말 **침묵**
'침묵'은 아무 말도 없이 잠잠히 있음을 뜻해. "우리는 회의를 하는 동안 한 번도 말안하지 않고 끝까지 침묵했다."와 같이 쓰여.

發 나타낼 발 + 言 말씀 언

따지다

뜻 꼼꼼히 살펴거나 낱낱이 헤아리다.

예 토의에서 나온 의견이 적절한지 판단하려면 그 의견을 실천하기 위해 필요한 조건을 따져야 한다.

여러 가지 뜻을 가진 낱말 **따지다**
'따지다'는 '문제가 되는 일을 상대에게 캐묻고 분명한 답을 요구하다.'라는 뜻도 가지고 있어. "우리는 자신에 대한 헛소문을 퍼뜨린 철수에게 왜 그런 말을 했는지 따졌다."와 같이 쓰여.

예측

뜻 미리 헤아려 짐작함.

예 토의에서 나온 의견대로 실천했을 때 어떤 결과가 나올지 예측해 보았다.

비슷한말 **예상**
'예상'은 앞으로 있을 일이나 상황을 짐작하는 것을 말해. "흙인데도 예상과 다르게 놀이공원에는 사람이 많지 않았다."와 같이 쓰여.

豫 미리 예 + 測 헤아릴 측

동의

뜻 의사나 의견을 같이함.

예 건강한 학교생활을 하기 위해 건강 달리기를 하자는 의견에 동의합니다.

Tip '의사'는 무엇을 하고자 하는 생각이에요.

반대말 **이의**
'이의'는 다른 의견이나 의사를 뜻해. "빨리는 이의가 없으면 다음 안건으로 넘어가겠습니다."와 같이 쓰여.

同 한가지 동 + 意 뜻 의

배치

뜻 사람이나 물건 등을 알맞은 자리에 나누어 둠.

예 의견을 뒷받침할 자료의 내용을 알기 쉽게 표현하려고 그림이나 도표로 간단하게 나타내어 적절히 배치했다.

配 나눌 배 + 置 둘 치

꼭! 알아야 할 속담

선생님께서 다음 주에 숙제 검사 하신대.

걱정 마. 하늘이 무너져도 숫아날 구멍은 있는 법이야.

내일까지 관찰 기록문 해야 하는데 어떡하지? 다 못 썼어.

휴, 다행이다. 여성히 써서 인상하자지.

○표 하기
'(하늘). 지붕)이 무너져도 솟아날 구멍이 있다'는 아무리 어려운 경우에 처하더라도 해결할 방법이 생긴다는 말입니다.

국어 교과서 어휘

수록 교과서 국어 5-2 ㉮
4. 겪은 일을 써요

다음 중 낱말의 뜻을 잘 알고 있는 것에 ✓ 하세요.

□ 생성　□ 조직　□ 글머리　□ 간결하다　□ 매체　□ 펴내다

낱말을 읽고, ___ 부분에 알맞은 말을 그으면서 낱말 공부를 해 보세요.

생성　生 날 생 + 成 이룰 성

뜻 사물이 생겨 이루어지게 함.
예 글을 쓰는 과정에서 '내용 생성하기'는 쓸 내용을 떠올리는 단계이다.
Tip '내용 생성하기'는 글감과 주제를 정하는 과정이에요.

[반대말] 소멸
'소멸'은 사라져 없어짐을 뜻하는 말이야.
예 전자책의 등장으로 종이책이 소멸될 것이라는 예상은 빗나갔다.

조직　組 짤 조 + 織 짤 직

뜻 짜서 이루거나 얽어서 만듦.
예 글을 쓰는 과정에서 '내용 조직하기'는 글의 어느 부분에 어떤 내용을 쓸지 쓸 내용을 나누는 단계이다. Tip '내용 조직하기'는 글감과 개요를 짜는 과정이에요.

[조직] '조직'은 어떤 목적을 이루기 위해 여럿이 모여 이룬 체계 있는 집단을 뜻하기도 해.
예 일제 강점기에 독립운동 조직들이 일본의 감시를 피해 비밀리에 활동했다.

글머리

이것만은 꼭!

뜻 글을 시작하는 첫 부분.
예 민주는 "하늘에서 물을 바가지로 퍼붓는 듯 비가 내리는 날이었다."라는 날씨 표현으로 글머리를 썼다.

글머리는 글의 전체 인상을 만들어 주므로 중요해. 글머리를 시작하는 방법은 여러 가지야.

대화 글로 시작하기	"괜찮아." / 드디어 우나가 입을 열었다.
인물 설명으로 시작하기	키가 작고 눈이 동그란 그 친구는 항상 웃는 아이였다.
속담이나 격언으로 시작하기	'가는 날이 장날이라더니' 해변은 축제 때문에 사람들로 가득했다.

[비슷한말] 서두
'서두'는 글을 시작하는 첫머리를 말해.
예 작가는 서두에서 앞으로 일어날 도난 사건의 범인이 누구인지 밝혔다.

정답과 해설 ▶ 19쪽

간결하다　簡 간략할 간 + 潔 깨끗할 결 + 하다

'간(簡)'의 대표 뜻은 '대쪽'. '결(潔)'의 대표 뜻은 '깨끗하다'야.
뜻 글이나 말이 간단하면서도 짜임새가 있다.
예 현주는 자신이 겪은 일이 드러나게 글을 쓰고, 고쳐쓰기 단계에서 문장을 좀 더 간결하고 정확하게 고쳤다.
Tip '간결하다'는 '길거나 복잡하지 않다.'라는 뜻이에요.

매체　媒 매개 매 + 體 몸 체

'매(媒)'의 대표 뜻은 '중매'. '체(體)'의 대표 뜻은 '몸'이야.
뜻 어떤 소식이나 사실을 널리 전달하는 물체나 수단.
예 한글 누리집과 같은 매체에 글을 쓰면 한 사람이 쓴 글을 여러 사람이 동시에 읽고 글에 대한 의견을 쉽게 주고받을 수 있어서 좋다.

펴내다

뜻 책이나 신문 등을 만들어 세상에 내놓다.
예 우리 반 친구들이 쓴 글을 모아 글 모음집을 펴내기로 했다.
[비슷한말] 발행하다
'발행하다'는 '책이나 신문 등을 인쇄하여 내놓다.'를 뜻하는 말이야.
예 우리 마을에서는 일 년에 두 번 마을 소식지를 발행한다.

꼭! 알아야 할 관용어

빈칸 채우기
[간] 이 붓다

이 '간이 붓다'는 '지나치게 대담해지다.'라는 뜻입니다.

확인 문제

✏ 44~45쪽에서 공부한 낱말을 떠올리며 문제를 풀어 보세요.

1 뜻에 알맞은 낱말을 글자 카드로 만들어 빈칸에 쓰세요.

(1) 말을 깨이어 의견을 나타냄. 또는 그 말.

(2) 사람이나 물건 등을 알맞은 자리에 나누어 이룸.

(3) 갈등을 중간에서 화해하게 하거나 서로 타협점을 찾아 합의하도록 함.

발	언

배	치

조	정

해설 | (1)의 뜻을 가진 낱말은 '발언', (2)의 뜻을 가진 낱말은 '배치', (3)의 뜻을 가진 낱말은 '조정'입니다. 글자 카드의 글자를 살펴보고 알맞은 낱말이 되도록 글자를 찾아 써 봅니다.

2 밑줄 친 낱말을 두 친구와 다른 뜻으로 사용한 친구에게 ○표 하세요.

(1) 그 일을 우리가 실제로 할 수 있는지 잘 따져 보자.
( )

(2) 여행 비용과 여정을 꼼꼼히 따져 보고 여행자를 정했어.
( )

(3) 아저씨가 관리자에게 놀이 기구의 고장 원인을 따지듯이 꼭 물어.
( )

해설 | (1)과 (2)의 친구는 '따지다'를 '꼼꼼히 헤아려 보거나 평가하다'의 뜻으로 사용했고, (3)의 친구는 '문제가 되는 일을 상대방에게 캐묻고 분명한 답을 요구하다.'라는 뜻으로 사용했습니다.

3 ( ) 안에 알맞은 낱말을 보기에서 찾아 쓰세요.

보기
조정 발언 예측 동의

(1) 토의에서 현수는 음식물 쓰레기를 줄이려면 점심시간에 자율 배식을 해야 한다고 적극적으로
(발언)했다.

(2) 자는 급식 때 자율 배식을 하자는 현수의 의견에 (동의)하지 않습니다.

(3) 자율 배식을 한 결과를 (예측)해 보면 학생들이 먹기 싫은 음식을 가져가지 않아서 남는 음식이 오히려 더 많아질 것이다.

(4) 모두 자기 의견만 고집하면 토의로 문제를 해결할 수 없습니다. 이견 (조정)이/가 필요합니다.

해설 | (1) 자율 배식을 해야 한다고 의견을 적극적으로 밝혔다는 것이니 '발언한 것이 알맞습니다. (2) 현수의 의견에 찬성하지 않는다는 것이니 '동의'가 알맞습니다. (3) 자율 배식을 한 결과를 미리 헤아려 짐작한다는 것이니 '예측'이 알맞습니다. (4) 토의에서 이견을 모아드리지 않으면 이견 조정'을 한 내용이므로 '예측'이 알맞습니다.

✏ 46~47쪽에서 공부한 낱말을 떠올리며 문제를 풀어 보세요.

4 뜻에 알맞은 낱말을 글자판에서 찾아 묶으세요. (낱말은 가로(─), 세로(│), 대각선(＼) 방향에 숨어 있어요.)

❶ 글을 시작하는 첫 부분.
❷ 짜서 이루거나 얽어서 만듦.
❸ 사물이 생겨 이루어지게 함.
❹ 어떤 소식이나 사실을 널리 전달하는 문제나 수단.

❸생	손	성	❹매	❶체
해	글	머	리	발
❷조	직			간
	평			옥

해설 | ❶의 뜻에 알맞은 낱말은 '글머리'이고, ❷의 뜻에 알맞은 낱말은 '조직'입니다. ❸의 뜻에 알맞은 낱말은 '생성'이고, ❹의 뜻에 알맞은 낱말은 '매체'입니다. 글자판에서 여러 글자 중에서 알맞은 낱말을 찾아봅니다.

5 낱말의 뜻이 무엇인지 ( ) 안에서 알맞은 말을 골라 ○표 하세요.

간결하다 글이나 말이 (길면서도 , (간단하면서도)) 짜임새가 있다.

해설 | '간결하다'는 '글이나 말이 간단하면서도 짜임새가 있다.'라는 뜻입니다.

6 밑줄 친 낱말과 바꾸어 쓸 수 있는 낱말을 골라 ○표 하세요.

(1) 어느 사람의 관심을 끌려고 숙담 '바람 앞의 등불'로 글머리를 시작했다.
(선두 , (서두) , 말미)

(2) 신문 마음 할머니들께서 쓰신 진솔한 사연을 모아 시집을 펴냈다.
(발명했다 · 발굴했다 · (발행했다))

해설 | (1) '서두'는 말이나 글의 첫머리를 뜻하고, '말미'는 어떤 사물의 맨 끝을 뜻하므로 '서두'를 쓰는 것이 알맞습니다. (2) '발명했다'는 아직까지 없던 기술이나 물건을 새로 생각해 만들어 냈다'를 뜻하고, '발굴했다'는 '세상에 널리 알려지지 않은 뛰어난 것을 찾아 밝혀냈다.'를 뜻합니다.

7 빈칸에 알맞은 낱말을 완성하세요.

(1) 선생님께서는 진우의 글이 간 결 해 해서 이해하기 쉽다고 칭찬하셨다.

(2) 글쓰기 '내용 생 성 하기' 단계에서 자율 배식을 해야 한다고 적극적으로

(3) 겪은 일이 드러나는 글은 대개 '처음-가운데-끝'의 세 부분으로 조 직 한다.

(4) 학급 누리집이나 단체 대화방 같은 매 체 에 글을 쓸 때에는 누가 쓴 글인지 이름을 밝히고 예의를 갖추어 써야 한다.

해설 | (1) 간결하면서도 짜임새가 있는 '간결한' 글이 이해하기 쉽다는 것이니 '해서 이해하기가 쉽다는 것이니 '간결'이 알맞습니다. (2) 글감을 정하는 것은 내용 '생성하기' 단계의 서울 일입니다. (3) '처음-가운데-끝'의 세 부분으로 조직되어 글을 쓴다는 것이니 '조직'이 알맞습니다. (4) 학급 누리집이나 단체 대화방은 어떤 소식이나 사실을 널리 전달하는 수단인 '매체'입니다.

사회 교과서 어휘

수록 교과서 **사회 5-2**
1. 옛사람들의 삶과 문화

다음 중 낱말의 뜻을 잘 알고 있는 것에 ✓ 하세요.

☐ 외적 ☐ 신진 사대부 ☐ 개혁 ☐ 유교 ☐ 신분 ☐ 창제

이 웅장한 건물은 경복궁에 있는 근정전이야. 경복궁은 태조 때 지어진 조선 시대 최초의 궁궐이란다. 고려 말과 조선 초 역사를 배울 때 나오는 낱말을 공부해 보자.

낱말을 읽고, ___ 부분에 알맞을 그으면서 낱말 공부를 해 보세요.

외적
外 바깥 외 + 敵 대적할 적

뜻 외국으로부터 쳐들어오는 적.
예 고려 말에는 홍건적, 왜구 등 외적의 침입과 세력의 횡포로 나라가 매우 혼란스러웠다.

헷갈리는 말 **왜적**
'왜적'을 도독질하는 일본 사람을 낮잡아 이르는 말.
Tip 외적, 왜구, 왜적, 왜인 등에 있는 '왜'는 일본을 낮잡아 이르는 말이에요.

신진 사대부
新 새 신 + 進 나아갈 진 + 士 선비 사 + 大 클 대 + 夫 지아비 부
〈'사(士)'의 대표 뜻은 '선비'이야.

뜻 고려 말 등장한 새로운 정치 세력으로 성리학을 공부하고 과거 시험으로 관리가 된 사람들.
예 신진 사대부들은 외적의 침입을 물리치고 성장한 신흥 무인 세력과 손잡고 고려 사회의 혼란스러움을 바로잡고자 했다.
Tip 신진 사대부의 대표적 인물은 정도전이니, 신흥 무인 세력의 대표적 인물은 이성계야.

이것만은 꼭!
뜻 고려 말 백성의 뜻을 높고 권세가 있는 집안으로 고려 후기 지배 세력을 말해.
관련 어휘 **권문세족**
'권문세족'을 벼슬이 높고 권세가 있는 집안으로 고려 후기 지배 세력을 말한.

정답과 해설 ▶ 21쪽

개혁
改 고칠 개 + 革 고칠 혁
〈'혁(革)'의 대표 뜻은 '가죽'이야.

뜻 제도나 기구 등을 새롭게 뜯어고침.
예 정몽주는 고려를 유지하면서 개혁을 하려고 했지만 정도전은 고려를 대신해 이성계를 중심으로 새로운 나라를 세우고자 했다.

관련 어휘 **혁명**
'혁명'은 나라, 사회, 제도, 조직 등을 근본적으로 고치는 일을 말해. 본래는 왕조를 바꾸던 것이기 때문에 개혁보다 근본적이고 급격한 변화를 가져온다.

유교
儒 선비 유 + 敎 가르칠 교

뜻 공자의 가르침을 따르며 나라에 충성하고 부모에게 효도하는 것을 중요시하는 학문.
예 조선은 유교 정치 이념을 내세운 나라였고 임금부터 백성들까지 모두 유교 질서에 따라 생활해야 했다.

▲ 백성들에게 유교의 가르침을 전하려고 펴낸 『삼강행실도』

신분
身 몸 신 + 分 나눌 분
〈'신(身)'의 대표 뜻은 '몸'이야.

뜻 개인의 사회적인 위치나 계급.
예 조선 시대에는 태어날 때부터 양반, 중인, 상민, 천민으로 신분이 정해져 있었다.

비슷한말 **출신**
'출신'은 출생 당시 가정이 속해 있던 사회라나 신분을 말해.
예 그는 중인 출신으로 태어나 과거 시험을 볼 수 없었다.

Tip 조선 시대의 신분의 크게 양반과 천민으로 나뉘어요. 양인은 양반, 중인, 상민으로 구분돼요.

창제
創 비롯할 창 + 製 지을 제

뜻 전에 없던 것을 처음으로 만들거나 새정함.
예 세종은 훈민정음을 창제한 뒤 한자로 된 책들 중에 백성들이 읽어야 할 것을 우리글로 풀어서 널리 보급했다.

비슷한말 **창조**
'창조'는 새로운 것을 처음으로 만듦을 뜻하는 말이야.
예 먼 옛날에 섬과 산, 강을 창조했다는 마고할미 이야기를 재미있게 읽어 보았다.

Tip '제정'은 제도따 법률 등을 만들어 정하는 것이에요.

이것만은 꼭!

의병
義 옳을 의 + 兵 병사 병

- **뜻** 외적의 침입을 물리치기 위해 백성들이 자발적으로 조직한 군대. 또는 그 군대의 병사.
- **예** 임진왜란이 일어나자 백성들은 자기 고장과 나라를 지키고자 적극적으로 의병에 참여했다.
- **관련 어휘 관군** 옛날에 백성들이 스스로 조직한 군대는 의병이고, 나라에 소속된 군대 또는 군사는 '관군'이야. "반란군이 관군에게 쫓겼다."와 같이 쓰여.

중립 외교
中 가운데 중 + 立 설 립 + 外 바깥 외 + 交 사귈 교

- **뜻** 한 나라에 치우치지 않고 각 나라에 같은 중요도를 두는 외교.
- **예** 광해군은 전쟁에 휘말리지 않으려고 세력이 어마 어진 명과 새롭게 강대국으로 성장하는 후금 사이에서 중립 외교를 신중하게 펼쳤다.
- **Tip** 광해군의 중립 외교 정책에 반발한 세력은 광해군을 몰아내고 인조를 왕으로 세웠어요. 이후 조선이 명을 가까이하고 후금을 멀리하자 화가 난 후금은 조선을 쳐들어왔어요.

항복
降 항복할 항 + 伏 엎드릴 복

- **뜻** 적이나 상대편의 힘에 눌리어 주장이나 뜻을 굽힘.
- **예** 청의 침입으로 남한산성에 피신했던 인조는 결국 청 태종에게 무릎을 꿇고 항복했다.
- **관용어 백기를 들다** '백기를 들다'는 '굴복하거나 항복하다.'를 뜻하는 표현이야. "적군은 더 이상 버티지 못하고 백기를 들었다."
- **Tip** 백기는 항복을 표시하는 흰색 기예요.

인질
人 사람 인 + 質 자람질험 질

- **뜻** 약속을 지키게 하려고 잡아 두는 사람.
- **예** 병자호란이 끝난 뒤 조선과 청은 신하와 임금의 관계를 맺었고, 많은 백성이 청에 인질로 끌려갔다.
- **비슷한말 볼모** '볼모'는 약속을 지키겠다는 뜻으로 상대방에 잡혀 두는 사람이나 물건을 뜻해. "인조의 아들은 볼모가 되어 구 년 동안 청에 붙잡혀 있었다."

'외교'는 다른 나라와의 정치적, 경제적, 문화적 관계를 맺는 일이야.

2주차 2회

사회 교과서 어휘

수록 교과서 사회 5-2
1. 옛사람들의 삶과 문화

다음 중 낱말의 뜻을 잘 알고 있는 것에 ✓ 하세요.
□ 정복 □ 피란 □ 의병 □ 중립 외교 □ 항복 □ 인질

조선 시대에는 임진왜란과 병자호란 두 번의 큰 전쟁을 겪어. 이순신 장군의 활약으로 임진왜란은 극복했지만 병자호란 때는 청에 항복했어. 그 시기 역사를 배울 때 나오는 낱말을 공부해 보자.

<이순신 장군 동상과 서울 삼전도비예요. 서울 삼전도비는 인조가 청 태종에게 항복하며 쓴 낱말을 기록한 비석이야.>

✏️ 낱말을 읽고, ___ 부분에 알맞은 낱말을 그려면서 낱말 공부를 해 보세요.

정복
征 칠 정 + 服 복종할 복

- **뜻** 다른 민족이나 나라를 무력으로 처서 복종시킴.
- **예** 1592년, 일본을 통일한 도요토미 히데요시가 조선과 명을 정복하려고 쳐들어와 임진왜란이 일어났다.
- **여러 가지 뜻을 가진 낱말 정복** '정복'에는 하기 어렵고 힘든 것을 뜻대로 다룰 수 있게 됨이라는 뜻도 있다. "고모는 영어를 정복하기 위해 날마다 영어 공부를 했다."
<낱말[服]의 대표 뜻은 '옷'이야.>

피란
避 피할 피 + 亂 너리 란

- **뜻** 전쟁을 피해 안전한 곳으로 옮겨 가는 것.
- **예** 조선군은 일본군에 맞서 싸웠으나 거듭해서 패했고, 선조는 한양을 떠나 의주까지 피란을 갔다.
- **비슷한말 피난** '피난'은 재난을 피하여 멀리 옮겨 가는 것을 뜻해. "물난리가 나자 마을 사람들은 한동안 초등학교에서 피난 생활을 했다."
<란(亂)의 대표 뜻은 '어지럽다'이다.>

확인 문제

50~51쪽에서 공부한 낱말을 떠올리며 문제를 풀어 보세요.

1 뜻에 알맞은 낱말이 되도록 보기에서 글자를 찾아 쓰세요.

보기: 제 신 교 창 분 유

(1) 개인의 사회적인 위치나 계급. → 신 분
(2) 전에 없던 것을 처음으로 만들거나 제정함. → 창 제
(3) 공자의 가르침을 따르며 나라에 충성하고 부모에게 효도하는 것을 중요시하는 학문. → 유 교

해설 | (1)은 '신분'의 뜻이고 (2)는 '창제'의 뜻입니다. (3)은 '유교'의 뜻입니다.

2 뜻에 알맞은 낱말을 골라 ○표 하세요.

(1) 외국으로부터 쳐들어오는 적. (외적 · 왜적)
(2) 제도나 기구 등을 새롭게 뜯어고침. (출신 · 개혁)
(3) 고려 말 등장한 새로운 정치 세력으로 성리학을 공부하고 과거 시험으로 관리가 된 사람들. (권문세족 · 신진 사대부)

해설 | (1) '왜적'은 도둑질하는 일본 사람을 낮잡아 이르는 말입니다. (2) '출신'은 출생 당시 가정이 속해 있던 사회적 신분을 말합니다. (3) '권문세족'은 벼슬이 높고 권세가 있는 집안으로 고려 후기 지배 세력입니다.

3 ( ) 안에 알맞은 낱말을 보기에서 찾아 쓰세요.

보기: 유교 신분 개혁

(1) 세종은 천민(신분)인 장영실을 관리로 뽑아 과학 기술을 개발하고 연구하도록 했다.
(2) 신진 사대부는 토지 제도를 (개혁)하여 많은 땅을 몇몇 높은 관리가 차지한 문제를 해결하려고 했다.
(3) 부모님께 효도하고 웃어른을 공경하는 조선 시대 (유교)의 가르침은 오늘날까지 전해져서 우리의 문화에 영향을 주었다.

해설 | (1) 천민은 조선 시대에 가장 낮은 계급의 백성이므로 '신분'이 알맞습니다. (2) 토지 문제를 해결하려면 토지 제도를 새롭게 고쳐야 하므로 '개혁'이 알맞습니다. (3) 공자의 가르침을 따르는 학문이 '유교'가 알맞습니다.

52~53쪽에서 공부한 낱말을 떠올리며 문제를 풀어 보세요.

4 뜻에 알맞은 낱말을 완성하세요.

(1) 전쟁을 피해 안전한 곳으로 옮겨 가는 것. → 피 란
(2) 다른 민족이나 나라를 무력으로 쳐서 복종시킴. → 정 복
(3) 외적의 침입을 물리치기 위해 백성들이 자발적으로 조직한 군대. → 의 병

해설 | (1)은 '피란'의 뜻이고, (2)는 '정복'의 뜻입니다. (3)은 '의병'의 뜻입니다.

5 친구의 말에서 '이것'은 무엇인지 알맞은 낱말을 빈칸에 쓰세요.

이것은 한 나라에 갔 것을 중요요 도 두는 외교를 뜻하는 말이야. 광해군이 명과 후금 사이에서 이것을 펼쳤어.

중 립 외 교

해설 | 광해군은 명에게 치우치지 않고 명과 후금 중 사이에서 신중한 중립 외교를 펼쳤습니다.

6 다음 관용어와 관련 있는 낱말을 골라 ○표 하세요.

배기를 들다

(항복 · 지혜 · 야속)

해설 | '배기를 들다'는 "굴복하거나 항복하다."를 뜻하는 관용어이므로 '항복'과 관련 있습니다.

7 ( ) 안에서 알맞은 낱말을 골라 ○표 하세요.

(1) 미처 (파란 · 피란)을/를 가지 못한 사람들은 적군에게 죽임을 당했다.
(2) 곽재우는 (의병)을/를 모아 여러 전투에서 일본군과 싸워 이겼는데, 붉은 옷을 입어 홍의 장군으로 불렸다.
(3) 소현 세자와 부인인 민회빈 강씨는 청에 (손님 · 인질)(으)로 끌려간 백성들이 조선으로 돌아갈 수 있도록 도왔다.
(4) 이순신과 관군, 전국 각지에서 일어난 의병 등이 힘을 합쳐 조선을 (정비 · 정복)하려고 쳐들어온 일본군을 물리쳤다.

해설 | (1) 피난을 피해 다른 곳으로 옮겨 간 것을 뜻하므로 '피란'이 맞습니다. (2) 곽재우는 의병을 이끌었으므로 '의병'이 알맞습니다. (3) 백성들이 청에 끌려갔으므로 '인질'이 알맞습니다. (4) '정비'는 흐트러진 체계를 정리해 제대로 갖춤을 뜻하므로 처들어온 군대와 어울리지 않습니다.

2주차 3회

수학 교과서 어휘

다음 중 낱말의 뜻을 잘 알고 있는 것에 ✓ 하세요.

□ 등분   □ 곱해지는 수   □ 진분수의 곱셈   □ 대분수의 곱셈   □ 연결   □ 조각보

수록 교과서 수학 5-2
2. 분수의 곱셈

수아는 분수를 두 번 더하지 않고 곱셈을 사용해서 반죽할 때 필요한 물의 양을 쉽게 알아냈어. 분수의 곱셈이 필요한 상황을 생각하며 '분수의 곱셈' 단원에 나오는 낱말을 공부해 보자.

$\frac{1}{4} \times 2 =$ 니까 한 번에 $\frac{2}{4}$ 리터 줄게.

수아야, 국기 반죽을 할 물은 $\frac{1}{4}$ 리터씩 두 번 담아 줘.

✏ 낱말을 읽고, 부분에 밑줄을 그어 가면서 낱말 공부를 해 보세요.

등분
等 같을 등 + 分 나눌 분
→ 등(等)의 대표 뜻은 '무리'야.

뜻: 똑같은 분량으로 나누어진 몫을 세는 단위.
예: 끈의 길이가 2 m의 $\frac{1}{3}$인 것은 2 m를 셋 등분한 것 중 하나이고, 곱셈식으로는 $2 \times \frac{1}{3}$ 이다.
Tip '등분'은 '몫을 똑같이 나눔'을 뜻하기도 해요. 이 뜻으로 쓰일 때에는 "이 계량컵에는 등분 눈금이 그려져 있다." 와 같이 '등분' 앞에 수량을 나타내는 말이 오지 않아요.

'등분'은 수량을 나타내는 말 뒤에 써.

곱해지는 수
뜻: 어떤 수에 다른 수를 곱할 때 그 처음의 수.
예: (분수)×(자연수)의 계산을 연습하려고 $\frac{3}{4} \times 3$을 계산한 뒤, 곱해지는 수 $\frac{3}{4}$을 '10×5에서 '10'을 이름.
관련 어휘 곱하는 수
'곱하는 수는 곱셈에서 어떤 수에 곱하는 수를 말해. '10×5'에서 '5'를 이르는 말이야. 곱셈을 곱하지는 수와 곱하는 수로 이루어지지.

진분수의 곱셈
眞 참 진 + 分 나눌 분 + 數 셈 수 + 乘 탈 승 + 法 곱셈
뜻: 진분수와 진분수를 곱하여 계산함.
예: 진분수의 곱셈 (진분수)×(진분수)를 계산하는 방법은 분자는 분자끼리, 분모는 분모끼리 곱하는 것이다.

진분수는 $\frac{1}{3}$, $\frac{5}{6}$처럼 분자가 분모보다 작은 분수야.

대분수의 곱셈
帶 띠 대 + 分 나눌 분 + 數 셈 수 + 乘 탈 승 + 法 곱셈
뜻: 대분수와 대분수를 곱하여 계산함.
예: 대분수의 곱셈 (대분수)×(대분수)를 계산하는 방법에는 대분수를 가분수로 나타내어 계산하는 방법과, 대분수를 자연수 부분과 진분수 부분으로 구분하여 계산하는 방법 두 가지가 있다.

대분수는 $2\frac{3}{5}$, $3\frac{5}{6}$처럼 자연수와 진분수의 합으로 이루어진 수야.

이것만은 꼭!

연결
連 잇달을 연 + 結 맺을 결
뜻: 둘 등 이상의 사물이나 현상 등을 서로 잇거나 관계를 맺게 함.
예: 수진이는 어떤 직사각형의 $\frac{1}{3}$인 직사각형을 보고 크기가 1인 원래 직사각형을 그려 보는 문제를 분수의 곱셈으로 연결하여 해결했다.
Tip $\frac{1}{3} \times 3 = 1$이므로 직사각형의 크기를 3배 하여 그리면 크기가 1인 직사각형이 되었어요.
비슷한말 관련
'관련'은 둘 이상의 사람, 사물, 현상 등이 서로 관계를 맺고 있음을 뜻하는 말이야. "분수와 관련 있는 생활 속 수량을 알아보았다."와 같이 쓰여.

조각보
조각 + 褓 포대기 보
뜻: 여러 조각의 헝겊을 이어 붙여서 만든 보자기.
예: 조각보의 파인 부분을 만들려고 가지고 있던 마름 형겊의 $\frac{1}{5}$을 사용했다.
둘 이상의 낱말이 합쳐진 말 '보자기'란 말
보는 물건을 싸거나 씌우기 위해 네모지게 만든 천을 말해. 식탁에 까는 네모란 보자기인 '식탁보', 책을 싸는 보자기인 '책보'는 '조각보'처럼 '보'가 결합해 만들어진 낱말이야.

대응점
對 대할 대 + 應 응할 응 + 點 점 점

뜻 서로 합동인 두 도형을 포개었을 때 완전히 겹쳐지는 점.
예 두 삼각형이 서로 합동인지 알아보려면 대응점이 세 개인지 확인한다.

> 점 ㄱ과 점 ㄹ, 점 ㄴ과 점 ㄷ과 점 ㅁ은 포개었을 때 겹쳐지는 꼭짓점으로 서로 대응점이야.

대응변
對 대할 대 + 應 응할 응 + 邊 가 변

뜻 서로 합동인 두 도형을 포개었을 때 완전히 겹쳐지는 변.
예 서로 합동인 두 도형에서 대응변은 길이가 서로 같다.

> 변 ㄱㄴ의 대응변은 변 ㅁㅂ이고, 변 ㄴㄷ의 대응변은 변 ㅂㅅ이야.

Tip 변 ㄱㄴ의 대응변은 변 ㅁㅂ이고, 변 ㄴㄷ의 대응변은 변 ㅂㅅ으로 서로 같아요.

대응각
對 대할 대 + 應 응할 응 + 角 모모 각
角 '각(角)'의 대로 뜻은 '뿔'이다.

뜻 서로 합동인 두 도형을 포개었을 때 완전히 겹쳐지는 각.
예 서로 합동인 두 도형에서 대응각은 크기가 서로 같다.

Tip '모든 선과 선의 끝이 만든 곳이에요.

> 각 ㄱㄴㄷ의 대응각은 각 ㅇㅂㅅ이야. 각의 크기가 45°로 서로 같아.

Tip 각 ㄱㄴㄷ의 대응각은 각 ㅇㅂㅅ이고, 각의 크기는 110°로 서로 같아요.

대칭
對 대할 대 + 稱 경할 칭
'대칭(對稱)'의 대로 뜻은 '대하다', '경하다'의 대로 뜻은 '일반되다'야.

뜻 점, 선, 면이 한 점이나 직선, 평면을 사이에 두고 같은 거리에 마주 놓여 있는 일.
예 나비의 날개는 오른쪽과 왼쪽 모양이 같은 좌우 대칭이다.

2주차 3회
수학 교과서 어휘

수록 교과서 수학 5-2
3. 합동과 대칭

다음 중 낱말의 뜻을 잘 알고 있는 것에 ✓ 하세요.

□ 겹치다 □ 합동 □ 대응점 □ 대응변 □ 대응각 □ 대칭

> 쿠키 틀을 하나만 사용했잖아.
> 우리가 구운 쿠키의 모양과 크기가 모두 똑같네.
> 쿠키 틀 세 개 중에 친구들이 사용한 것이 무엇인지 어떻게 쿠키의 포개었을 때 완전히 겹쳐지는 모양과 크기의 틀이야. 이와 같은 도형을 배울 때 나오는 낱말들을 공부해 보자.

Tip 별 모양의 쿠키 틀과, 그 쿠키 틀을 사용해 만든 쿠키는 모양이 서로 합동이에요.

낱말을 읽고, 부분에 밑줄을 그으면서 낱말 공부를 해 보세요.

겹치다
뜻 여러 사물이나 내용 등이 서로 덧놓이거나 포개어지다.
예 크기와 모양이 똑같은 종이 두 장을 겹쳤더니 한 장처럼 보였다.

여러 가지 뜻을 가진 낱말 겹치다
'겹치다'는 "여러 가지 일이나 현상이 한꺼번에 일어나다."라는 뜻도 가지고 있어.
예 오늘은 학교에 뛰어가다가 넘어지고 그 바람에 지각하고 숙제도 잊어버려 오는 등 불행한 일이 겹친 날이다.

이것만은 꼭!
뜻 두 도형이 모양과 크기가 같아서 포개었을 때 완전히 겹쳐지는 것.
예 색종이 두 장을 포개어 육각형을 오리면 오려서 나온 두 개의 육각형은 서로 합동이다.

여러 가지 뜻을 가진 낱말 합동
'합동'에는 둘 이상의 조직이나 개인이 모여 행동이나 일을 함께함이라는 뜻도 있어.
예 육군과 해군이 합동 군사 훈련을 했다.

합동
合 합할 합 + 同 한가지 동

확인 문제

✏️ 56~57쪽에서 공부한 낱말을 떠올리며 문제를 풀어 보세요.

1 뜻에 알맞은 낱말은 무엇인지 ( ) 안에서 알맞은 낱말을 골라 ○표 하세요.

(1) 진분수와 진분수를 곱하여 계산함. → (대분수 · 진분수)의 곱셈

(2) 똑같은 분량으로 나누어진 몫을 세는 단위. → (배열 · 등분)

(3) 어떤 수에 다른 수를 곱할 때 그 처음의 수. → 곱하는 (곱해지는) 수

해설 | (1)은 '진분수'의 곱셈이 못입니다. (2)는 '등분'의 뜻입니다. (3)은 '곱해지는 수'의 뜻입니다. '곱하는 수는 어떤 수에 곱하는 수를 말합니다.

2 빈칸에 공통으로 들어갈 알맞은 낱말로 알맞은 것은 무엇인가요? (②)

- 책 : 책을 싸는 보자기.
- 식탁보 : 식탁에 까는 덮개인 보자기.
- 조각 : 여러 조각의 헝겊을 이어 붙여서 만든 보자기.

① 상 　② 보 　③ 입
④ 판 　⑤ 돌

해설 | 빈칸에 공통으로 물건을 싸거나 씌우기 위해 네모지게 만든 천을 뜻하는 보자가 '책보', '식탁보', '조각 보자기'가 됩니다.

3 빈칸에 알맞은 낱말 글자 카드로 만들어 쓰세요.

(1) 밤에 잠을 충분히 자는 것은 어린이의 성장이나 건강과
（　연결　）된다.

(2) 오 형제는 케이크를 다섯
（　　　）으로 정리서 사이좋
게 한 조각씩 나누어 먹었다.

(3) 할머니께서는 자투리 천을 버리지 않고 모아 두셨다가
예쁜（　조각보　）를 만드셨다.

해설 | (1) 밤에 잠을 충분히 자는 것과 어린이의 성장이나 건강은 건강은 관계가 있으므로 '연결'이 알맞습니다. (2) 오 형제가 케 이크를 사이좋게 한 조각씩 나누어 먹었으므로 다섯 '등분'이 되어야 합니다. (3) 할머니께서 자투리 천을 모 아 두셨다가 만드신 것은 여러 조각의 헝겊을 이어 붙여서 만든 보자기인 '조각보'가 알맞습니다.

✏️ 58~59쪽에서 공부한 낱말을 떠올리며 문제를 풀어 보세요.

4 뜻에 알맞은 낱말을 빈칸에 쓰세요.

(1)

가로 열쇠 ❶ 서로 합동인 두 도형을 포개었을 때 완전히 겹치는 각.
세로 열쇠 ❶ 점, 선, 면이 한 점이나 선, 평면을 사이에 두고 갈 은 거리에 마주 붙어 있는 일.

		각
대	응	
칭		

(2)

가로 열쇠 ❶ 서로 합동인 두 도형을 포개었을 때 완전히 겹치는 점.
세로 열쇠 ❶ 서로 합동인 두 도형을 포개었을 때 완전히 겹치는 변. ❷ 서로 합동인 두 도형을 포개었을 때 완전히 겹치는 변 으로 길이가 서로 같음.

		점
대	응	
	❷대	변

해설 | (1) 가로 열쇠 ❶은 '대응각', 세로 열쇠 ❶은 '대칭'의 뜻입니다. (2) 가로 열쇠 ❶은 '대응점', 세로 열쇠 ❷는 '대응 변'의 뜻입니다.

5 친구가 말에서 밑줄 친 낱말의 뜻을 보기에서 찾아 기호를 쓰세요.

보기
㉠ 둘 이상의 조직이나 개인이 모여 행동이나 일을 함께 함.
㉡ 두 도형이 모양과 크기가 같아서 포개었을 때 완전히 겹치는 것.

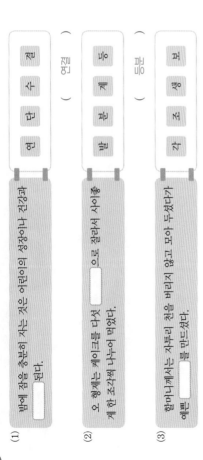

학교 축제 때 우리 반과
옆 반 친구들이 함께
노래 공연을 했어.
(1) （　　）　㉠（　　）

삼각형, 사각형, 원처럼
서로 합동인 것들도 있고
아닌 것도 있어.
(2) ㉡（　　）

해설 | (1)의 친구는 우리 반과 옆 반 친구들이 노래 공연을 함께했다는 이므로 말했으므로 함께하는 이므로 함동은 ㉠의 뜻입니다. (2)의 친구는 도형의 합동을 말한 것이므로 ㉡의 뜻입니다.

6 ( ) 안에서 알맞은 낱말을 골라 ○표 하세요.

(1) 꽃게의 발은 양쪽이 (대칭 , 대조)을/를 이루고 있다.

(2) 방바닥에 차가워진 방석 두 개를 (등돌려서 , 겹쳐서) 깔고 앉았다.

(3) (대응각 , 대응각)의 크기가 서로 같다는 점을 이용해 서로 합동인 두 삼각형이 세 각의 크기 를 알아보자.

해설 | (1) 꽃게의 발은 좌우로 5개씩 마주 붙어 있으므로 '대칭'이 알맞습니다. (2) 방석을 포개어 앉았으므로 방석을 포개어 겹쳐서가 알맞습니다. (3) 크기가 서로 같은 것은 '대응각'입니다.

영향 影 그림자 영 + 響 울릴 향
'響(향)'의 대표 뜻은 '울리다'야.

뜻 어떤 것의 효과나 작용이 다른 것에 미치는 것.
예 온도의 영향으로 개나 고양이는 추운 계절이 다가오면 털갈이를 하고, 식물이 잎에 단풍이 든다.

> 온도, 햇빛, 물 등과 같은 비생물 요소는 생물이 살아가는 데 영향을 줘.

서식지 棲 깃들일 서 + 息 쉴 식 + 地 땅 지
'地(지)'의 대표 뜻은 '땅'이야.

이것만은 꼭!
뜻 생물이 자리를 잡고 사는 곳.
예 생물은 저마다의 서식지에서 양분을 얻고 번식을 하며 살아간다.
관련 어휘 적응
'적응'은 특정한 서식지에서 오랜 기간에 걸쳐 살아남기에 유리한 특징이 자손에게 전달되는 것을 말해. 선인장의 굵은 줄기와 뾰족한 가시는 서식지의 건조한 환경에 적응된 결과이지.
Tip 생물은 생김새와 생활 방식 등을 통해 서식지의 환경에 적응해요.

> 지구에는 숲, 강, 바다, 사막 등 다양한 환경의 서식지가 있어.

보전 保 지킬 보 + 全 온전할 전
뜻 온전하게 보호하여 유지함.
예 생태계 훼손을 막으려고 국가에서는 생태계 보전을 위한 법을 만들고 정책을 시행한다.
비슷한말 보존
'보존'은 잘 보호하고 건수하여 남김을 뜻하는 말이야. "우리는 귀중한 문화재를 잘 보존해야 한다."와 같이 쓰여.

복원 復 회복할 복 + 元 처음 원
'復(복)'의 대표 뜻은 '회복하다'야.
뜻 원래의 상태나 모습으로 되돌림.
예 생태계를 보전하는 것뿐만 아니라 환경 오염으로 훼손된 생태계를 복원하는 일도 매우 중요하다.
비슷한말 복구
'복구'는 파괴된 것을 이전의 상태로 되돌림을 뜻하는 말이야. "마을 주민들이 폭우로 파괴된 도로의 복구 작업에 나섰다."와 같이 쓰여.
Tip 생태계 복원의 예로는 나무 심기, 멸종 위기종의 복원 활동 등이 있어요.

2주차 4회

과학 교과서 어휘

수록 교과서 과학 5-2
2. 생물과 환경

다음 중 낱말의 뜻을 잘 알고 있는 것에 ✓ 하세요.
□ 생태 피라미드 □ 생태계 평형 □ 영향 □ 서식지 □ 보전 □ 복원

> 사람들이 이렇게 숲을 없애면 숲에 사는 생물들은 어떻게 될까?

✏️ 낱말을 읽고, ＿＿ 부분에 낱말을 그으면서 낱말 공부를 해 보세요.

생태 피라미드 生 날 생 + 態 상태 태 + 피라미드
'態(태)'의 대표 뜻은 '모습'이야.
뜻 먹이 단계에 따라 생물이 수나 양을 피라미드 형태로 표현한 것.
예 생태 피라미드에서 먹이 단계가 올라갈수록 생물의 수는 줄어든다.
Tip 단계별로 생물이 수를 쌓아 올리면 아래는 넓고 위는 좁은 피라미드 형태가 되어요.

최종 소비자
3차 소비자
2차 소비자
1차 소비자
생산자

생태계 평형 生 날 생 + 態 상태 태 + 系 이어맬 계 + 平 평평할 평 + 衡 저울대 형
'衡(형)'의 대표 뜻은 '저울대'야.
뜻 어떤 지역에 살고 있는 생물의 종류와 수 또는 양이 균형을 이루며 안정된 상태를 유지하는 것.
예 특정 생물이 수나 양이 갑자기 늘어나거나 줄어들면 생태계 평형이 깨질 수 있다.
Tip 평형은 사물이 한쪽으로 기울지 않고 안정해 있음을 뜻하는 말이에요.

> 생태계 평형이 깨지는 원인에는 가뭄, 태풍과 같은 자연적인 요인뿐만 아니라 댐 건설과 같은 인위적인 요인도 있어.

정답과 해설 ▶ 28쪽

부패
腐 썩을 **부** + 敗 썩을 **패**
↳ '敗(패)'의 대표 뜻은 '패하다'야.

뜻 단백질이나 지방 등이 미생물의 작용에 의해 썩는 것.

예 여름철에는 음식물의 부패가 빠르게 진행되므로 식품 위생에 주의해야 한다.

여러 가지 뜻을 가진 낱말 **부패**
'부패'는 음식물이 상하는 것 외에 정치, 사상, 의식 등이 정의롭지 못한 쪽으로 빠져드는 것을 뜻하기도 해.

예 세금을 빼돌린 부패 공무원이 시민의 고발로 붙잡혔다.

안개

뜻 밤에 지표면 근처의 공기가 차가워지면 공기 중 수증기가 응결해 작은 물방울로 떠 있는 것.

Tip 응결은 공기 중 수증기가 물방울로 변하는 현상을 말해요.

예 밤사이 짙은 안개가 자욱하게 끼어서 앞이 잘 보이지 않았다.

관용어 **안개 속에 묻히다**
'안개 속에 묻히다'는 "어떤 사실이나 비밀이 밝혀지지 않다."를 뜻하는 말이야.

예 유일한 목격자가 사라져서 사건의 진실은 안개 속에 묻혔다.

구름

뜻 공기 중 수증기가 응결해 물방울이 되거나 얼음 알갱이 상태로 변해 하늘에 떠 있는 것.

예 구름 속 작은 물방울이 합쳐져 떨어지면 비가 되고, 얼음 알갱이가 커져서 떨어지면 눈이 된다.

속담 **구름 갈 제 비가 간다**
'구름 갈 제 비가 간다'는 구름이 가는 데 비가 항상 뒤따른다는 뜻으로 늘 함께 다니는 사람이나 긴밀한 관계를 이르는 말이야.

Tip '바늘 가는 데 실 간다', '옹기 가는 데 짐 간다'도 같은 뜻을 가진 속담이에요.

맺히다

뜻 물방울이나 땀방울 등이 생기나 매달리게 되다.

예 이슬은 밤에 차가워진 풀잎 표면에 물이 응결해 물방울로 맺히는 것이다.

여러 가지 뜻을 가진 낱말 **맺히다**
'맺히다'는 "열매나 꽃망울 등이 생겨나다.", "마음 속에 잊히지 않는 응어리가 되어 남다."라는 뜻도 가지고 있어. '꽃이 진 자리에 열매가 맺혔다.', "30년 만에 이름을 찾은 어머니는 가슴에 맺힌 한을 풀었다."와 같이 쓰여.

2주차 4회

과학 교과서 어휘

수록 교과서 과학 5-2
3. 날씨와 우리 생활

다음 중 낱말의 뜻을 잘 알고 있는 것에 ✓ 하세요.

□ 날씨 □ 습도 □ 부패 □ 안개 □ 구름 □ 맺히다

눈 오는 날, 비 내리는 날, 화창한 날...... 날씨는 우리 생활에 많은 영향을 미친단다. 날씨 현상을 과학자의 눈으로 배울 때 나오는 낱말을 공부해 보자.

✏️ 낱말을 읽고, [ ]부분에 알맞은 미로를 그으면서 낱말 공부를 해 보세요.

날씨

뜻 그날그날의 기온과 공기 중에 비, 구름, 바람 등이 나타나는 상태.

예 일기 예보에서 오늘 날씨는 맑다가 차차 흐려져 밤에 비가 내리겠다고 했다.

관련 어휘 **기후**
'기후'는 일정한 지역에 여러 해에 걸쳐 나타난 평균적인 날씨를 말해.

예 열대 지방의 기후는 일 년 내내 덥고 습하다.

Tip '오늘의 날씨'라고는 해도 '오늘의 기후'라는 말은 쓰지 않아요.

습도
濕 젖을 **습** + 度 정도 **도**
↳ '度(도)'의 대표 뜻은 '법도'야.

뜻 공기 중에 수증기가 포함된 정도.

예 습도가 낮으면 공기가 건조해지므로 가습기를 사용하여 적절하게 습도를 조절하는 것이 좋다.

관련 어휘 **습기**
'습기'는 물기가 있어 축축한 기운을 말해.

예 장마철에는 습기가 많아서 빨래가 잘 마르지 않는다.

Tip '습도는 높거나 낮다고 하고, 습기는 많거나 적다고 해요.

이것만은 꼭!

우리가 생활하기에 알맞은 습도는 40 %~60 % 정도야.

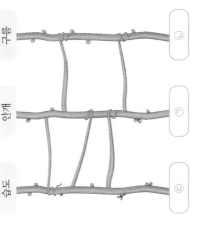

확인 문제

62~63쪽에서 공부한 낱말을 떠올리며 문제를 풀어 보세요.

1 낱말의 뜻은 무엇인지 ( )안에서 알맞은 말을 골라 ○표 하세요.

(1) 보전 | 온전하게 (보존하여, 널리 알려) 유지함.

(2) 서식지 | 생물이 (보호를 받는, 자리를 잡고 사는) 곳.

(3) 생태 피라미드 | (먹이 단계, 평균 수명의 길이)에 따라 생물의 수나 양을 피라미드 형태로 표현한 것.

해설 | (1) '보전'은 온전하게 보호하여 유지한다는 말입니다. (2) '서식지'는 생물이 자리를 잡고 사는 곳입니다. (3) '생태 피라미드'는 먹이 단계에 따라 생물의 수나 양을 피라미드 형태로 표현한 것입니다.

2 뜻에 알맞은 낱말이 되도록 보기에서 글자를 찾아 쓰세요.

보기 | 복 평 형 원 의

(1) 원래의 상태나 모습으로 되돌림. → 복 원

(2) 어떤 지역에 살고 있는 생물의 종류와 수 또는 균형을 이루며 안정된 상태를 유지하는 것. → 평 형 상태

해설 | (1)은 '복원'의 뜻이고, (2)는 '생태계 평형'의 뜻입니다. 보기 의 네 글자 중 두 글자씩 조합하여 뜻에 알맞은 낱말을 만들어 씁니다.

3 뜻이 비슷한 낱말을 ( )안에서 골라 ○표 하세요.

보기 | 보전

(1) (보도, 보충, 보존)

(2) (복구, 개발, 복용)

해설 | (1) '보도'는 어떤 사실을 신문, 방송 등을 통해 알리는 것을 뜻합니다.

4 ( )안에 알맞은 낱말을 보기에서 찾아 쓰세요.

보기 | 생태 영향 보전 서식지

(1) 환경 오염과 무분별한 개발은 생태계에 해로운 (영향)을/를 준다.

(2) 천적이 없고 먹이만에 사람은 (서식지)을/를 준다.

(3) 사막, 복구 등 (서식지)...

(4) 나는 생태계 (보전)을/를 위해 일회용품 사용 줄이기를 실천하고 있다.

— 어휘가 문해력이다 · 초등 5학년 2학기

64~65쪽에서 공부한 낱말을 떠올리며 문제를 풀어 보세요.

5 낱말의 뜻을 보기에서 찾아 사다리를 타고 내려간 곳에 기호를 쓰세요.

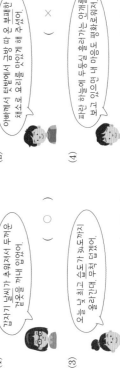

구름 / 안개 / 습도

보기 | ㉠ 공기 중에 수증기가 포함된 정도. - 습도
㉡ 공기 중 수증기가 응결해 물방울이 되거나 얼음 알갱이 상태로 변해 하늘에 떠 있는 것. - 구름
㉢ 밤에 지표면 근처의 공기가 차가워지면 공기 중 수증기가 응결해 작은 물방울로 떠 있는 것. - 안개

해설 | '습도'의 뜻은 ㉠, '안개'의 뜻은 ㉢, '구름'의 뜻은 ㉡입니다.

6 밑줄 친 낱말이 보기의 뜻으로 쓰인 문장을 골라 ○표 하세요.

보기 | 물방울이나 얼음 알갱이 등이 생기나 매달리게 되다.

(1) 소년이 눈에 눈물이 방울방울 맺혔다. ( )

(2) 봄이 되자 나뭇가지에 작은 꽃망울들이 맺혔다. ( )

(3) 사포도 얼어인 한 맺힌 사연을 듣고 여인의 누명을 풀어 주었다. ( )

해설 | '맺히다'는 (2)에서는 '얼마나 꽃망울 등이 생기나다.' (3)에서는 "마음 속에 응어리가 되어 남다."의 뜻으로 쓰였습니다.

7 밑줄 친 낱말을 알맞게 사용한 친구에게 ○표, 알맞게 사용하지 못한 친구에게 ✕표 하세요.

(1) 갑자기 날씨가 추워져서 두꺼운 겨울옷 꺼내 입어야 겠어. ( )

(2) 아빠께서 탄광에서 긍방 막 오셨는지 재소로 요리를 만들어 주셨어. (✕)

(3) 오늘 낮 최고 습도가 90도까지 올라간대. 너무 더운 날겠어. ( )

(4) 파란 하늘에 두둥실 흘러가는 안개를 보고 있으니 내 마음도 평화로워져. (✕)

해설 | (2) 탄광에서 긍방 막 왔으므로 '신선한 채소가 맞은 표현입니다. (3) 3.4도는 높은 '습도가 아니라 높은 '온도'입니다. (4) 파란 하늘에 두둥실 흘러가는 것은 각 서식지가 다른 것은 '안개'가 아니라 '구름'입니다.

異(이)가 들어간 낱말

'異(이)'가 들어간 낱말을 읽고, █ 부분에 알맞은 글줄을 그으면서 낱말 공부를 해 보세요.

異
다를 이

'이(異)'는 얼굴에 이상한 가면을 쓰고 있는 사람의 행동이 다른 사람과 다르게 표현한 글자야. 보통 사람의 행동과 다른 이상한 행동이라는 뜻에서 '다르다'라는 뜻을 갖게 되었어. '기이하다'는 뜻으로 쓰이기도 해.

Tip '기이하다'는 이상하고 묘하다는 뜻이에요.

동상이몽
특이
異변
경이롭다

다르다 異

동상이몽
同 같을 동 + 牀 평상 상 + 異 다를 이 + 夢 꿈 몽

뜻 같은 자리에서 자면서 다른 꿈을 꾼다는 뜻으로, 겉으로는 같이 행동하면서 속으로는 각각 딴생각을 하는 것을 이르는 말.

예 신세 온 이유가 나는 정상까지 올라가는 건데 너는 산 아래 식당에서 맛있는 백숙을 먹는 거라니…… 우린 동상이몽이었구나.

특이
特 특별할 특 + 異 다를 이

뜻 보통 것이나 상태에 비해 두드러지게 다름.

예 예방 주사를 맞고 고열, 두드러기 등 특이 증상이 나타나면 바로 병원으로 가십시오.

비슷한말 특수
'특수'는 특별히 다름을 뜻하는 말이야.

기이하다 異

이변
異 기이할 이 + 變 변할 변

Tip '변하고는 잡스스러운 재앙이나 사고예요.

뜻 예상하지 못한 사태나 매우 이상한 일.
예 '변(變)'의 대표 뜻은 '변하다'야.

예 이번 대회에서는 우승 후보가 1차전에서 탈락하는 이변이 일어났다.

경이롭다
驚 놀랄 경 + 異 기이할 이 + 롭다

뜻 놀랍고 신기한 데가 있다.

예 이 작은 씨앗을 심으면 싹이 트고 자라서 꽃 피고 열매를 맺는다는 사실이 경이롭지 않니?

비슷한말 신비롭다
'신비롭다'는 '사람의 힘이나 지혜로 마지지 못할 정도로 신기하고 묘한 느낌이 있다.'라는 뜻이야.

예 지구 밖에서 찍은 우주 사진을 보면 신비롭다.

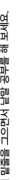

斷(단)이 들어간 낱말

'斷(단)이 들어간 낱말을 읽고, █ 부분에 알맞은 글줄을 그으면서 낱말 공부를 해 보세요.

斷
끊을 단

'단(斷)'은 실타래와 도끼를 함께 표현한 글자야. 이어진 실타래를 도끼로 자르는 것에서 '끊다'라는 뜻을 갖게 되었어. 무엇을 딱 끊는 것은 곧 일을 해결하는 것으로 생각해서 '결단하다'라는 뜻으로 쓰이기도 해.

Tip '결단하다'는 결정적인 판단을 하거나 딱 잘라서 판단하고 결정을 내리다.'라는 뜻이에요.

斷념
중斷
우유부斷
독斷

결단하다 斷

우유부단
優 부드러울 우 + 柔 부드러울 유 + 不 아닐 부 + 斷 결단할 단

뜻 어물어물 망설이기만 하고 결단성이 없음.

예 선배는 우유부단한 성격이어서 무슨 일이든 쉽게 결정하지 못한다.

속담 물에 물 탄 듯 술에 술 탄 듯
'물에 물 탄 듯 술에 술 탄 듯'은 자기의 의견이나 주장이 없고 말이나 행동이 분명하지 않음을 뜻해.

독단
獨 홀로 독 + 斷 결단할 단

뜻 남과 상의하지 않고 혼자서 판단하거나 결정함.

예 팀장이 늘 독단으로 일을 처리하지 말라는 팀원들이 그것에 대한 문제점을 말했다.

끊다 斷

단념
斷 끊을 단 + 念 생각 념

뜻 품었던 생각을 아주 끊어 버림.

예 이번에 실패했다고 단념하지 말고 다시 도전해 보자.

비슷한말 체념
'체념'은 기대나 희망을 버리고 아주 단념함을 뜻하는 말이야.
예 "불을 끄려고 양동이로 물을 끼얹던 노인은 불길이 새방으로 번지자 체념한 듯 털썩 주저앉았다." 와 같이 쓰여.

중단
中 가운데 중 + 斷 끊을 단

뜻 중도에서 끊어지거나 끊음.

예 아주 경기를 하는 도중에 폭우가 쏟아져서 경기가 중단되었다.

확인 문제

✎ 68쪽에서 공부한 낱말을 떠올리며 문제를 풀어 보세요.

1 낱말과 그 뜻을 알맞게 선으로 이으세요.

(1) 단념 • • 중도에서 끊어지거나 짧음.

(2) 중단 • • 품었던 생각을 아주 짧어 버림.

(3) 독단 • • 어물어물 망설이기만 하고 결단성이 없음.

(4) 우유부단 • • 남과 상의하지 않고 혼자서 판단하거나 결정함.

해설 | '단념'의 뜻은 품었던 생각을 아주 짧어 버림이고, '중단'의 뜻은 중도에서 끊어지거나 짧음입니다. '독단'의 뜻은 남과 상의하지 않고 혼자서 판단하거나 결정함이고, '우유부단'의 뜻은 어물어물 망설이기만 하고 결단성이 없음입니다.

2 밑줄 친 말을 잘못 사용한 친구에게 ✕표 하세요.

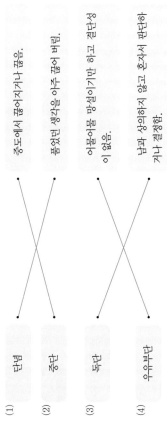

(1) 내가 우유부단하게 굴면 성격이 급하지 않다는 단단해하다가 화를 내기도 해.

(2) 바닷가 해변에는 언제나 물에 둘 타듯 술 타 듯 자기 생각을 확실하게 밝혀...

해설 | '물에 둘 타듯 술 타 듯'은 줏대 없이 모호한 태도를 이르는 속담입니다.

3 빈칸에 알맞은 낱말을 완성하세요.

(1) 그는 ┃독┃단┃ 에 빠져서 자신이 늘 옳다고 생각했다.

(2) 화재 경보가 울리자 학생들은 수업을 ┃중┃단┃ 하고 안전한 곳으로 대피했다.

(3) 신비는 연가주 과거 시험에 낙방했지만 ┃단┃념┃ 하지 않고 공부를 계속했다.

해설 | (1) 혼자 판단하거나 결정하는 '독단'에 빠져서 자신만 지신이 옳다고 생각했다는 문맥이 알맞습니다. (2) 과거 시험에 연가주 낙방했 한 생들을 수업을 중도에 멈추고 대피해야 하므로 '중단'이 알맞습니다. (3) 과거 시험에 낙방했지만 공부를 계속했다는 것이므로 '단념'하지 않은 것이 알맞습니다.

✎ 69쪽에서 공부한 낱말을 떠올리며 문제를 풀어 보세요.

4 뜻에 알맞은 낱말을 빈칸에 쓰세요.

❶경	❷이	물	다
	변		
		❸특	
❹동	상	이	몽

가로 열쇠 →
❶ 늘랍고 신기한 데가 있다.
❹ 겉으로는 같이 행동하면서 속으로는 각각 딴생각을 하는 것을 이르는 말.

세로 열쇠 ↓
❷ 예상하지 못한 사태나 매우 이상한 일.
❸ 보통 것이나 상태에 비해 두렷하게 다름.

해설 | 가로 열쇠 ❶은 '경이롭다'. ❹는 '동상이몽'입니다. 세로 열쇠 ❷는 '이변', ❸은 '특이'의 뜻입니다.

5 다음 중 뜻이 서로 비슷한 두 낱말을 골라 ○표 하세요.

특허   독수   특기   특이

해설 | '독수', '특이'가 뜻이 서로 비슷한 낱말입니다. '특허'는 발명 또는 새로운 기술의 고안을 한 사람이나 단체에 그 발명이나 기술에 관해 독점적으로 가지는 권리이고, '특기'는 남이 가지지 못한 특별한 기술이나 기능입니다.

6 빈칸에 들어갈 낱말로 알맞은 것을 두 가지 고르세요. (② , ⑤)

문어가 지능이 높고 감정을 가지고 있다는 연구 결과에 따르면 문어가 ( )하다고 말하는 것도 적절하므로 '신비로운'과 '경이로운'이 알맞습니다.

동물이에요

① 해로운 ② 신비로운 ③ 평화로운 ④ 정의로운 ⑤ 경이로운

해설 | 지능이 높고 감정이 있고 자연나서 참까지 하는 문어가 놀랍다고 신기하다고 말하는 것이 적절하므로 '신비로운'과 '경이로운'이 알맞습니다.

7 ( ) 안에 알맞은 말을 보기 에서 찾아 쓰세요.

보기   이변   특이   동상이몽

(1) 개성이 강한 현모는 (특이)한 디자인의 옷을 즐겨 입는다.

(2) 김에서 금상이몸 주은 형제도 금상이몸로 무엇을 할지 (동상이몽)을 꾸었다.

(3) 지구 온난화로 세계 곳곳에서 가뭄 (이변)이/가 일어나 피해가 이어지고 있다.

해설 | (1) 개성이 강한 현모는 보통 옷과 두렷하게 다른 '특이'한 디자인의 옷을 즐겨 입는다는 뜻이 알맞습니다. (2) 함께 지내는 형제가 각각 딴생각을 한다는 뜻이 되어야 하므로 '동상이몽'이 알맞습니다. (3) 지구 온난화로 세계 곳곳에서 가뭄에 의한 피해가 이어지고 있다고 했으므로 '이변'이 알맞습니다.

2주차 어휘력 테스트

2주차 1~5회에서 공부한 낱말을 떠올리며 문제를 풀어 보세요.

낱말 뜻

1 낱말의 뜻이 알맞은 것을 모두 고르세요. (① , ② , ⑤)
① 서식지: 생물이 자리를 잡고 사는 곳.
② 이변: 예상하지 못한 사태나 매우 이상한 일.
③ 개혁: 전에 없던 것을 처음으로 만들거나 제정함.
④ 부패: 어떤 것이 효과나 작용이 다른 것에 미치는 것.
⑤ 조정: 분쟁을 중간에서 화해하게 하거나 서로 타협점을 찾아 합의하도록 함.
해설 | ③ '개혁'은 제도나 기구 등을 새롭게 뜯어고침을 뜻합니다. 전에 없던 것을 처음으로 만들거나 제정함은 '창제'의 뜻입니다. ④ '부패'는 단백질이나 지방 등이 미생물의 작용에 의해 썩는 것을 뜻합니다. 어떤 것이 효과나 작용이 다른 것에 미치는 것은 '영향'의 뜻입니다.

낱말 뜻

2 ( )안에서 알맞은 낱말을 골라 ○표 하세요.
(1) (유유부단, ⑩우유부단)은 동작이나 어물을 망설이기만 하고 결단성이 없음을 뜻하는 말이다.
(2) (대칭, ⑩합동)은 두 도형이 모양과 크기가 같아서 서로 포개었을 때 완전히 겹쳐지는 것이다.
(3) (중단, ⑩중립) 외교는 한 나라에 치우치지 않고 각 나라에게 같은 중요도를 두는 외교이다.
해설 | (1) '우유부단'은 ~ (2) '대칭'은 점, 선, 면이 한 점이나 직선 중심으로 같은 거리에 마주 놓여 있는 물입니다. (3) '중립'은 중도에서 치우지거나 쏠림없이 중심을 잡음을 뜻합니다.

비슷한말

3 뜻이 비슷한 말을 보기에서 찾아 기호를 쓰세요.
보기
㉠ 서두 ㉡ 봄모 ㉢ 예상
㉣ 예측 ㉤ 그머리 ㉥ 예견

(1) 인접 (㉡) (2) 예측 (㉣) (3) 그머리 (㉠)
해설 | (1) '인접'은 이웃을 지키게 하라고 집어 두는 사람이고, '불모'는 약속을 지키겠다는 뜻으로 상대편에 잡혀 두는 사람이나 물건입니다. (2) '예측'은 미리 헤아려 짐작하는 것이고, '예상'은 앞으로 있을 일이나 상황을 짐작하는 것입니다. (3) '그머리'와 '서두'는 모두 글을 시작하는 첫 부분입니다.

여러 가지 뜻을 가진 낱말

4 밑줄 친 낱말의 뜻이 다른 하나를 골라 ○표 하세요.

(1) 세계 정복을 꿈꾸는 악당을 정의로운 사람들이 물리치는 영화를 봤어.

(2) 분수의 곱셈을 정복하기 위해 열심히 수학 공부를 할 거야.

(3) 요즘은 이웃 나라를 정복해서 영토를 넓히는 일이 일어나지 않아서 다행이야.

해설 | (1)과 (3)에서 '정복'은 다른 민족이나 나라를 무력으로 쳐서 복종시킨다는 뜻으로 쓰였습니다. (2)에서는 하기 어렵고 힘든 것을 겨우 해내어 다른 뜻으로 쓰였습니다.

반대말

5 밑줄 친 낱말의 반대말은 무엇인가요? (②)
① 동감 ② 이의 ③ 성의 ④ 발언 ⑤ 단념
해설 | 의사나 의견을 같이함을 뜻하는 '동의'의 반대말은 다른 의견이나 이사를 뜻하는 '이의'입니다.

관용어·속담

6 ㉠과 ㉡에 들어갈 낱말이 모두 알맞은 것은 무엇인가요? (③)
• ㉠ 숙에 묻히다: 어떤 사실이나 비밀이 밝혀지지 않다.
• ㉡ 갈 제 비가 간다: 늘 함께 다니는 사람의 긴밀한 관계를 이르는 말.
① ㉠: 안개, ㉡: 눈
② ㉠: 안개, ㉡: 해
③ ㉠: 안개, ㉡: 구름
④ ㉠: 구름, ㉡: 눈
⑤ ㉠: 구름, ㉡: 안개
해설 | "어떤 사실이나 비밀이 밝혀지지 않다."를 뜻하는 관용어는 "안개 속에 묻히다"이고, 늘 함께 다니는 사람의 긴밀한 관계를 이르는 속담은 '구름 갈 제 비가 간다'입니다.

낱말 활용

7~10 ( ) 안에 알맞은 낱말을 보기에서 찾아 쓰세요.
보기
신문 등분 복원 매체

7 우리 셋이 채웠어에 묻힌 채들을 세 (등분)(으)로 나누어 옮기자.
해설 | 셋이 채들을 똑같이 나누어 옮겼다는 의미이므로 '등분'은 똑같은 분량으로 나누어진 물을 단위로나...

8 인터넷 (매체)의 발달로 얼굴을 직접 보지 않아도 의사소통이 가능하다.
해설 | 블로그, 누리 소통망 등이 인터넷 매체는 시간과 공간의 제약 없이 의사소통을 가능하게 합니다. 매체는 어떤 소식이나 사실을 널리 전달하는 물체나 수단입니다.

9 조선 시대 소설인 『춘향전』은 양반의 이용룡과 천민인 순향이 (신분)의 차이를 뛰어넘어 사랑을 이야기이다.
해설 | 양반, 천민은 조선 시대의 신분입니다. '신분'은 개인의 사회적인 위치나 계급을 뜻합니다.

10 오염된 하천을 몇 년에 걸쳐 (복원)한 결과 생태계가 살아나 현재는 다양한 동식물이 하천에 서식하고 있다.
해설 | 하천을 오염되기 전의 상태로 되돌려 생태계가 살아났다는 의미이므로 '복원'이 알맞습니다. '복원'은 원래대로 되돌림을 뜻합니다.

어휘가
문해력
이다

초등 5학년 2학기

3주차 정답과 해설

1회 국어 교과서 어휘

다음 중 낱말의 뜻을 잘 알고 있는 것에 ✓ 하세요.
□ 영상 매체 □ 인쇄 매체 □ 효과 □ 탐색 □ 마녀사냥 □ 얼토당토않다

✏ 낱말을 읽고, 부분에 밑줄을 그으면서 낱말 공부를 해 보세요.

영상 매체
映 비칠 영 + 像 모양 상 + 媒 매개 매 + 體 물체 체
ⓢ '媒體(매체)'의 대표 뜻 '중매, 재媒)'의 대표 뜻 '모양'이야.

뜻 영화나 브라운관, 모니터 등을 통해 정보와 사상을 전달하는 매체.
예 영상 매체 자료를 읽을 때에는 화면 구성을 잘 살피고, 자막과 영상, 소리의 관계를 파악하며 보아야 한다.
Tip 영상 매체 자료는 소리, 자막 등의 여러 가지 연출 방법을 사용해서 정보를 전달해요.

인쇄 매체
印 박을 인 + 刷 인쇄할 쇄 + 媒 매개 매 + 體 물체 체
ⓢ '印(인)'의 대표 뜻 '도장'이야.

뜻 인쇄물의 형태로 정보와 사상을 전달하는 매체.
예 신문, 잡지 등의 인쇄 매체 자료를 읽을 때에는 글과 그림, 사진이 주는 시각 정보를 잘 살펴보아야 한다.

관련 어휘 인터넷 매체
'인터넷 매체'는 누리 소통망[SNS], 휴대 전화 문자 메시지 등과 같이 인터넷을 이용하여 정보와 사상을 전달하는 매체를 말해. 인터넷 매체 자료는 영상 매체와 인쇄 매체 자료로 표현 수단을 모두 활용해.
Tip 요즘은 신문과 잡지가 인터넷 매체 자료인 경우도 있어요.

효과
效 나타낼 효 + 果 결과 과
ⓢ '效(효)'의 대표 뜻 '본받다', '과(果)'의 대표 뜻 '도장'이야.

이것만은 꼭!
뜻 소리나 영상 등으로 그 장면에 알맞은 분위기를 만들어 실감을 자아내는 일.
예 긴장감을 고조시키기 위해 인물이 쫓기는 장면에서 빠른 템포로 음악을 사용해 효과를 준다.

여러 가지 뜻을 가진 낱말
'효과'에는 어떤 것을 얻어지는 보람이나 좋은 결과라는 뜻도 있다.
예 비타민 C가 많이 든 과일을 먹으면 감기 예방에 효과가 있다.

수록 교과서 국어 5-2 ㉰
5. 여러 가지 매체 자료

탐색
探 찾을 탐 + 索 찾을 색
뜻 드러나지 않은 사물이나 현상을 알아내기 위해 살피어 찾음.
예 진로 탐색 시간에 다양한 직업에 대해 알아보았다.
비슷한말 탐사
'탐사'는 알려지지 않은 사물이나 사실 등을 샅샅이 더듬어 조사하는 뜻이에요.
예 화성 탐사를 하기 위한 무인 우주선이 발사되었다.

마녀사냥
魔 마귀 마 + 女 여자 녀 + 사냥
뜻 어떤 사람에게 잘못된 책임을 뒤집어씌우는 것을 비유적으로 이르는 말.
예 인터넷에서는 근거 없이 누군가를 비난하면 많은 사람이 덩달아 그 사람을 공격하는 마녀사냥이 벌어지기 쉽다.
Tip '마녀사냥'은 원래 14~17세기에 유럽에서 이교도를 마녀로 판결하여 박해하던 일을 말해요. '마녀재판'이라고도 해요.

얼토당토않다
뜻 전혀 이치에 맞지 않다.
예 누가 나에 대한 얼토당토않은 글을 인터넷 게시판에 올려서 나도 근거를 들어 반박하는 글을 올렸어.
관용어 말도 안 되다
'얼토당토않다'는 "실현 가능성이 없거나 이치에 맞지 않다."를 뜻하는 표현이야.
예 말도 안 되는 소리 그만하고 왜 늦었는지 솔직히 말해.

꼭 알아야 할 속담

빈칸 채우기
'굴러온 돌 이 박힌 돌 뺀다'는 밖에서 들어온 지 얼마 안 되는 사람이 오래전부터 있던 사람을 내쫓거나 해를 입히는 것을 비유적으로 이르는 말입니다.

국어 교과서 어휘

수록 교과서 국어 5-2 ④
6. 타당성을 생각하며 토론해요

낱말을 읽고, 다음 중 낱말의 뜻을 잘 알고 있는 것에 ✓ 하세요.
□ 토론 □ 반론 □ 타당하다 □ 증명 □ 응답 □ 적성

부분에 알맞은 글자를 그으면서 낱말 공부를 해 보세요.

토론
討 칠 토 + 論 논할 론
예 '변(辯)'의 대표 뜻은 '말하다'야.

뜻 어떤 문제에 대해 여러 사람이 찬성과 반대로 나뉘어 각자 의견을 말하며 논의함.
예 학교 운동장을 개방한 뒤 쓰레기가 많아지자 우리 반 학생들은 "학교 운동장을 외부인에게 개방하지 말아야 한다."라는 주제로 토론을 했다.

(말풍선) 어떤 문제에 대해 의견을 나누어 해결책을 찾는 '토의'와 달리 '토론'은 찬성과 반대로 나뉘는 문제에 대해 논의해.

Tip 토의가 협동적 의사소통 과정인 반면 토론은 찬반 양쪽이 각각 상대편을 설득하고 반박하는 경쟁적 의사소통 과정이에요.

이것만은 꼭!

반론
反 반대할 반 + 論 논할 론
예 '반(反)'의 대표 뜻은 '돌이키다'야.

뜻 다른 사람의 주장이나 의견에 반대하여 말함. 또는 그런 주장.
예 찬성편이 "독감 임원은 반드시 필요하다."라고 주장을 펼친 뒤 반대편에서는 찬성편 주장의 잘못된 점을 지적하며 반박했다.

비슷한말 반박

타당하다
妥 온당할 타 + 當 마땅 당 + 하다
예 '당(當)'의 대표 뜻은 '마땅'하다'야.

뜻 이치에 맞아 옳다.
예 토론에서 상대편을 설득하려면 주장을 뒷받침할 수 있는 타당한 근거나 자료를 제시해야 한다.

관련 어휘 적절하다
'적절하다'는 무엇이 꼭 알맞다는 뜻을 가진 말이야. 토론이나 주장하는 글에서 근거가 주장을 뒷받침하는 알맞은 내용일 때 근거가 적절하다고 해.

(말풍선) 주장과 관련 있는 내용이나 출처를 믿을 수 있어 신뢰성이 떨어지는 자료도 타당한 근거가 될 수 없어.

증명
證 증거 증 + 明 밝힐 명
예 '명(明)'의 대표 뜻은 '밝다'야.

뜻 어떤 사항이나 판단 등이 진실인지 아닌지 증거를 들어서 밝힘.
예 찬성편에서는 반대편 주장에 대한 증명을 증명하고 초등학생들의 이류 구입 비율 근거 자료로 제시했다.
Tip "초등학생도 교복을 입어야 한다."라는 주제로 토론하는 상황에 해당해요.

비슷한말 입증
'입증'은 어떤 증거 등을 내세워 증명함을 뜻하는 말이야.
예 그가 범인이라는 것을 입증하려면 목격자의 객관적인 증거가 필요해.

응답
應 응할 응 + 答 대답 답

뜻 부름이나 물음에 응하여 답함.
예 초등학생이 희망하는 직업을 조사한 이 설문에는 100명의 학생이 응답했다.

반대말 질의
'질의'는 의심나거나 모르는 점을 물음을 뜻하는 말이야.
예 토론 강연이 끝난 뒤 청중들이 강연 내용에 대해 질의하는 시간을 가졌다.

적성
適 맞을 적 + 性 성품 성

뜻 어떤 일에 알맞은 소질이나 성격.
예 직업을 선택할 때에는 유행에 휩쓸리지 말고, 자신의 적성과 직업의 특징을 바탕으로 신중하게 결정해야 한다.

꼭 알아야 할 관용어

'가슴이 뜨겁다'는 "깊고 큰 사랑과 배려를 받아 고마움으로 (체험 ·(감동)이 크다.'라는 뜻입니다.

O표 하기

확인 문제

76~77쪽에서 공부한 낱말을 떠올리며 문제를 풀어 보세요.

1 뜻에 알맞은 낱말이 되도록 보기에서 글자를 찾아 쓰세요.

보기: 사 색 효 과 탐 마 냥 과 너

(1) 드러나지 않은 사물이나 현상을 알아내기 위해 살피어 찾음. → [탐][색]

(2) 소리나 영상 등으로 그 장면에 알맞은 분위기를 만들어 실감을 자아내는 일. → [효][과]

(3) 어떤 사람에게 죄를 뒤집어씌우는 것을 비유적으로 이르는 말. → [마][녀][사][냥]

해설 | (1)의 뜻을 가진 낱말은 '탐색', (2)의 뜻을 가진 낱말은 '효과'입니다. (3)의 뜻을 가진 낱말은 '마녀사냥'입니다. 보기의 글자들을 살펴보고 뜻에 알맞은 낱말이 되도록 써 봅니다.

2 뜻에 알맞은 낱말을 골라 ○표 하세요.

영사막이나 브라운관, 모니터 등을 통해 정보와 사상을 전달하는 매체.

(인쇄 매체 , **영상 매체**)

해설 | 제시된 뜻에 알맞은 낱말은 '영상 매체'로 영화, 연속극, 다큐멘터리 등이 영상 매체에 인... 세물로 정확로 정보와 사상을 전달하는 매체입니다. '인쇄 매체'는 인...

3 빈칸에 들어갈 말로 알맞은 것은 무엇인가요? (④)

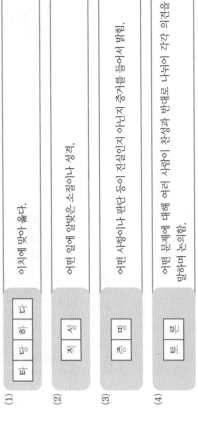

'익토당토않다'와 뜻이 비슷한 관용어는 '○○' 이야.

① 말이 나다
② 말을 맞추다
③ 말을 심키다
④ 말도 안 되다
⑤ 말만 앞세우다

해설 | '실현 가능성이 없거나 이치에 맞지 않다.'를 뜻하는 '얼토당토않다'와 '전혀 이치에 맞지 않다.'를 뜻하는 '말도 안 되다'가 뜻이 비슷한 관용어입니다.

4 ( )안에서 알맞은 낱말을 골라 ○표 하세요.

(1) 이 영화는 음향 (성과 , **효과**)로 이별 장면의 애틋한 분위기를 잘 표현했다.

(2) 선규는 계속 억지를 부리며 (마지않고 , **얼토당토않은**) 변명만 늘어놓았다.

(3) 나는 책 같은 (**인쇄 매체** , 영상 매체) 자료로 접한 정보가 더 오래 기억에 남는다.

(4) 깊은 바닷속은 (염색 , **탐색**)하면서 아직까지 알려지지 않은 새로운 생물을 발견하기도 모른다.

해설 | (1) 음향으로 애틋한 분위기를 잘 표현했다고 했으므로 '효과'가 알맞습니다. (2) 억지를 부리며 변명만 늘어놓았다 했으므로 '얼토당토않은'이 알맞습니다. (3) 책은 '인쇄 매체'입니다. (4) 깊은 바닷속은 '탐색'을 하는 것이 알맞습니다. 영상을 언어나 실, 머리카락 등에 물들인 것을 뜻하는 '염색'과 헷갈리지 않도록 합니다.

정답과 해설 ▶ 36쪽

78~79쪽에서 공부한 낱말을 떠올리며 문제를 풀어 보세요.

5 뜻에 알맞은 낱말을 완성하세요.

(1) 이치에 맞아 옳다. [타][당][하][다]

(2) 어떤 일에 알맞은 소질이나 성격. [적][성]

(3) 어떤 사항이나 판단 등이 진실인지 아닌지 증거를 들어서 밝힘. [증][명]

(4) 어떤 문제에 대해 여러 사람이 찬성과 반대로 나뉘어 각각 의견을 말하며 논의함. [토][론]

해설 | (1)의 뜻에 알맞은 낱말은 '타당하다'이고, (2)의 뜻에 알맞은 낱말은 '적성'입니다. (3)의 뜻에 알맞은 낱말은 '증명'이고, (4)의 뜻에 알맞은 낱말은 '토론'입니다.

6 낱말의 관계가 다른 하나를 찾아 ○표 하세요.

(1) 반론 - 반박 ( ) (2) 응답 - 질의 (○) (3) 증명 - 입증 ( )

해설 | '반론'과 '반박', '증명'과 '입증'은 뜻이 서로 비슷한 낱말입니다. 부응이나 물음에 응하여 답함을 뜻하는 '응답'과 물어서 따지는 뜻인 '질의'는 서로 반대인 뜻이 낱말입니다.

7 빈칸에 들어갈 알맞은 낱말을 찾아 선으로 이으세요.

(1) 고객 센터에서는 소비자의 질문에 친절하게 [　]해 주신다. — 반론

(2) 아무래도 선생님은 내 [　]에 안 맞는 것 같아. 장래 희망을 바꾸어야겠어. — 증명

(3) 상회는 상대방의 주장과 근거를 조목조목 따지면서 [　]을 제기했다. — 응답

(4) 사건의 목격자는 청년이 무죄라는 것을 [　]하기 위해 재판의 증인으로 나섰다. — 적성

해설 | (1) 소비자의 질문에 '응답'을 해 주는 것이 알맞습니다. (2) 장래 희망을 바꾸라는 이유로 선생님이 '적성에 안 맞는다는 것'이 알맞습니다. (3) 상대방의 주장과 근거를 따지면서 '반론'을 제기하는 것이 알맞습니다. (4) 사건의 목격자가 재판에 증인으로 나서면서 청년이 무죄라는 것을 '증명'하는 것이 알맞습니다.

수록 교과서 사회 5-2
2. 사회의 새로운 변화와 오늘날의 우리

다음 중 낱말의 뜻을 잘못 알고 있는 것에 ✓하세요.

□ 붕당 □ 탕평책 □ 실학 □ 시민 문화 □ 세도 정치 □ 통상

조선 후기 백성들의 생활 모습을 담고 있는 풍속화나 이지왜란과 병자호란 이후 조선인 여러 분야에서 변화를 맞이했어. 그림 속 사람들이 살아보던 조선 후기를 배울 때 나오는 낱말을 공부해 보자.

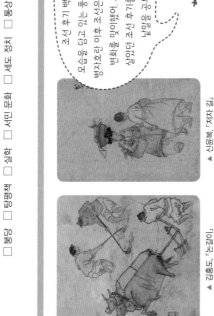

▲ 신윤복, 「저자 길」

▲ 김홍도, 「논갈이」

낱말을 읽고, ___ 부분에 알맞을 골어면서 낱말 공부를 해 보세요.

붕당
朋 무리 붕 + 黨 무리 당
👆 '붕(朋)'의 대표 뜻은 '벗'이야.

뜻 학문이나 정치적으로 생각을 같이하는 사람들의 정치 집단.
예 조선의 지배층은 붕당을 이루어 정치를 이끌었는데 붕당 간에 의견 대립이 자주 일어나면서 정치가 혼란스러워졌다.
관련 어휘 **파벌**
'파벌'은 개별적인 이해관계에 따라 따로 갈라진 사람들의 집단을 말해. 붕당 안에서도 정치적인 입장에 따라 다시 파벌이 나뉘었는데 이를 '남인'이라고 해.

탕평책
蕩 넓고 클 탕 + 平 고를 평 + 策 꾀 책
👆 '탕(蕩)'의 대표 뜻은 '방탕하다', '평(平)'의 대표 뜻은 '평평하다'이다.

뜻 조선 시대에 붕당과 상관없이 나랏일을 할 인재를 골고루 뽑는 정책.
예 영조는 탕평책을 실시해 왕권을 강화하고, 세금을 줄여 백성의 생활을 안정시키는 등 개혁 정책을 펼쳤다.
Tip 영조와 정조의 노력에도 붕당 사이의 대립은 완전히 사라지지 않았어요.

영조가 실시하고 정조가 이어받은 탕평책은 붕당 간의 다툼을 줄여 정치를 안정시키려는 목적을 위한 것이야.

정답과 해설 ▶ 37쪽

이것만은 꼭!
뜻 조선 후기에 실생활의 향상과 사회 제도의 개선을 이루고자 한 학문.
예 임진왜란과 병자호란 이후 백성들의 삶은 더욱 어려워졌고 기존의 학문이 이 사회 문제를 해결할 방법을 찾지 못하자 실학이 등장했다.
관련 어휘 **실학자**
'실학자'는 실학을 주장하거나 실천하기 위해 노력한 사람들 말해. 실학자들은 과학적인 농사 기술을 보급하고 상공업을 발달시켜야 한다고 주장했어. 또 우리나라의 고유한 것들을 중요하게 생각해 우리의 역사와 지리 등을 연구했어.
Tip 대표적인 실학자는 정약용, 박지원, 홍대용, 유형원 이익 등이에요.

실학
實 실제로 행할 실 + 學 배울 학
👆 '실(實)'의 대표 뜻은 '열매', '학(學)'의 대표 뜻은 '배우다'야.

뜻 조선 후기에 등장한, 양반뿐만 아니라 일반 백성도 참여하는 문화.
예 조선 후기에 경제적인 여유가 생긴 사람들이 문화에 예술 활동에 관심을 기울이면서 여러 신분의 사람들이 참여하는 시민 문화가 발달했다.

시민 문화
庶 여러 서 + 民 백성 민 + 文 글월 문 + 化 될 화

새롭게 등장한 시민 문화에는 한글 소설, 풍속화, 탈놀이, 판소리 등이 있어.

뜻 왕실과 혼인 관계를 맺은 가문들이 국정을 독점하는 정치.
예 고종이 아버지인 흥선 대원군은 세도 정치의 잘못된 점을 고치고 왕 중심으로 나라를 다스리기 위한 정책을 펼쳤다.
관련 어휘 **외척**
'외척'은 어머니 쪽이 친척을 말해. 조선 후기에 왕들이 어린 나이로 왕위에 오르자 왕의 외척이 나라의 권력을 잡는 세도 정치가 나타났어.

세도 정치
勢 권세 세 + 道 길 도 + 政 정사 정 + 治 다스릴 치
👆 '세(勢)'의 대표 뜻은 '형세', 도(道)'의 대표 뜻은 '길'이야.

뜻 나라들 사이에 물건 등을 사고파는 것.
예 프랑스와 미국은 군대를 앞세워 조선에 통상을 요구했다.
관련 어휘 **통상 수교 거부 정책**
'통상 수교 거부 정책'은 다른 나라와 무역 등의 교류를 하지 않는 정책을 말해. 프랑스와 미국이 조선에 통상을 요구하며 침략하자 흥선 대원군은 통상 수교 거부 정책을 강하게 펼쳤어. Tip 흥선 대원군은 전국 각지에 척화비를 세워 서양과 교류를 하지 않겠다는 의지를 널리 알렸어요.

통상
通 통할 통 + 商 장사 상

3주차 2회

사회 교과서 어휘

수록 교과서 사회 5-2
2. 사회의 새로운 변화와 오늘날의 우리

다음 중 낱말의 뜻을 잘 알고 있는 것에 ✓ 하세요.

☐ 약탈   ☐ 조약   ☐ 정변   ☐ 동학
☐ 개항   ☐ 개화

서양 오랑캐가 침범하는데 싸우지 않는 다는 것은 화친하자는 것이요, 화친을 주장함은 나라를 파는 것이다. 조선 후기 강변에 세웠던 역사를 배울 때 나오는 낱말을 공부해 보자.

▲ 강화도에 있는 외규장각
▲ 척화비

낱말을 읽고, 부분에 밑줄을 그으면서 낱말 공부를 해 보세요.

약탈 掠 노략질할 략 + 奪 빼앗을 탈

뜻 폭력을 써서 남의 것을 억지로 빼앗음.
예 강화도를 침략한 프랑스군은 외규장각에 있는 귀중한 책들을 약탈했다.

비슷한말 강탈
'강탈'은 남의 물건이나 권리를 강제로 빼앗음을 뜻하는 말이야. "도둑 떼가 마을 사람들의 재물을 모두 강탈해 갔다."와 같이 써.

Tip 프랑스군은 외규장각 도서 400여 권 중 340권을 약탈하고 나머지는 불태웠어요. 약탈에 간 외규장각 도서들은 1975년에 프랑스 국립 도서관 창고에서 발견되었어요.

개항 開 열 개 + 港 항구 항

뜻 항구를 개방해 외국 배의 출입을 허가하는 것.
예 흥선 대원군은 나라의 문을 굳게 닫는 정책을 펼쳤지만, 조선이 발전하려면 다른 나라와 교류해야 한다고 생각하는 사람들은 개항을 주장했다.

여러 가지 뜻을 가진 낱말 개항
'개항'에는 '새로 항구나 공항을 열어 업무를 시작함'이라는 뜻도 있어. "여행객 증가로 새로 지은 신공항이 다음 달에 개항한다."와 같이 써.

조약 條 조목 조 + 約 맺을 약

뜻 나라와 나라 사이의 약속.
예 개항을 바라는 목소리가 높아지고 일본이 통상을 요구하며 압박하자 조선은 결국 일본과 강화도 조약을 맺었다.

Tip 강화도 조약은 조선이 외국과 맺은 최초의 근대적 조약이지만, 불평등한 조약이었어요.

관련 어휘 늑약
'늑약'은 나라 사이에 강제로 맺은 조약을 뜻해. 1905년에 일본이 대한 제국의 외교권을 빼앗기 위해 강제로 조약을 체결했는데 이것을 '을사늑약'이라고 해.

이것만은 꼭!
뜻 나라와 나라 사이의 약속.

개화 開 열 개 + 化 달라질 화

뜻 다른 나라의 더 발전된 문화와 제도를 받아들여 과거의 생각, 문화와 제도 등을 발전시켜 나가는 것.
예 김옥균은 조선이 청의 간섭을 물리치고 서양의 기술, 사상, 제도까지 받아들여 개화해야 한다고 생각했다.

글자는 같지만 뜻이 다른 낱말 개화
'개화'는 풀이나 나무의 꽃이 핌을 뜻하는 낱말이야. 예 봄꽃의 개화 시기
Tip 한자로는 '開(열 개) + 花(꽃 화)'예요.

정변 政 정사 정 + 變 변할 변

뜻 비합법적인 방법으로 생긴 정치적인 큰 변화.
예 김옥균, 박영효 등은 일본의 힘을 받아 정변을 일으키고, 새 정부를 조직했다.

관련 어휘 삼일천하
'삼일천하'는 아주 짧은 기간 동안 정권을 잡았다가 곧 물러나게 됨을 이르는 말이야. 예 김옥균 등이 일으킨 정변이 3일 만에 실패로 끝난 일을 뜻하기도 해.
Tip 1884년에 김옥균 등이 조선을 개혁하려고 일으킨 정변을 '갑신정변'이라고 해요.

동학 東 동녘 동 + 學 배울 학

뜻 최제우가 민간 신앙과 유교, 불교, 천주교의 장점을 모아 만든 종교. 당시 사회를 바꾸기 위한 여러 가지 주장을 펼침.
예 전라도에 있는 고부 군수의 횡포가 심해지자 전봉준 등이 동학 농민 운동의 지도자가 전봉준 등이 잘못된 정치를 모아 군사를 일으켰다.

그 당시 서양의 학문과 종교를 가리키던 '서학'에 반대하여 '동학'으로 이름 지어졌어.

확인 문제

✏ 82~83쪽에서 공부한 낱말을 떠올리며 문제를 풀어 보세요.

1 뜻에 알맞은 낱말을 글자판에서 찾아 묶어 보세요. (낱말은 가로(ㅡ), 세로(丨), 대각선(╲) 방향에 숨어 있어요.)

❶ 나라들 사이에 물건 등을 사고파는 것.
❷ 학문이나 정치적으로 생각을 같이하는 사람들의 정치 집단.
❸ 조선 시대에 붕당과 상관없이 나랏일을 할 인재를 골고루 뽑던 정책.
❹ 조선 후기에 실생활의 향상과 사회 제도의 개선을 이루고자 한 학문.

해설 | ❶은 '통상'의 뜻이고 ❷는 '붕당'의 뜻입니다. ❸은 '탕평책'의 뜻이고 ❹는 '실학'의 뜻입니다.

2 뜻에 알맞은 낱말은 무엇인지 ( )안에서 알맞은 낱말을 골라 ○표 하세요.

(1) (파벌 , 세도) 정치

왕실과 혼인 관계를 맺은 가문들이 국정을 독점하는 정치.

(2) (실학 , 서민) 문화

조선 후기에 등장한, 양반뿐만 아니라 일반 백성도 참여하는 문화.

해설 | (1) 왕실과 혼인 관계를 맺은 가문들이 국정을 독점하는 정치는 '세도 정치'입니다. (2) 양반뿐만 아니라 일반 백성도 참여하는, 조선 후기에 새롭게 등장한 문화는 '서민 문화'입니다.

3 빈칸에 알맞은 낱말을 완성하세요.

(1) 국제 사회가 교류가 활발해지면 더 많은 나라와 [통] [상] 을 하게 된다.

(2) [시] [민] [문] [화] 중 탈춤을 쓰고 추고 하는 연극인 탈춤놀이는 배성의 생각이나 감정을 솔직하게 [ㄱ] 개 표현해서 인기가 많았다.

(3) 왕의 외척이 높은 벼슬을 차지하고 자신들의 이익을 앞세워 [세] [도] [정] [치] 를 하자 백성들의 삶은 더욱 힘들어졌다.

(4) 정약용은 [실] [하] 을 바탕으로 기술, 경제, 정치, 농업 등 다양한 분야에서 실제 생활에 도움이 되는 지식과 방법을 찾고자 했다.

86 초등 5학년 2학기

정답과 해설 ▶ 39쪽

✏ 84~85쪽에서 공부한 낱말을 떠올리며 문제를 풀어 보세요.

4 뜻에 알맞은 낱말을 글자 카드로 만들어 빈칸에 쓰세요.

(1) 표력을 써서 남의 것을 억지로 빼앗음.

(2) 비합법적인 방법으로 생긴 정치적인 큰 변화.

(3) 항구를 개방해 외국 배의 출입을 허가하는 것.

해설 | (1)은 '약탈'의 뜻이고 (2)는 '정변'의 뜻입니다. (3)은 '개항'의 뜻입니다.

5 밑줄 친 낱말을 다음과 같은 뜻으로 사용한 친구에게 ○표 하세요.

다른 나라의 더 발전된 문화와 제도를 받아들여 과거의 생각, 문화와 제도 등을 발전시켜 나가는 것.

(1) 신이 강가나 바닷가에 진흙냄꽃이 개화했더라.

(2) 조선의 개화를 하던 시기에 신식 교육을 받은 신여성이 나오는 건 인화를 봤어.

(○)

해설 | (1)의 친구는 '개화'를 '꽃이나 나무의 꽃이 핌'이라는 뜻으로 사용했습니다.

6 ( )안에 알맞은 낱말을 보기에서 찾아 쓰세요.

> 보기
> 조약   동화   약탈   개항

(1) (개항) 이후 조선에는 새로운 외국 문물이 들어왔다.

(2) 두 나라는 평화 (조약)을 맺고 서로의 영토에 침략하지 않기로 약속했다.

(3) 옛날에 다른 나라가 우리나라를 침략해 (약탈)해 간 문화재들을 돌려받아야 한다.

(4) (동화) 농민군의 개화는 "탐관오리, 못된 양반은 그 죄를 조사해 벌한다." 등 백성 이 생활에 중요 나아질 수 있도록 하는 내용을 담고 있다.

해설 | (1) 항구를 개방해 외국 배의 출입을 허가하는 '개항' 이후 외국 문물이 들어왔습니다. (2) 나라와 나라 사이의 약속 인 '조약'을 맺는 것이 알맞습니다. (3) 우리나라를 침략하여 문화재를 억지로 빼앗아 가므로 '약탈'이 알맞습니다. (4) 당시 사회를 바꾸려 했던 여러 가지 주장을 담은 동학 농민군의 '개혁'이 알맞습니다.

어휘가 문해력이다 초등 5학년 2학기 87

3주차 2회_정답과 해설 **39**

3주차
3회

수학 교과서 어휘

수록 교과서 수학 5-2
3. 합동과 대칭

다음 중 낱말의 뜻을 잘 알고 있는 것에 ✓ 하세요.

□ 접다 □ 선대칭도형 □ 대칭축 □ 점대칭도형 □ 대칭의 중심 □ 비치다

우아, 거울에 모습이 비쳐서 공중에 떠 있는 것 같아!

날아간다

친구가 거울을 이용하여 대칭을 만들었어. 거울은 대칭축, 친구의 모습은 선대칭도형이 되는 거야. 이 친구는 장 못 게네! 우리 주변에서 대칭과 관련된 낱말을 공부하면 알 수 있단다.

✏ 낱말을 읽고, ▨부분에 밑줄을 그으면서 낱말 공부를 해 보세요.

접다

뜻 천이나 종이 등을 꺾어서 겹치다.
예 종이 위에 물감을 바르고 종이를 반으로 접었다가 펼치니 대칭을 이루는 무늬가 나왔다.

여러 가지 뜻을 가진 낱말 접다
'접다'에는 "펼친 것을 본래의 모양이 되게 하다."라는 뜻도 있어.
예 비 오는 날 식당에 들어갈 때 우산을 접어서 우산통에 넣었다.

Tip 이 그림과 같은 데칼코마니 무늬 기법은 선대칭이 만들어진단다. 이처럼 점을 잘 살펴보면 다른 무늬를 만들어요.

선대칭도형

線 줄 선 + 對 마주할 대 + 稱 걸맞을 칭 + 圖 그림 도 + 形 모양 형
→ '대칭(對)'의 대표 뜻은 '대하다', '칭(稱)'의 대표 뜻은 '일컫다'.

뜻 한 직선을 따라 접었을 때 완전히 겹치는 도형.
예 직사각형, 정삼각형, 마름모는 선대칭도형이지만 평행사변형은 반으로 접었을 때 완전히 겹치지 않으므로 선대칭도형이 아니다.

선대칭은 직선을 사이에 두고 아래쪽에 같은 모양이 있는 거야.

대칭축

對 마주할 대 + 稱 걸맞을 칭 + 軸 축 축

Tip 축은 어떤 도형의 기준이 되는 선을 말해요.

이것만은 꼭!

뜻 도형이 완전히 겹치도록 접을 수 있는 선.
예 대칭축이 한 개인 도형도 있고 두 개인 도형도 있는데, 없는 대칭축이 무수히 많다.

관련 어휘 선대칭도형의 대칭점, 대칭변, 대칭각
대칭축을 따라 접었을 때 겹치는 점을 '대칭점', 겹치는 변을 '대칭변', 겹치는 각을 '대칭각'이라고 해.

점대칭도형

點 점 점 + 對 마주할 대 + 稱 걸맞을 칭 + 圖 그림 도 + 形 모양 형

뜻 한 도형을 어떤 점을 중심으로 180° 돌렸을 때 처음 도형과 완전히 겹치는 도형.
예 정사각형, 마름모, 평행사변형은 점대칭도형이지만 정삼각형은 180° 돌렸을 때 처음 모양과 완전히 겹치지 않으므로 점대칭도형이 아니다.

대칭점은 한 점을 중심으로 반 바퀴 돌렸을 때 원래 모양과 완전히 겹치는 거야.

대칭의 중심

對 마주할 대 + 稱 걸맞을 칭 + 의 + 中 가운데 중 + 心 가운데 심
→ '심(心)'의 대표 뜻은 '마음'이야.

뜻 점대칭도형을 180° 돌렸을 때 처음 도형과 완전히 겹치게 하는 중심이 되는 점.
예 대칭의 중심은 도형 안에 있고 오직 한 개만 있다.

관련 어휘 점대칭도형의 대칭점, 대칭변, 대칭각
대칭의 중심을 중심으로 180° 돌렸을 때 겹치는 점을 '대칭점', 겹치는 변을 '대칭변', 겹치는 각을 '대칭각'이라고 해.

비치다

뜻 어디에 사람이나 사물의 모습이 나타나 보이다.
예 물에 비친 오리의 모습이 물 위에 있는 오리와 똑같다.

여러 가지 뜻을 가진 낱말 비치다
'비치다'에는 "빛이 나서 환하게 되다."라는 뜻도 있어.
예 햇빛이 비치는 곳으로 화분을 옮겼다.

Tip 수면을 대칭축으로 오리의 모습이 선대칭이에요.

3주차
3회
수학 교과서 어휘

수록 교과서 수학 5-2
4. 소수의 곱셈

다음 중 낱말의 뜻을 잘못 알고 있는 것에 ✓ 하세요.

□ 결괏값 □ 곱의 소수점 위치 □ 늘리다 □ 달하다 □ 계량스푼 □ 최고치

낱말을 읽고, ___ 부분에 알맞은 글자를 그으면서 낱말 공부를 해 보세요.

결괏값
結 맺을 결 + 果 결과 과 + 값
結果(결과)의 대표 뜻은 '실과'에요.

뜻 결과로 얻게 되는 값이나 값.
예 0.7은 소수 한 자리 수이고 0.05는 소수 두 자리 수이므로 두 수의 수이다.

0.7 × 0.5 = 0.35
0.7 × 0.05 = 0.035
0.07 × 0.05 = 0.0035

곱의 소수점 위치
곱의 + 小 작을 소 + 數 셈 수 + 點 점 점 + 位 자리 위 + 置 둘 치

뜻 곱셈 결과가 되는 값에 찍는 소수점의 자리.
예 (자연수) × (소수)에서 곱하는 소수의 소수점 아래 자리 수가 하나씩 늘어날 때마다 곱의 소수점 위치는 왼쪽으로 한 자리씩 옮겨진다.

이것만은 꼭!
Tip 곱셈 결과 연산의 곱셈이 되는 값이다. 소수점은 소수에서 소수 부분과 정수 부분 사이에 찍는 부호 '.'이에요.

3270 × 0.1 = 327
3270 × 0.01 = 32.7
3270 × 0.001 = 3.27

늘리다
늘이다 + 다

뜻 넓이를 본디보다 커지게 하거나 수나 양 등을 본디보다 많아지게 하다.
예 새롭게 단장한 공원에 가 봤니? 넓이를 그전보다 2.5배 늘려서 널찍하고 좋아.

헷갈리는 말 늘이다
'늘이다'는 "본디보다 더 길어지게 하다."라는 뜻이야.
예 고무줄을 잡아당겨 길게 늘였다.

달하다
達 이를 달 + 하다
'達(달)'의 대표 뜻은 '통달하다'이야.

뜻 어떠한 정도, 수준, 수량, 상태 등에 이르다.
예 이번 대회에 참가한 학생은 전의 대회 참가자 수의 3배에 달하다.

반대말 미달하다
'미달하다'는 "어떤 기준이나 정도에 미치지 못하다."라는 뜻이야.
예 소희의 몸무게는 5학년 평균 몸무게에 미달한다.

계량스푼
計 셀 계 + 量 헤아릴 량 + 스푼

뜻 요리할 때에 주로 가루나 액체 등의 양을 재는 숟가락.
예 요리에 소금을 12.5 mL 넣으라고 해서 5 mL짜리 계량스푼으로 두 스푼 넣었다.
Tip 계량은 수량을 헤아리거나 부피나 무게 등을 재는 것을 뜻해요.

▲ 계량스푼

최고치
最 가장 최 + 高 높을 고 + 値 값 치

뜻 어떤 값 가운데 가장 높은 값.
예 인플루엔자 유행 주의보 발령 이후 독감 환자 발생 수가 증가하더니 이달 최고치를 기록했다.

뜻을 더해 주는 말 -치
'-치'는 수나 값의 뜻을 더해 주는 말이야. '최고치'처럼 '최고'가 붙어서 만들어진 낱말이 있어. 여러 수나 양의 중간값을 갖는 수인 '평균치', 어떤 값 가운데 가장 작은 값인 '최솟값', 목표로 정하는 값인 '목표치' 등이 있어.

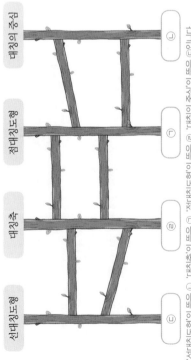

확인 문제

88~89쪽에서 공부한 낱말을 떠올리며 문제를 풀어 보세요.

1 낱말의 뜻을 보기에서 찾아 사다리를 타고 내려간 곳에 기호를 쓰세요.

보기
㉠ 도형이 완전히 겹치도록 접을 수 있는 선 - 대칭축
㉡ 한 직선을 따라 접었을 때 완전히 겹치는 도형. - 선대칭도형
㉢ 점대칭도형을 180° 돌렸을 때 처음 도형과 완전히 겹치게 하는 중심이 되는 점. - 대칭의 중심
㉣ 한 도형을 어떤 점을 중심으로 180° 돌렸을 때 처음 도형과 완전히 겹치는 도형. - 점대칭도형

선대칭도형 | 대칭축 | 점대칭도형 | 대칭의 중심

해설 | '선대칭도형'의 뜻은 ㉡, '대칭축'의 뜻은 ㉠, '점대칭도형'의 뜻은 ㉣, '대칭의 중심'의 뜻은 ㉢입니다.

2 밑줄 친 낱말의 뜻이 다른 하나에 ○표 하세요.

(1) 친구에게 쓴 편지를 접어 편지 봉투에 넣었다. ( )
(2) 도서관에서 빌린 책이네 책장을 접으면 어떡하니? ( )
(3) 둥지로 돌아온 어미 새는 낱개를 접고 새끼들에게 먹이를 주었다. (○)

해설 | '접다'가 (1)과 (2)에서는 "천이나 종이 등을 꺾어서 겹치다."의 뜻으로 쓰였고, (3)에서는 "폈던 것을 본래대로 모양이 되게 하다."의 뜻으로 쓰였습니다.

3 ( ) 안에서 알맞은 낱말을 골라 ○표 하세요.

(1) 정사각형은 (대칭축 , 대칭의 중심)이 4개이다.
(2) 소영이는 (부른 , 비친) 자기 얼굴을 물끄러미 바라보았다.
(3) 이 바람개비는 반 바퀴 돌리면 처음 모양과 겹치므로 (선대칭도형 , 점대칭도형)이다.

해설 | (1) '대칭의 중심'은 점대칭도형에만 오직 하나만 있습니다. (2) '부르다'는 자기 얼굴을 바라보는 상황이 어지는 상황이므로 '비친'이 알맞습니다. (3) 180° 돌렸을 때 처음과 겹치는 도형은 점대칭도형입니다.

90~91쪽에서 공부한 낱말을 떠올리며 문제를 풀어 보세요.

4 낱말의 뜻은 무엇인지 ( ) 안에서 알맞은 말을 골라 ○표 하세요.

(1) 최고치 - 어떤 값 가운데 가장 (낮은 , 높은) 값.
(2) 달하다 - 어떠한 정도, 수준, 수량, 상태 등에 (이르다 , 미치지 못하다).
(3) 곱의 소수점 위치 - (곱셈 , 덧셈) 결과가 되는 값에 찍는 소수점의 (개수 , 자리).

해설 | (1) '최고치'는 어떤 값 가운데 가장 높은 값입니다. (2) '달하다'는 '어떠한 정도, 수준, 수량, 상태 등에 이르다.'를 뜻합니다. (3) 곱의 소수점 위치는 곱셈의 결과가 되는 값에 찍는 소수점의 자리를 뜻합니다.

5 뜻에 알맞은 낱말이 되도록 보기에서 글자를 찾아 쓰세요.

보기 계 곱 값 셈 소 량 곳

(1) 결과로 얻게 되는 값이나 양. → 곱 셈 값
(2) 요리할 때에 주로 가루나 액체 등의 양을 재는 순가락. → 계 량 소 곳

해설 | (1)은 '곱셈값'의 뜻이고, (2)는 '계량스푼'의 뜻입니다.

6 ( ) 안에서 알맞은 낱말을 골라 ○표 하세요.

우리 가족 건강을 위해 채소와 과일을 먹는 양을 (늘었다 , 늘렸다).

해설 | '늘리다'를 '본디보다 많아지게 했다.'를 뜻하는 '늘렸다'가 알맞습니다. '늘었다'는 '본디보다 많아졌다.'를 뜻합니다.

7 밑줄 친 말을 알맞게 사용한 친구에게 ○표, 알맞게 사용하지 못한 친구에게 ×표 하세요.

(1) 미주: 과일을 계량스푼으로 갈아서 주스를 만들어 먹었어. (×)
(2) 동현: 나는 (소수)×(소수)의 계산에서 곱의 소수점 위치가 늘 헷갈려. (○)
(3) 경우: 단풍이 절정에 달하는 다음 주에 설악산으로 여행을 가기로 했어. (○)
(4) 솔아: 이렇게 성적이 떨어지다가는 조만간에 성적이 최고치를 찍고지를 찍었어. (×)

해설 | '계량스푼'은 가루나 액체 등의 양을 재는 도구이므로 과일을 가는 도구로는 알맞지 않습니다. (4) 성적이 떨어지는 상황이어서는 어떤 값 가운데 가장 높은 값인 '최고치'는 알맞지 않습니다.

과학 교과서 어휘

수록 교과서 **과학 5-2**
3. 날씨와 우리 생활

다음 중 낱말의 뜻을 잘못 알고 있는 것에 ✓ 하세요.

☐ 기압 ☐ 지면 ☐ 해륙 ☐ 공기 덩어리 ☐ 기상 ☐ 불쾌지수

바다에서 육지 쪽으로 바람이 불고 있네. 이렇게 바닷가에서 부는 까닭은 기압과 관련 있단다. '날씨와 우리 생활' 단원을 배울 때 나오는 낱말을 공부해 보자.

낱말을 읽고, ___ 부분에 알맞은 그림을 그리면서 낱말 공부를 해 보세요.

이것만은 꼭!

기압
氣 공기 기 + 壓 누를 압

뜻 공기의 무게로 생기는 누르는 힘.
예 일정한 부피에 공기 알맹이가 많을수록 공기는 무거워지고 기압은 높아진다.

관련 어휘 **바람**
어느 두 지점 사이에 기압 차가 생기면 공기는 고기압에서 저기압으로 이동하는데, 이것이 '바람'이다.
Tip 바람은 기압 차로 나타나는 현상으로 공기가 수평 이동하는 것이에요.

상대적으로 공기가 무거운 것을 '고기압'이라고 하고, 공기가 가벼운 것을 '저기압'이라고 해.

지면
地 땅 지 + 面 낯 면

뜻 땅의 거죽.
예 낮에는 햇볕에 지면이 수면보다 빠르게 데워지고, 밤에는 지면이 수면보다 빨리 식는다.

관련 어휘 **수면**
'수면'은 물의 겉면을 말해. 수면의 온도는 낮에는 지면의 온도보다 낮고, 밤에는 지면의 온도보다 높아.

정답과 해설 ▶ 43쪽

해륙
海 바다 해 + 風 바람 풍

Tip 차가운 공기가 따뜻한 공기보다 일정한 부피에 공기 알갱이가 많아 무겁고 기압이 더 높아요. 따라서 낮에는 육지 위보다 온도가 낮은 바다 위가 고기압이 되어요.

뜻 바다에서 육지로 부는 바람.
예 맑은 날 낮에 바닷가에서 해풍이 부는 까닭은 육지 위는 저기압, 바다 위는 고기압이기 때문이다.

관련 어휘 **육풍**
'육풍'은 육지에서 바다로 부는 바람이야. 밤에는 바다 위는 저기압, 육지 위는 고기압이 불어.

공기 덩어리
空 빌 공 + 氣 공기 기 + 덩어리

뜻 넓은 지역에 걸쳐 있는, 수평 방향으로 거의 같은 성질을 가진 공기의 덩어리.
예 우리나라는 여름에는 남쪽에서 이동해 오는 공기 덩어리의 영향으로 덥고 습하며, 겨울에는 북서쪽에서 이동해 오는 공기 덩어리의 영향으로 춥고 건조하다.
Tip 공기 덩어리는 기단이라고도 해.

우리나라의 날씨가 계절별로 서로 다른 특징이 있는 것은 계절마다 주변 지역에서 이동해 오는 공기 덩어리의 영향 때문이야.

기상
氣 공기 기 + 象 형상 상

뜻 바람, 구름, 비, 눈, 더위, 추위 등 대기 중에서 일어나는 모든 현상.
예 기상 전문가는 기상 정보를 분석해서 우리 생활과 기업의 활동에 도움을 준다.

글자는 같지만 뜻이 다른 낱말 **기상**
'기상'은 잠에서 깨어 잠자리에서 일어남을 뜻하는 낱말이야. "아침 7시에 기상 시각을 알리는 알람이 울렸다."와 같이 쓰여.

불쾌지수
不 아닐 불 + 快 쾌할 쾌 + 指 가리킬 지 + 數 셈 수

뜻 기온과 습도 등이 기상 요소를 기초로 무더위에 대해 몸이 느끼는 불쾌감의 정도를 나타낸 수치.
예 오늘은 무덥고 습도가 높아 불쾌지수가 높으니 주변 사람에게 짜증을 내지 않도록 하자.

너무 더워서 불쾌지수가 올라가.

속력 (速 빠를 속 + 力 힘 력)

뜻 1초, 1분, 1시간 등과 같은 단위 시간 동안 물체가 이동한 거리.

예 속력이 큰 물체는 속력이 작은 물체보다 일정한 시간 동안 더 긴 거리를 이동하고, 일정한 거리를 이동하는 데 더 짧은 시간이 걸린다.

Tip 속력은 물체가 이동한 거리를 걸린 시간으로 나누어 구해요.

이것만은 꼭!
물체의 속력이 크다는 것은 물체가 빠르다는 뜻이야.

과속 (過 지날 과 + 速 빠를 속)

뜻 자동차 등이 정해진 속도보다 지나치게 빠르게 달림.

예 교통경찰이 규정 속도를 위반하는 과속 차량을 단속하였다.

관련 어휘 고속
'고속'은 매우 빠른 속도를 뜻해. 빠른 속도로 달리는 버스와 열차를 각각 '고속버스', '고속 열차'라고 해. Tip 도로에 정해진 속도보다 빠른 속도로 달리는 차량을 '고속 차량'이라고 하지 않고 '과속 차량'이라고 하지요.

안전장치 (安 편안 안 + 全 온전할 전 + 裝 꾸밀 장 + 置 둘 치)

뜻 사고나 위험으로부터 사람을 보호하기 위한 장치.

예 빠르게 달리는 자동차가 충돌하면 피해가 크기 때문에 안전장치가 필요하다.

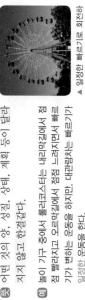
▲ 자동차에 설치된 안전장치인 안전띠와 에어백

제동 (制 억제할 제 + 動 움직일 동)

뜻 기계나 자동차 등의 운동을 멈추게 함.

예 자동차의 속력이 크면 운전자가 제동 장치를 밟더라도 자동차를 바로 멈출 수 없어 위험하다.

관용어 제동을 걸다
'제동을 걸다'는 '일의 진행이나 활동을 방해하거나 멈추게 하다.'라는 뜻이야.
예 선생님께서 아이들의 위험한 놀이에 제동을 거셨다.

3주차 4회

과학 교과서 어휘

수록 교과서 과학 5-2
4. 물체의 운동

다음 중 낱말의 뜻을 잘 알고 있는 것에 ✓하세요.
□ 운동 □ 일정하다 □ 속력 □ 과속 □ 안전장치 □ 제동

경주용 자동차와 달팽이의 빠르기 차이는 어쩐 물체가 더 크겠지? 우리 주변에 있는 여러 물체가 이동하는 모습을 생각하며 '물체의 운동' 단원에 나오는 낱말을 공부해 보자.

✏ 낱말을 읽고, ▨ 부분에 알맞은 내용을 그으면서 낱말 공부를 해 보세요.

운동 (運 옮길 운 + 動 움직일 동)

Tip 과학에서 사용하는 '운동'은 운동의 뜻 중 일상적으로 사용하는 '운동'의 뜻과 달라요.

뜻 시간이 지남에 따라 물체의 위치가 변하는 것.

예 운동하는 물체는 걷는 사람, 떨어지는 낙엽, 하늘을 나는 비행기 등이고, 운동하지 않는 물체는 신호등, 기둥수, 승객이 내리고 있는 비행기 등이다.

여러 가지 뜻을 가진 낱말 운동
'운동'에는 사람이 몸을 단련하거나 건강을 위해 몸을 움직이는 일이라는 운동.
예 친동이는 축구, 야구, 달리기 등 운동을 한다.

일정하다 (一 한 일 + 定 정할 정 + 하다)

뜻 어떤 것의 양, 성질, 상태, 계획 등이 달라지지 않고 한결같다.

예 놀이 기구 중에서 롤러코스터는 내리막길에서 점점 빨라지고 오르막길에서 점점 느려지면서 빠르기가 달라지고, 대관람차는 빠르기가 일정한 운동을 한다.

▲ 일정한 빠르기로 회전하는 대관람차

확인 문제

✏ 94~95쪽에서 공부한 낱말을 떠올리며 문제를 풀어 보세요.

1 뜻에 알맞은 낱말을 빈칸에 쓰세요.

가로 열쇠
❶ 기온과 습도 등의 기상 요소를 자료로 무더위에 대해 몸이 느끼는 불쾌감의 정도를 나타낸 수치.
❸ 공기의 무게로 생기는 누르는 힘.

세로 열쇠
❷ 땅의 거죽.
❸ 바람, 구름, 비, 눈, 더위, 추위 등 대기 중에서 일어나는 모든 현상.

해설 | 가로 열쇠 ❶은 '불쾌지수', ❸은 '기압'의 뜻입니다. 세로 열쇠 ❷는 '지면', ❸은 '기상'의 뜻입니다.

2 뜻에 알맞은 낱말을 골라 ○표 하세요.

바다에서 육지로 부는 바람.

(육풍 · (해풍) · 공기 덩어리)

해설 | 바다에서 육지로 부는 바람은 '해풍'입니다. '육풍'은 육지에서 바다로 부는 바람입니다.

3 빈칸에 공통으로 들어갈 낱말은 무엇인가요? (⑤)

• 비바람이 몰아치고 [   ] 상태가 나빠져서 비행기가 뜨지 못했다.
• 아버지께서는 일요일에도 아침 여섯 시에 [   ]에서 하루를 시작하신다.

① 대기 ② 수면 ③ 기온 ④ 기후 ⑤ 기상

해설 | 첫 번째 문장의 빈칸에는 바람, 구름, 비, 눈, 더위, 추위 등 대기 중에서 일어나는 모든 현상을 뜻하는 '기상'이 들어가고, 두 번째 문장의 빈칸에는 잠에서 깨어 잠자리에서 일어남을 뜻하는 '기상'이 들어갑니다.

4 ( ) 안에 알맞은 낱말을 보기 에서 찾아 쓰세요.

보기 기압   지면   해풍   불쾌지수

(1) 여기는 (지면)이/가 울퉁불퉁해서 돗자리를 깔고 앉기에 좋지 않다.
(2) 낮에 바닷가를 산책하는데 (해풍)이/가 불어왔다.
(3) 기상청에서는 온도와 습도가 높은 여름철이 되면 (불쾌지수)을/를 날씨 정보로 제공한다.
(4) 바람은 고기압에서 저기압 쪽으로 부는데 두 곳의 (기압) 차가 클수록 바람이 더 강해진다.

해설 | (1) 땅의 거죽을 뜻하므로 '지면'이 알맞습니다. (2) 바다에서 육지로 부는 것을 뜻하는 '해풍'이 알맞습니다. (3) 여름철에 기상청에서 무더위에 대해 몸이 느끼는 불쾌감의 정도를 나타낸 수치인 '불쾌지수'를 날씨 정보로 제공합니다. (4) 고기압과 저기압의 '기압' 차가 클수록 바람이 강해집니다.

✏ 96~97쪽에서 공부한 낱말을 떠올리며 문제를 풀어 보세요.

5 뜻에 알맞은 낱말을 빈칸에 쓰세요.

(1)
가로 열쇠 ❶ 시간이 지남에 따라 물체의 위치가 변하는 것.
세로 열쇠 ❷ 기계나 자동차 등이 운동을 멈추게 함.

(2)
가로 열쇠 ❶ 자동차 등이 정해진 속도보다 지나치게 빠르게 달림.
세로 열쇠 ❷ 1초, 1분, 1시간 등과 같은 단위 시간 동안 물체가 이동한 거리.

해설 | (1) 가로 열쇠 ❶은 '운동', 세로 열쇠 ❷는 '제동'의 뜻입니다. (2) 가로 열쇠 ❶은 '과속', 세로 열쇠 ❷는 '속력'의 뜻입니다.

6 낱말의 뜻을 바르게 말한 친구에게 ○표 하세요.

(1) '안정적'이는 사고나 위험으로부터 사람을 보호하기 위한 장치야. (   )

(2) '일정하다'는 어떤 것의 양, 성질, 상태, 계획 등이 달라지지 않고 한결같아. (○)

해설 | '일정하다'의 뜻은 '어떤 것의 양, 성질, 상태, 계획 등이 달라지지 않고 한결같다.'입니다.

7 관용어의 빈칸에 들어갈 낱말로 알맞은 것에 ○표 하세요.

[   ]을 걸다: 일의 진행이나 활동을 방해하거나 멈추게 하다.

(운동 · 과속 · (제동))

해설 | 관용어 '제동을 걸다'가 되도록 기계나 자동차 등의 운동을 멈추게 함을 뜻하는 '제동'이 들어가야 합니다.

8 ( ) 안에서 알맞은 낱말을 골라 ○표 하세요.

(1) 기어가는 개미는 걷는 사람보다 느리게 (운전 · (운동))한다.
(2) 이 약은 하루에 한 번 ((일정한) · 심한 · 시간)에 먹어야 한다.
(3) 학교 앞 도로에 자동이 빨리 달리지 못하도록 (장치 · (과속)) 방지 턱을 설치해 주세요.
(4) 한 시간 동안 80 km를 이동한 자동차의 (체력 · (속력))은 '80 km/h'로 나타내고, '시속 팔십 킬 로미터'라고 읽는다.

해설 | (1) 시간이 지남에 따라 물체의 위치가 변하는 것을 뜻하는 '운동'이 알맞습니다. (2) 하루에 한 번 어느 일정한 시간에 약을 먹어야 한다는 뜻이므로 '일정한'이 알맞습니다. (3) 자동차가 빨리 달리지 못하도록 '과속' 방지 턱을 설치하려면 '과속' 방지 턱을 설치해야 합니다. (4) 단위 시간 동안 물체가 이동한 거리를 뜻하는 '속력'이 알맞습니다.

待 (대)가 들어간 낱말

'待(대)'가 들어간 낱말을 읽고, ▨ 부분에 알맞은 글을 그으면서 낱말 공부를 해 보세요.

待 기다릴 대

학수고대 / 待기 / 초대 / 냉대

'待(대)'는 길과, 손으로 발을 받드는 모습을 합해 표현한 글자야. 받드는 것은 나와 일을 하는 높은 분이 있는 관청을 뜻하는데, 관청에 가면 길이 처리되는 동안 기다려야 하는 곳에서 '기다리다'의 뜻을 갖게 되었어. '대접하다'의 뜻으로 쓰이기도 해.

대접하다 待

초대 招부를 초 + 待대접할 대
뜻 사람을 불러 대접함.
예 올해 생일에는 친구들을 집으로 초대하고 싶어요.

냉대 冷찰 냉 + 待대접할 대
뜻 정성을 들이지 않고 아무렇게나 하는 대접.
예 놀부는 흥부의 어려운 처지를 모른 척하고 집으로 찾아오면 냉대했다.
비슷한말 푸대접
'푸대접'은 정성을 들이지 않고 아무렇게나 하는 대접을 뜻해. "겉모습이 초라하다고 푸대접하면 못쓴다."와 같이 쓰여.

기다리다 待

학수고대 鶴학 학 + 首머리 수 + 苦쓸 고 + 待기다릴 대
뜻 학의 목처럼 목을 길게 빼고 간절히 기다림.
예 눈은 어머니는 도움 빨리 먼 길을 떠난 아들이 돌아오기를 학수고대했다.
관용어 눈이 빠지게 기다리다
'눈이 빠지게 기다리다'는 "몹시 애타게 오랫동안 기다리다."를 뜻하는 말이야.

대기 待기다릴 대 + 機기회 기
뜻 때나 기회를 기다림.
예 손님 차례가 되면 부를 테니 여기에서 대기하세요.

Tip '학수고대'와 관련 있는 관용어에는 "기대에 차 있거나 안타까이 무엇을 기다릴 때의 마음으로 목을 늘어뜨리고 바라는 모습"을 뜻하는 '목이 빠지게 기다리다'나 '목을 빼다'도 있어요.

流 (류(유))가 들어간 낱말

'流(류(유))'가 들어간 낱말을 읽고, ▨ 부분에 알맞은 글을 그으면서 낱말 공부를 해 보세요.

流 흐를 류(유)

급류 / 流언비어 / 流행하다 / 流행

'류(유)(流)'는 냇물 위로 내리는 비와, 물에 떠내려가는 아이를 합해 표현한 글자야. 급한 물살에 아이가 떠내려가는 것에서 '흐르다'라는 뜻을 갖게 되었어. '번져 퍼지다'라는 뜻으로도 쓰여.

번져 퍼지다 流

유언비어 流번져 퍼질 유 + 言말씀 언 + 蜚바퀴 비 + 語말씀 어
Tip '비(蜚)'의 뜻 '바퀴'는 곤충을 바꾸말래요.
뜻 아무 근거 없이 널리 퍼진 소문.
예 유언비어를 퍼뜨린 사람들이 처벌을 받았다.
비슷한말 뜬소문, 낭설

유행 流번져 퍼질 유 + 行다닐 행
뜻 많아나 옷차림, 행동 양식 등이 사람들에게 인기를 얻어 일시적으로 널리 퍼짐.
예 올해는 통이 넓은 바지가 유행이다.
여러 가지 뜻을 가진 낱말 유행
'유행'에는 전염병이 널리 퍼짐이라는 뜻도 있어.

흐르다 流

급류 急빠를 급 + 流흐를 류
뜻 빠르고 세차게 흐르는 물.
예 물속 계곡물이 갑자기 불어나면 급류에 휩쓸릴 수 있으니 조심해야 한다.

유창하다 流흐를 유 + 暢화창할 창 + 하다
뜻 말을 하거나 글을 읽는 것이 물 흐르듯이 거침이 없다.
예 외국에서 살다 온 규하는 영어가 유창하다.
관련 어휘 청산유수
'청산유수'는 푸른 산에 흐르는 맑은 물이라는 뜻으로, 막힘이 없이 잘하는 말을 비유적으로 이르는 말이야. '장사꾼은 사람들에게 청산유수의 말솜씨로 물건을 광고했다.'와 같이 쓰여.

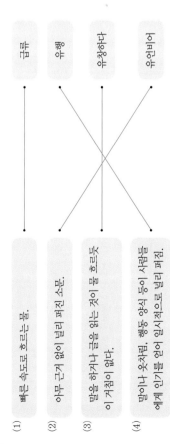

확인 문제

📝 100쪽에서 공부한 낱말을 떠올리며 문제를 풀어 보세요.

1 뜻에 알맞은 낱말을 찾아 선으로 이으세요.

(1) 빠른 속도로 흐르는 물. · · 급류

(2) 아무 근거 없이 널리 퍼진 소문. · · 유행

(3) 말을 하거나 글을 읽는 것이 물 흐르듯 이 거침이 없다. · · 유창하다

(4) 많이나 옷차림, 행동 양식 등이 사람들에게 인기를 얻어 일시적으로 널리 퍼짐. · · 유비어

해설 | 해설 속도로 흐르는 물은 '급류'의 뜻이고, 아무 근거 없이 널리 퍼진 소문은 '유언비어'의 뜻입니다. '유창 하다'는 글을 읽는 것이 물 흐르듯이 거침이 없다는 뜻이고, '유행'은 옷차림, 행동 양식 등이 사람들에게 인기를 얻어 일시적으로 널리 퍼짐의 뜻입니다.

2 밑줄 친 낱말과 바꾸어 쓸 수 있는 낱말을 두 가지 고르세요. (③ , ⑤)

재이: 그 얘기 들었어? 내년부터 우리 학교 교복이 생긴대.
훈영: 그거 유언비어. 내가 선생님께 여쭈어봤는데 아니라고 하셨어.

① 전설 ② 비밀 ③ 비밀 ④ 진실 ⑤ 뜬소문

해설 | '유언비어'와 뜻이 비슷한 낱말은 근거 없는 소문인 '낭설'과, 사람들 입에 오르내리며 근거 없이 떠도는 소문 인 '뜬소문'입니다.

3 빈칸에 알맞은 낱말을 완성하세요.

(1) 구조대원들이 급류에 떠내려가는 사람을 구조했다.

(2) 누나는 요즘 단발머리가 유행 이라고 하면서 긴 머리를 짧게 잘랐다.

(3) 영국 사람인 찰스는 한국말로 자신이 좋아하는 한국 음식과 한국 문화에 대해 유창 하게 말했다.

(4) 아버지께서는 떠도는 유언비어 를 무턱대고 믿지 말고 직접 본 것만 믿으라고 당부하셨다.

해설 | (1) 구조대원들은 빠른 속도로 흐르는 물인 '급류'에 떠내려가는 사람을 구조했습니다. (2) 누나는 '유행'인 단발머리를 하려고 긴 머리를 짧게 잘랐습니다. (3) 영국 사람인 찰스는 한국말로 물 흐르듯이 거침이 없이 '유창하게' 말했습니다. (4) 아버지께서는 정확한 근거 없이 널리 퍼진 소문인 '유언비어'를 믿지 말라고 당부하셨습니다.

📝 101쪽에서 공부한 낱말을 떠올리며 문제를 풀어 보세요.

4 뜻에 알맞은 낱말을 빈칸에 쓰세요.

			② 대
① 학	수	고	기
		④ 냉	
③ 조		대	

가로 열쇠
❶ 하여 목처럼 목을 길게 빼고 간절히 기다림.
❸ 사람을 불러 대접함.
❹ 때나 기회를 기다림.

세로 열쇠
❷ 정성을 들이지 않고 아무렇게나 하는 대접.

해설 | 가로 열쇠 ❶은 '학수고대', ❸은 '초대'의 뜻입니다. 세로 열쇠 ❷는 '냉대'의 뜻입니다. ❹는 '냉대'의 뜻입니다.

5 밑줄 친 말을 바르게 사용한 친구에게 ◯표 하세요.

(1) 엄마가 여덟 달 동안 반드시 물이 공부하더니 오늘은 하루 종일 졸리사이 빠진 (◯)

(2) 내 동생은 산타 할아버지에게 선물을 받고 싶어서 크리스마스를 손꼽아 빠지게 기다리고 있어. (   )

해설 | 하루 종일 졸린 것은 하여 목처럼 목을 길게 빼고 간절히 기다림을 뜻하는 '학수고대'와는 관련이 없습니다. 물이지 현상인지도 모를 만큼 정신이 흐릿한 상태인 '비몽사몽'을 쓰는 것이 알맞습니다.

6 빈칸에 알맞은 낱말을 글자 카드로 만들어 쓰세요.

(1) 병원에 사람이 많아서 한참 대 기 하다가 진료를 받았다.

(2) 인정 없는 마을 사람들은 가난한 소녀와 할머니를 무시하고 냉 대 했다.

(3) 성하는 지난 주말에 반 친구들을 집에 초 대 하여 즐거운 시간을 보냈다.

해설 | (1) 병원에 사람이 많아 한참 기다렸다는 뜻이므로 '대기'가 알맞습니다. (2) 인정 없는 마을 사람들이 소녀와 할머니를 무시했다고 했으므로 '냉대'가 알맞습니다. (3) 지난 주말에 집에 반 친구들과 즐거운 시간을 보냈으므로 '초대'가 알맞습니다.

3주차 어휘력 테스트

3주차 1~5회에서 공부한 낱말을 떠올리며 문제를 풀어 보세요.

낱말 뜻

1 낱말의 뜻이 알맞지 않은 것은 무엇인가요? (③)

① 냉대: 정성을 들이지 않고 아무렇게나 하는 대접.
② 대축척: 도형이 완전히 겹쳐지도록 접을 수 있는 선.
③ 기압: 시간의 지남에 따라 물체의 위치가 변하는 것.
④ 탐방책: 조선 시대에 붕당과 상관없이 인재를 골고루 뽑는 정책.
⑤ 효과: 소리나 영상 등으로 그 장면의 앞맛을 분위기를 만들어 실감을 자아내는 일.

해설 기압의 뜻은 공기의 무게로 생기는 누르는 힘입니다. 시간이 지남에 따라 물체에 따라 위치가 변하는 것은 운동의 뜻입니다.

비슷한말

2 밑줄 친 낱말과 뜻이 비슷한 낱말은 무엇인가요? (④)

흥선대원군 그 무렵 두 양반이 양반의 채를 이불하여 가난한 백성들에게 나누어 주었다.

① 허탈 ② 반박 ③ 탐색 ④ 강탈 ⑤ 통상

해설 폭력을 써서 남의 것을 빼앗음을 뜻하는 '이불'과 비슷한 낱말은 남의 물건이나 권리를 강제로 빼앗음을 뜻하는 '강탈'입니다.

여러 가지 뜻을 가진 낱말

3 밑줄 친 '유행'이 다음 문장과 다른 뜻으로 쓰인 것에 ○표 하세요.

유행을 따라 하기보다 자신만의 개성을 표현하는 것이 더 멋지다고 생각한다.

(1) 을 겨울에는 낡심로 짠 긴 무도리가 유행이다. (   )
(2) 유행하는 정말염에 걸려서 안과에서 치료를 받았다. (○)
(3) 석수 아이들 사이에서 유행하는 최신 가요를 흥얼거렸다. (   )

해설 제시된 문장과 (1), (3)의 문장에서 '유행'은 많이 사용하는 것입니다. (2)의 문장에서는 전염병이 널리 퍼짐을 뜻합니다.

낱말 뜻

4 (   ) 안에서 알맞은 낱말을 골라 ○표 하세요.

(1) '(타당하다 . 엉토당토않다)'는 이치에 맞아 옳다는 뜻이다.
(2) '(결괏값 . 최곳값)'은/는 어떤 값 가운데 가장 높은 값이다.
(3) '(동화 . 심화)'은 조선 후기에 실생활의 향상과 사회 제도의 개선을 이루고자 한 학문이다.

해설 (1) '엉토당토않다'는 "전혀 이치에 맞지 않다"라는 뜻입니다. (2) '결괏값'은 결과로 얻게 되는 값이나 양을 뜻하는 것입니다. (3) '동화'는 조선 후기에 최재우가 민간 신앙과 유교, 불교, 천주교의 장점을 모아 만든 종교입니다.

반대말

5 밑줄 친 낱말의 반대말을 문장에서 찾아 쓰세요.

김 교수가 수업 내용에 대해 정의와 응답 시간을 짓겠다고 하자 기다렸다는 듯이 한 학생이 손을
번쩍 들었다.

(질의)

해설 부름이나 물음에 응하여 답함을 뜻하는 '응답'의 반대말은 의심스러거나 모르는 점을 물음을 뜻하는 질의입니다.

낱말 활용

6 밑줄 친 낱말을 잘못 사용한 친구에게 ✕표 하세요.

(1)

너무 떨려서 발표를
유창하게 했어. 준비한 내용을 제대로
발표하지 못해서 속상해.

(   )   (✕)

(2)
우리 할머니께서는 팔십
세신 일기장을 전부 모아 두셨는데
무려 50여 권에 달해.

(   )

해설 '유창하다'는 '말을 하거나 글을 읽는 것이 물 흐르듯이 거침이 없다.'라는 뜻이므로 발표를 제대로 못한 상황에서 사용하는 것은 알맞지 않습니다.

낱말 활용

7 ~ 10 (   ) 안에 알맞은 낱말을 보기에서 찾아 쓰세요.

보기
작성   개화   과속   기상

7 고속도로를 (과속)(으)로 달리던 트럭이 빗길에 미끄러져 사고가 났다.

해설 자동차 등이 정해진 속도보다 지나치게 빠르게 달림을 뜻하는 '과속'이 알맞습니다.

8 나의 (작성)이/가 무엇인지 모르겠다면 다양한 경험을 하면서 찾아보렴.

해설 어떤 일에 알맞은 소질이나 성격을 뜻하는 '적성'이 알맞습니다.

9 이번 여름은 우리나라에서 (기상) 관측을 한 이래로 평균 기온이 가장 높았다.

해설 바람, 비, 눈, 더위, 추위 등 대기 중에서 일어나는 모든 현상을 뜻하는 '기상'이 알맞습니다.

10 조선 사회가 (개화)하면서 신문 제도가 없어지고 여성들도 교육을 받을 수 있게 되었다.

해설 다른 나라의 발전된 문화와 제도를 받아들어 과거의 생각, 문화와 제도 등을 벗어나게 나가는 것을 뜻하는 개화가 알맞습니다.

어휘가
문해력
이다

초등 **5**학년 **2**학기

4주차 정답과 해설

4주차 1회

국어 교과서 어휘

수록 교과서 국어 5-2 ④
7. 중요한 내용을 요약해요

다음 중 낱말의 뜻을 잘 알고 있는 것에 ✓ 하세요.

☐ 문맥 ☐ 사소하다 ☐ 뜬금없다 ☐ 걸림돌 ☐ 기적이다 ☐ 독창적

낱말을 읽고, 낱말로 문장을 만들며 낱말 공부를 해 보세요.

글을 읽다가 잘 모르는 낱말이 나왔을 때 낱말이 쓰인 앞뒤 내용을 잘 살피면 낱말의 뜻을 짐작할 수 있어.

이것만은 꼭!

문맥
文 글월 문 + 脈 줄기 맥

뜻 서로 이어져 있는 문장의 앞뒤 의미 관계.

예 문맥을 고려하며 글을 읽으면 낱말의 뜻을 잘 파악할 수 있다.

관련 어휘 맥락
'맥락'은 서로 이어져 있는 관계나 연관된 흐름을 말해. "앞뒤 맥락이 잘 맞지 않아 매끄럽게 연결되도록 글을 수정했다."와 같이 쓰여.

사소하다
些 적을 사 + 少 적을 소 + 하다

뜻 중요하지 않은 정도로 아주 작거나 적다.

예 글을 요약할 때에는 사소한 내용은 삭제하고 중요한 내용만 간추린다.

비슷한말 자질구레하다, 소소하다
'자질구레하다'는 "모두가 잡고 싶어하여 대수롭지 않다."라는 뜻이고, '소소하다'는 "작고 대수롭지 않다."라는 뜻을 가진 낱말이야. "배꼽 때는 자질구레한 일은 두고 중요한 일부터 해라.", "가족과 함께하는 소소한 일상이 내겐 가장 큰 행복이다."와 같이 쓰여.

뜬금없다

뜻 갑작스럽고도 엉뚱하다.

예 가족회의를 하는데 동생이 시소로 이사를 가자고 뜬금없는 소리를 해서 모두 당황했다.

둘 이상의 낱말이 합쳐진 말 '없다'가 들어간 말
'뜬금없다'처럼 어떤 낱말이 '없다'가 결합해 만들어진 낱말이 많이 있어. "체면을 생각하니 '염치없다.'", "쓸 만한 가치가 없다."라는 뜻의 '쓸모없다', "어른을 대할 때 예의가 바르지 못하다."라는 뜻의 '버릇없다' 등이야. Tip 두 낱말이 결합해 하나의 낱말로 만들어진 것이므로 앞 낱말과 '없다'를 띄어 쓰지 않고 붙여 써요.

걸림돌

뜻 일을 해 나가는 데에 방해가 되는 장애물을 비유적으로 이르는 말.

예 게으른 습관은 꿈을 이루는 데 걸림돌이 될 수 있으니 고쳐야 한다.

관련 어휘 디딤돌
'디딤돌'은 어떤 문제를 해결하는 데 바탕이 되는 것을 비유적으로 이르는 말이야. "이번 회담이 두 나라의 관계 개선에 디딤돌이 되길 바랍니다."와 같이 쓰여. Tip '디딤돌은 한곳에서 마루 아래에 놓아서 디디고 오르내릴 수 있게 한 돌'이에요.

기적이다

뜻 글씨나 그림 등을 아무렇게나 쓰거나 그리다.

예 동하는 글쓰기 숙제가 하기 싫어서 몇 자 끼적이기만 했다.

비슷한말 끄적이다
'끄적이다'는 "글씨나 그림 등을 마구 쓰거나 그리다."라는 뜻이야. "그녀는 머릿속에 떠오르는 대로 소설을 끄적이기 시작했다."와 같이 쓰여. Tip '기적이다'와 '끄적이다'는 표준어가 아니었으나 지금은 '끼적이다'와 함께 '끄적이다'도 표준어예요.

독창적
獨 홀로 독 + 創 비롯할 창 + 的 과녁 적

뜻 다른 것을 모방하지 않고 새로운 것을 처음으로 만들어 내거나 생각해 내는 것.

예 글쓰기 선생님께서는 평범하게 글을 쓰지 말고 읽는 사람이 예상하지 못한 독창적인 방법으로 표현하라고 하셨다.

꼭! 알아야 할 속담

낫 놓고 기역 자도 모른다
난 가수가 꿈이야. 내 노래 들어 봐.
하!
앞을 비뚤어져도 입은 바로 하랬다, 다른 곳을 찾아봐.
어때? 나 잘해?

○표 하기

'(입)·(말)은 바로 하랬다'는 말은 아무리 언짢은 상황이 어떻든지 말은 언제나 바르게 하여야 함을 이르는 말입니다.

4주차 1회

국어 교과서 어휘

수록 교과서 국어 5-2 ㉯
8. 우리말 지킴이

다음 중 낱말의 뜻을 잘 알고 있는 것에 ✔ 하세요.
□ 사례   □ 놀이다   □ 외국어   □ 자제   □ 설문지   □ 능숙하다

✏ 낱말을 읽고, 본문에 밑줄을 그으면서 낱말 공부를 해 보세요.

이것만은 꼭!

사례
事 일 사 + 例 보기 례
예 '예(例)'의 대표 뜻은 '본보기'야.

뜻 어떤 일이 전에 실제로 일어난 예.
예 줄임 말을 사용하거나 우리말과 영어를 섞은 신조어를 사용하는 등 우리말을 바르게 사용하지 못한 사례를 찾아보았다.

<사례 1>
편의점에서 상긴 사 와요?

<사례 2>
영화가 노잼이었어

<사례 3>
주문하신 커피 나오셨습니다.

Tip 줄을 친 낱말 각각 '상기다/생기다', '재미없다/노잼', '나왔습니다/나오셨습니다'로 바꾸어 말해야 해요.

글자는 같지만 뜻이 다른 낱말 사례
'사례'는 일과 행동, 선물 등으로 상대에게 고마운 뜻을 나타냄을 뜻하는 말이야.
예 잃어버린 지갑을 찾아 주신 분께 사례로 작은 선물을 드렸다.

놀이다
Tip 놀이다로 질문 쓰지 않게 주의해야 해요.

뜻 존경하는 마음으로 받들다. 또는 그런 태도로 말하다.
예 "여기 거스름돈이 있으세요.", "반견님이 정말 귀여우세요."와 같이 사람이 아닌 사물에 동사물을 놀이는 것은 우리말 규칙에 맞지 않는다.

여러 가지 뜻을 가진 낱말
놀이다 '높이다'에는 '소리의 세기를 세게 하다.'라는 뜻도 있다.
예 주변이 시끄러워서 텔레비전의 볼음을 놀였다.

외국어
外 바깥 외 + 國 나라 국 + 語 말씀 어

뜻 외국에서 들어온 말로 아직 국어로 정착되지 않은 단어.
예 영어를 쓰면 고급스러워 보인다는 편견 때문에 외국어를 지나치게 많이 사용하는 경우가 있다.

김 셰프가 만든 메인 디자이가 정말 이상해요.

들온 진 외국어를 우리말로 바꾸어서, '우리말, 요리사', '주 요 요리'로 바꾸어 말해야 해.

자제
自 스스로 자 + 制 억제할 제
예 '제(制)'의 대표 뜻은 '절제하다'야.

뜻 자기의 감정이나 욕망을 스스로 억제함.
예 우리말이 있는데도 영어를 무분별하게 사용하는 방송을 조사하고 방송국에 영어 사용을 자제해 달라고 요청하자.

설문지
設 베풀 설 + 問 물을 문 + 紙 종이 지

뜻 조사를 하거나 통계 자료 등을 얻기 위해 어떤 주제에 대해 문제를 내어 묻는 질문지.
예 설문지를 이용한 조사 방법은 여러 사람을 한꺼번에 조사할 수 있다는 장점이 있는 반면에는 자세한 내용을 얻기 어렵다는 단점이 있다.

뜻을 더해 주는 말 -지
'-지'는 종이의 뜻을 더해 주는 말이야.

능숙하다
能 능할 능 + 熟 익을 숙 + 하다
예 '숙(熟)'의 대표 뜻은 '익다'야.

뜻 어떤 일에 뛰어나고 익숙하다.
예 실수하지 않고 능숙하게 발표하려고 발표할 내용과 활용할 자료를 어떻게 구성할지 미리 글로 작성해 보았다.

반대말 서투르다
'서투르다'는 '어떤 것에 미숙하거나 잘하지 못하다.'를 뜻하는 말이야.
예 외국에서 태어나고 자란 사촌은 한국말이 서투르다.

꼭 알아야 할 관용어

빈칸 채우기
'귀에 □ 못'
이 박히다'는 '같은 말을 여러 번 듣다.'라는 뜻입니다.

Tip '귀에 딱지가 앉다'도 같은 뜻을 가진 관용어예요.

확인 문제

110~111쪽에서 공부한 낱말을 떠올리며 문제를 풀어 보세요.

5 낱말과 그 뜻을 알맞게 선으로 이으세요.

(1) 사례	어떤 일에 뛰어나고 익숙하다.
(2) 자제	어떤 일이 전에 실제로 일어난 예.
(3) 능이다	자기의 감정이나 욕망을 스스로 억제함.
(4) 능숙하다	존경하는 마음으로 받들다. 또는 그런 태도로 말하다.

해설 | 사례의 뜻은 '어떤 일이 전에 실제로 일어난 예이고, '자제'의 뜻은 자기의 감정이나 욕망을 스스로 억제함입니다. '높이다'의 뜻은 '존경하는 마음으로 받들다. 또는 그런 태도로 말하다.'이고, '능숙하다'의 뜻은 '어떤 일에 뛰어나고 익숙하다.'입니다.

6 빈칸에 공통으로 들어갈 말은 무엇인가요? (④)

설문 | 포장 | 답안 | 메모

① 화 ② 력 ③ 기 ④ 지 ⑤ 도

해설 | '설문지, 포장지, 답안지, 메모지가 되도록 빈칸에 공통으로 종이의 뜻을 더해 주는 말인 '-지, -기, -이' 등이어야 합니다.

7 빈칸에 알맞은 낱말을 글자 카드로 만들어 쓰세요.

(1) 청년들이 새롭고 창의적인 발상으로 사업에 성공하였다.
한 예를 [사][례] 를 발표했다.

(2) 조사 대상인 '가게에서 높임 표현을 잘못 사용하는 실태를 [설][문][지] 를 이용해 조사했다.

(3) 놀이 공원, '웹시'의 '에서' 다듬어 사용하자.
[외][국][어]를 '위터 파크', '페셔니스타'를 물

해설 | (1) 청년들이 사업에 성공한 예를 발표했다는 뜻이 되려면 '사례가 알맞습니다. (2) 조사 대상을 어떤 조사 방법으로 이용해 조사했는지가 나타나려면 하므로 '설문지'가 알맞습니다. (3) 위터 파크, 패셔니스타는 외국에서 들어온 말이지만 우리말 순화제에 반대되는 기원이므로 '외국어'가 알맞습니다.

확인 문제

108~109쪽에서 공부한 낱말을 떠올리며 문제를 풀어 보세요.

1 뜻에 알맞은 낱말을 완성하세요.

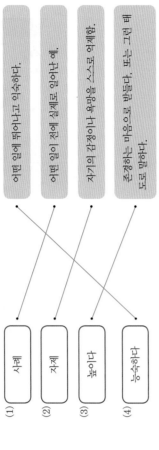

(1) [뜻][금][없][다] 갑작스럽고도 엉뚱하다.

(2) [걸][림][돌] 일을 해 나가는 데에 방해가 되는 장애물을 비유적으로 이르는 말.

(3) [독][창][적] 다른 것을 모방하지 않고 새로운 것을 처음으로 만들어 내거나 생각해 내는 것.

해설 | (1)은 '뜻금없다'의 뜻이고, (2)는 '걸림돌'의 뜻입니다. (3)은 '독창적'의 뜻입니다.

2 뜻에 알맞은 낱말이 되도록 보기에서 글자를 찾아 쓰세요.

보기

이 | 매 | 끼 | 문 | 적 | 다

(1) 서로 이어져 있는 문장의 앞뒤 의미 관계. → [문][맥]

(2) 글씨나 그림 등을 아무렇게나 쓰거나 그리다. → [끼][적][이][다]

해설 | (1)의 뜻에 알맞은 낱말은 '문맥'이고, (2)의 뜻에 알맞은 낱말은 '끼적이다'입니다.

3 다음 중 뜻이 비슷한 낱말을 모두 고르세요. (② , ③ , ④)

① 생소하다 ② 소소하다 ③ 사소하다
④ 자질구레하다 ⑤ 눈구구게하다

해설 | '생소하다'는 "어떤 대상이 친숙하지 못하고 낯이 설다." '눈구구게하다'는 "꽤 높아 보이다."라는 뜻입니다.

4 ( )안에 알맞은 낱말을 보기에서 찾아 쓰세요.

보기

| 문맥 | 걸림돌 | 독창적 | 뜻금없게 |

(1) 문장의 뜻은 앞뒤 (문맥)에 따라 달라질 수 있다.

(2) 이 그림에는 화가의 (독창적)인 작품 세계가 잘 표현되어 있다.

(3) 마지막 회에서 주인공이 느닷없이 시한부 인생이 되면서 드라마가 (뜻금없게) 끝났다.

(4) 인터넷에서 자유롭게 의견을 표현하는 데 (걸림돌)이/가 될 수 있으므로 인터넷 실명제에 반대한다.

해설 | (1) 문장의 앞뒤 의미 관계에 따라 문장의 뜻이 달라질 수 있으므로 '문맥'이 알맞습니다. (2) 그림에는 화가의 독특한 작품 세계가 표현되어 있는 것이 알맞습니다. (3) 주인공이 느닷없이 시한부 인생이 되었다는 것이므로 '뜻금없게'가 알맞습니다. (4) 인터넷 실명제에 반대하는 까닭이므로 '걸림돌'이 알맞습니다.

4주차 2회

사회 교과서 어휘

수록 교과서 사회 5-2
2. 사회의 새로운 변화와 오늘날의 우리

다음 중 낱말의 뜻을 잘못 알고 있는 것에 ✓하세요.

□ 일제 □ 단발령 □ 망명 □ 계몽 □ 의거 □ 시위

▲ 탑골공원의 '3·1운동 기념 부조'

우리나라를 처단하는 일제에 맞서 우리 민족은 나라를 지키기 위해 다양한 노력을 했어. 3·1 운동 때는 대한 독립 만세를 외치며 우리 민족이 독립 의지를 널리 알렸지. 그 시기 역사를 배울 때 어떤 낱말이 나오는지 공부해 보자.

낱말을 읽고, ▢부분에 밑줄을 그으면서 낱말 공부를 해 보세요.

일제

日 날 일 + 帝 임금 제

- 뜻 '일본 제국주의' 또는 '일본 제국'을 줄인 말로, 자기 나라의 이익을 위해 여러 나라를 침략한 일본을 일컫는 말.
- 예 일제는 대한 제국의 외교권을 빼앗는 을사늑약을 체결하고 고종을 강제로 물러나게 했다.

단발령

斷 끊을 단 + 髮 터럭 발 + 令 명령 령
↳ '발(髮)'의 대표 뜻은 '터럭'이야.
↳ (令)의 대표 뜻은 '하여금'이야.

- 뜻 고종 때 내정 개혁으로 강제로 백성들이 머리를 깎게 한 명령.
- 예 우리나라는 예로부터 부모에게 물려받은 머리를 소중히 여기는 전통이 있어 기 때문에 정부의 단발령에 많은 백성이 반대했다.

뜻을 더해 주는 말 **-령**

'-령'은 '법령' 또는 '명령'의 뜻을 더해 주는 말이야. 예 금지령, 대통령령, 휴교령
Tip 대통령령은 대통령이 내리는 명령이고, '휴교령'은 학교의 등교, 행정 업무 등을 학교에 모든 기능을 정지시키는 명령이에요.

망명

亡 달아날 망 + 命 목숨 명
↳ '망(亡)의 대표 뜻은 '망하다'야.

- 뜻 정치, 사상 등을 이유로 받는 탄압이나 위험을 피해 자기 나라를 떠나 다른 나라로 감.
- 예 일제가 대대적으로 항일 의병 운동을 탄압하자 이병들은 중국으로 망명해 항일 투쟁을 이어 갔다.

관련 어휘 **이민**
'이민'은 자기 나라를 떠나서 다른 나라로 가서 사는 것을 뜻해. 자발적 선택인 '이민'은 탄압이나 위험 때문에 어쩔 수 없이 다른 나라로 가는 '망명'과 차이가 있어.

계몽

啓 열 계 + 蒙 어두울 몽
↳ '계(啓)'의 대표 뜻은 '열다'야.

- 뜻 지식수준이 낮거나 의식이 덜 깬 사람을 가르쳐서 깨우침.
- 예 독립운동가들은 민족의 힘과 실력을 키워 국권을 회복하고 근대 국가를 건설 하고자 애국 계몽 운동을 하였다.

관련 어휘 **일깨우다**
'일깨우다'는 '일러 주거나 가르쳐서 깨닫게 하다.'라는 뜻을 가진 낱말이야.
예 신채호는 우리 역사 속 영웅에 대한 전기와 우리 역사를 소개하는 책을 써서 민족의식을 일깨웠다.
Tip '애국 계몽 운동'은 을사늑약 이후 애국 신념을 바탕으로 하고 실력, 신문 발행 등을 통해 국권을 일깨우려 한 운동이에요.

의거

義 옳을 의 + 擧 들 거
↳ '의(義)'의 대표 뜻은 '옳다', '거 (擧)'의 대표 뜻은 '들다'야.

- 뜻 정의를 위해 개인이나 집단이 의로운 일을 일으킴.
- 예 안중근은 하얼빈 역에서 우리나라를 빼앗는 데 앞장선 이토 히로부미를 사살 하는 의거를 실행했다.

글자는 같지만 뜻이 다른 낱말 **의거**
'의거'는 어떤 사실이나 원리 등에 근거함을 뜻하는 낱말이기도 해.
예 비위생적인 환경에서 장사를 하다가 단속에 걸린 음식점 주인이 관련 법률에 의 거해 벌금을 물었다.

시위

示 보일 시 + 威 위엄 위
↳ '위(威)'의 대표 뜻은 '위엄'이야.

- 뜻 많은 사람들이 요구 조건을 내걸고 집회나 행진을 하며 의사를 나타내는 것.
- 예 1919년 3월 1일, 학생들과 시민들은 탑골 공원에 모여 독립 선언서를 낭독하고 태극기를 흔들면서 만세 시위를 벌였다.

주둔
駐 머무를 주 + 屯 진칠 둔

뜻 군대가 임무를 수행하기 위해 어떤 곳에 얼마 동안 머무르는 일.

예 일본이 연합국에 항복하자 38도선을 경계로 우리나라의 남쪽에는 미군이, 북쪽에는 소련군이 주둔했다.

관련 어휘 주둔군, 주둔지

Tip 소련은 1922~1991년에 우리나라 미군이 대륙에 있었던 소비에트 연방 주변 국가들이에요. 이 러시아와 주변 국가들. 지금

신탁 통치
信 믿을 신 + 託 부탁할 탁 + 統 거느릴 통 + 治 다스릴 치

뜻 특정 국가가 다른 나라의 일정 지역을 대신 통치하는 제도.

예 최대 5년 간 신탁 통치를 실시한다는 소식이 알려지자 우리나라에서는 이에 반대하는 사람들과 찬성하는 사람들 간에 갈등이 일어났다.

Tip '신탁'은 남에게 믿고 맡긴다는 뜻이에요.

우리나라의 경우 한반도에 임시 정부 수립을 (돕고자 미국, 소련, 영국, 중국이) 신탁 통치를 하려고 했어.

초대
初 처음 초 + 代 세대 대 차례 대

뜻 차례로 이어 나가는 자리나 지위에 서 그 첫 번째 차례.

예 남한에서는 1948년 5월에 총선거로 국회 의원들이 제헌 국회를 구성하여 이승만을 초대 대통령으로 선출했다.

Tip 초대 대통령 선거는 국회 의원들이 대통령을 선출하는 간접 선거 방식이었어요.

'초대 회장', '초대 대통령'같이 '초대 ~'로 써.

정전
停 머무를 정 + 戰 싸움 전

뜻 전쟁 중인 나라들이 합의에 따라 일시적으로 전투를 중단하는 일.

예 1950년 6월 25일에 북한의 남침으로 6·25 전쟁이 일어났고, 1953년 7월에 휴전선을 정해 전쟁을 멈추기로 약속하는 정전 협정을 맺었다.

관련 어휘 휴전, 종전

Tip '휴전'은 '정전'과 뜻이 비슷한 말로, 전쟁을 일정한 기간 동안 멈추는 일을 뜻해. '종전'은 전쟁이 끝남, 또는 전쟁을 끝냄을 뜻하는 말이야.

4주차 2회
사회 교과서 어휘

수록 교과서 사회 5-2
2. 사회의 새로운 변화와 오늘날의 우리

다음 중 낱말의 뜻을 잘 알고 있는 것에 ✓하세요.

□ 수립 □ 광복 □ 주둔 □ 신탁 통치 □ 초대 □ 정전

6·25 전쟁 전에는 북한까지 달리던 기차가 휴전선에 가로막혀 멈추어 섰어. 언제쯤 남과 북 사이의 철조망이 걷힐 수 있을까? 그날을 염원하며 광복과 대한민국 정부 수립, 남북 분단의 역사를 배울 때 나오는 낱말을 공부해 보자.

Tip 사진의 녹슨 기차는 북한 신의주까지 다녔던 경의선 증기 기관차예요. 현재는 파주 임진각에 보존되어 있어요.

낱말을 읽고, ___ 부분에 알맞은 낱말을 넣어 공부를 해 보세요.

수립
樹 세울 수 + 立 설 립

뜻 국가나 정부, 제도, 계획 등을 이룩하여 세움.

예 3·1 운동 이후 국내외에서 활발히 활동한 독립운동 세력을 통합하여 1919년 9월에 대한민국 임시 정부가 수립되었다.

비슷한말 설립

Tip '설립'은 기관이나 조직체 등을 만들어 세움을 뜻하는 말이야.
예 새로운 검역병에 대처하기 위해 나라에서는 백신 연구소 설립을 지원했다.

광복
光 빛 광 + 復 회복할 복

뜻 다른 나라에 빼앗긴 땅과 주권을 도로 찾음.

예 우리나라는 1945년 8월 15일에 광복을 맞이했고, 해외에서 활동하던 많은 독립운동가들이 고국으로 돌아왔다.

비슷한말 해방

이것만은 꼭! 우리나라가 일본 제국주의의 강점에서 벗어나 일을 '해방'이라고도 해.
예 수많은 사람이 거리에 나와 만세를 부르며 해방의 기쁨을 표현했다.

확인 문제

114~115쪽에서 공부한 낱말을 떠올리며 문제를 풀어 보세요.

1 뜻에 알맞은 낱말을 글자판에서 찾아 묶으세요. (낱말은 가로(—), 세로(│), 대각선(╲) 방향에 숨어 있어요.)

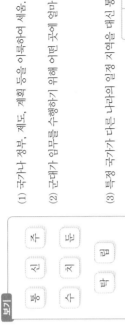

❶ 정의를 위해 개인이나 집단이 이루어 모음 일으킴.
❷ 지식수준이 낮거나 의식이 덜 깬 사람을 가르쳐서 깨우침.
❸ 고종 때 내정 개혁으로 강제로 백성들의 머리를 짧게 한 명령.
❹ 많은 사람들이 요구 조건을 내걸고 집회나 집회나 행진을 하며 의사를 나타내는 것.

해설 | ❶은 '의거'의 뜻이고, ❷는 '계몽'의 뜻입니다. ❸은 '단발령'의 뜻이고 ❹는 '시위'의 뜻입니다.

2 뜻에 알맞은 낱말을 골라 ○표 하세요.
(1) 정치, 사상 등을 이유로 받는 탄압이나 위험을 피해 자기 나라로 떠나 다른 나라로 감. (이민, **망명**)
(2) '일본 제국주의' 또는 '일본 제국'을 줄인 말로, 자기 나라의 이익을 위해 여러 나라를 침략한 일본을 일컫는 말. (**일제**, 일국)

해설 | (1) 정치, 사상 등을 이유로 받는 탄압이나 위험을 피해 자기 나라로 떠나 다른 나라로 가는 것은 '망명'입니다. (2) '일본 제국주의'를 줄인 말은 '일제'입니다.

3 밑줄 친 낱말을 알맞게 사용한 친구에게 ○표, 알맞게 사용하지 못한 친구에게 ✕표 하세요.

(1) 우리 민족은 일제에 빼앗기 나라를 되찾기 위해 다양한 노력을 기울였어. (○)
(2) 우리나라는 고향이. 충청남도 천안으로 입양하여 민세 시위를 계획했어. (✕)
(3) 운봉기 이사는 일본 왕의 생일을 기념하는 행사장에 폭탄을 던지는 의거를 일으켰어. (○)
(4) 조선에서 순종하는 부자였던 이회영은 막대한 재산을 계몽해 독립운동가를 키우는 신흥 강습소를 세웠어. (✕)

116~117쪽에서 공부한 낱말을 떠올리며 문제를 풀어 보세요.

4 뜻에 알맞은 낱말이 되도록 보기에서 글자를 찾아 쓰세요.

보기
통	신	주
수	치	립
탁	주	분

(1) 국가나 정부, 제도, 계획 등을 이룩하여 세움. → 수 립
(2) 군대가 임무를 수행하기 위해 어떤 곳에 일정 동안 임무 동안 머무르는 일. → 주 둔
(3) 특정 국가가 다른 나라의 일정 지역을 대신 통치하는 제도. 신 탁 통 치

해설 | (1)은 '수립'의 뜻이고, (2)는 '주둔'의 뜻입니다. (3)은 '신탁 통치'의 뜻입니다.

5 친구들이 설명한 '이것'은 무엇인지 알맞은 낱말을 빈칸에 쓰세요.

이것은 다른 나라에 빼앗긴 땅과 주권을 도로 찾는 것을 일해.

우리나라는 1945년 8월 15일에 대한민국 정부가 이것을 맞이했어, 이것을 해방이라고도 해.

광 복

해설 | 우리나라는 1945년 8월 15일에 일제에게 일제에게 빼앗긴 땅과 주권을 도로 찾는 '광복'을 맞았습니다.

6 ( ) 안에서 알맞은 낱말을 골라 ○표 하세요.
(1) 설립한 지 100여 년이 된 이 병원에는 (초보, **초대**) 원장부터 현재 원장까지 7명의 사진이 걸려 있다.
(2) 남한에서는 1948년 8월 15일에 대한민국 정부가 (**수립**) 되어 대한민국 임시 정부의 전통을 이었다.
(3) 전쟁을 멈추려고 (설치, **정전**) 협상을 하는 동안에도 38도선 근처에서는 많음을 조금이라도 더 차지하려고 치열한 전투가 벌어졌다.
(4) (**광복**, 3·1 운동) 이후 어린이들도 학교에서 일본이 대신 우리말 대신 우리말 국어 수업을 받고 우리 역사를 배우고 우리말 노래를 부를 수 있게 되었다.

해설 | ...

4주차 3회

수학 교과서 어휘

수록 교과서 수학 5-2　5. 직육면체

다음 중 낱말의 뜻을 잘 알고 있는 것에 ✓ 하세요.

☐ 직육면체　☐ 직육면체의 면　☐ 직육면체의 밑면　☐ 겨냥도　☐ 전개도　☐ 주사위

낱말을 읽고, ▨ 부분에 알맞은 내용을 그으면서 낱말 공부를 해 보세요.

직육면체
直곧을 **직** + 六여섯 **육** + 體물질 **체** + 面낯 **면**
△'면(面)'의 대표 뜻은 '낯'으로 '체(體)'의 대표 뜻은 '낯'으로 쓴 글이에요.

뜻 직사각형 6개로 둘러싸인 도형.
예 주변에서 직육면체 모양을 찾아보았더니 냉장고, 휴지 갑, 책, 지우개 등이 있었다.
관련 어휘 정육면체
'정육면체'는 정사각형 6개로 둘러싸인 도형이다. 큐브, 각설탕, 주사위 등이 정육면체 모양이지.

Tip 정사각형도 직사각형이므로 정육면체는 직육면체라고도 할 수 있어요.

직육면체의 면
直곧을 **직** + 六여섯 **육** + 體물질 **체** + 面낯 **면**

뜻 직육면체에서 선분으로 둘러싸인 부분.
예 직육면체의 면, 모서리, 꼭짓점의 수는 각각 6개, 12개, 8개이다.
관련 어휘 직육면체의 모서리와 꼭짓점
직육면체에서 면과 면이 만나는 선분이 '모서리'이고, 모서리와 모서리가 만나는 점이 '꼭짓점'이야.

직육면체의 밑면
直곧을 **직** + 六여섯 **육** + 體물질 **체** + 面낯 **면**

뜻 직육면체에서 계속 늘여도 만나지 않는, 서로 평행한 두 면.
예 직육면체에는 평행한 면이 3쌍 있고 이 평행한 면은 각각 직육면체의 밑면이 될 수 있다.

Tip 직육면체의 밑면은 서로 마주 보고 있어요.

겨냥도
겨냥 + 圖그림 **도**

뜻 입체도형의 모양을 잘 알 수 있게 실선과 점선으로 나타낸 그림.
예 겨냥도에서 보이는 모서리는 실선으로, 보이지 않는 모서리는 점선으로 그린다.

▲ 직육면체의 겨냥도

전개도
展펼 **전** + 開열 **개** + 圖그림 **도**

뜻 입체도형의 모서리를 잘라서 평면 위에 펼친 그림.
예 정육면체의 전개도에서 잘린 모서리는 실선으로, 잘리지 않은 모서리는 점선으로 그린다.

뜻을 더해 주는 말 -도
'-도'는 그림이나 도면의 뜻을 더해 주는 말이야. '전개도', '설계도', '해부도', '노선도', '일기도' 등이 '-도'가 붙어서 만들어진 낱말이야.

Tip 정육면체의 전개도는 한 가지가 아니고 다양한 모양으로 그릴 수 있어요.

▲ 정육면체의 전개도

주사위

뜻 조그만 정육면체의 각 면에 하나에서 여섯까지의 점을 새긴 놀이 도구로, 바닥에 던져 윗면에 나오는 수로 승부를 결정함.
예 주사위의 마주 보는 면에 있는 눈의 수를 합하면 7이 되는 점을 이용해 정육면체 전개도에 주사위 눈을 그려 보았다.

속담 주사위는 던져졌다
'주사위는 던져졌다'는 일이 되돌릴 수 없는 지경에 이르렀으니 결정한 것을 실행하는 수밖에 없음을 이르는 말이야.

수학 교과서 어휘

수록 교과서: 수학 5-2, 6. 평균과 가능성

다음 중 낱말의 뜻을 잘못 읽고 있는 것에 ✓하세요.

□ 평균 □ 반반 □ 가능성 □ 공정 □ 최고점 □ 순위

< 솔아 독서한 시간 >

요일	월	화	수	목	금
독서 시간(분)	50	0	15	15	20

나 지난주에 독서 많이 했잖아? 하루에 뜻한이나 했어.

요일 날마다 읽는 건데?

솔이가 하루 독서 시간을 몇 분이라고 해야 할까? 하루에다 시간이 다르니 이럴 때에 평균을 구해야 해. 평균이 무엇인지 '평균과 가능성' 단원에 나오는 낱말을 공부하며 알아보자.

낱말을 읽고, [ ] 부분에 알맞은 글자를 그으면서 낱말 공부를 해 보세요.

평균
平 고를 평 + 均 고를 균
⑩ 평(平)'과 '균(均)'이 모두 '고르다'라는 뜻으로 대표 음이야.

뜻 자료의 값을 모두 더해 자료의 수로 나눈 값.

예 일주일 동안 운동한 시간의 평균을 구하려고 운동 시간을 모두 더한 뒤 7로 나누었더니 35분이 나왔다.

Tip 평균=(자료의 값을 모두 더한 수)÷(자료의 수)

반반
半 반 반 + 半 반 반

뜻 전체를 똑같이 둘로 나눈 것의 각각.

예 누나, 우리 둘이 엄마 생신 선물을 같이 사고 선물값을 반반 내자.

여러 가지 뜻을 가진 낱말 반반
'반반'에는 절반의 절반이라는 뜻도 있어. "다음 주가 개학인데 이직 방학 숙제를 반도 못 끝냈어." 와 같이 쓰여.

평균은 여러 개의 자료를 대표하는 값으로, 정할 수 있어.

가능성
可 옳을 가 + 能 능할 능 + 性 성질 성
⑩ '능(能)'의 대표 음은 '능하다', 성(性)'의 대표 음은 '성품'이야.

뜻 어떠한 상황에서 특정한 일이 일어나길 기대할 수 있는 정도.

예 "길에서 살아 움직이는 공룡을 보게 될 것이다."라는 일이 일어날 가능성은 '불가능하다'이고, "동전을 던지면 숫자 면이 나올 것이다."라는 일이 일어날 가능성은 '반반'이다.

Tip 일이 일어날 가능성은 수로도 표현할 수 있어요. 확실하다는 '1'로, 반반이다는 '1/2'로, 불가능하다는 '0'으로 표현해요

공정
公 공평할 공 + 正 바를 정

뜻 어느 한쪽으로 치우치지 않고 올바름.

예 공정한 놀이가 되려면 놀이를 하는 사람들이 점수를 얻을 가능성이 모두 같아야 한다.

비슷한말 공평
공평은 어느 쪽으로도 치우치지 않고 고름을 뜻하는 말이야. "모든 사람에게 공평한 건 시간이야. 누구에게나 하루는 24시간이잖아." 와 같이 쓰여.

최고점
最 가장 최 + 高 높을 고 + 點 점 점

뜻 가장 높은 점수.

예 김연아 선수는 피겨 스케이팅 대회에서 최고점을 받았다.

반대말 최하점
'최하점'은 가장 낮은 점수를 말해. "심사 위원 6명의 점수 중 최고점과 최하점을 빼고 나머지 점수로 평균 점수를 냈다." 와 같이 쓰여.

순위
順 차례 순 + 位 자리 위
⑩ '순(順)'의 대표 음은 '순하다'야.

뜻 어떤 기준에 따라 순서를 나타내는 위치나 자리.

예 우리나라는 이번 대회에서 참가국 중 메달 순위 1위를 차지했다.

관련 어휘 우선순위
'우선과 '순위'가 결합해 만들어진 낱말인 '우선순위'는 어떤 것을 먼저 차지하거나 사용할 수 있는 차례나 위치를 말해. '우리 식당은 자리가 모자랄 때 어린이와 함께 오신 손님에게 우선순위를 드립니다." 와 같이 쓰여.

확인 문제

120~121쪽에서 공부한 낱말을 떠올리며 문제를 풀어 보세요.

1 뜻에 알맞은 낱말을 빈칸에 쓰세요.

(1)
❷		체
	면	
직	육	❶

(2)
❷	전	
	개	
❶개	도	

해설 | (1) 가로 열쇠 ❶의 뜻에 알맞은 낱말은 '직육면체'이고, 세로 열쇠 ❷의 뜻에 알맞은 낱말은 '직육면체'입니다. (2) 가로 열쇠 ❶의 뜻에 알맞은 낱말은 '개수도'이고, 세로 열쇠 ❷의 뜻에 알맞은 낱말은 '전개도'입니다.

가로 열쇠 ❶ 직사각형 6개로 둘러싸인 도형.
세로 열쇠 ❷ 직육면체에서 계속 늘여도 만나지 않는, 서로 평행한 두 면. 직육면체의 ○○

가로 열쇠 ❶ 입체도형의 모양을 잡아 알 수 있게 선선과 점선으로 나타낸 그림.
세로 열쇠 ❷ 입체도형의 모서리를 잘라서 평면 위에 펼친 그림.

2 빈칸에 들어갈 낱말로 알맞은 것에 ○표 하세요.

대회 참가 신청을 했으니 이제 [   ]는 던져졌어. 최선을 다해 준비해 보자.

(1) 주사위 (○)   (2) 정육면체 (   )   (3) 직육면체 (   )

해설 | 제시된 문장은 '주사위는 던져졌다'는 속담을 활용하여 한 말입니다. 이 속담은 일이 되돌릴 수 없는 지경에 이르렀으니 결정한 것을 실행하는 수밖에 없음을 이르는 말입니다.

3 빈칸에 알맞은 낱말을 완성하세요.

(1) [주][사][위]를 굴리자 오가 나와서 말판에서 맨 앞에서 말을 다섯 간 앞으로 옮겼다.

(2) 이 정육면체 [진][개][도]는 접었을 때 서로 겹치는 면이 있으므로 잘못 그린 것이다.

(3) 승하는 [직][육][면][도]를 그릴 때 점선으로 입체도형이 보이지 않는 부분을 그리는 게 어려웠다.

(4) 정육면체의 모서리의 길이는 모두 같지만, [직][육][면][체]의 모서리의 길이는 같을 수도 있고 다를 수도 있다.

해설 | (1) 주사위를 굴려서 나오는 수만큼 말을 옮기는 놀이를 하는 상황입니다. (2) 정육면체의 '전개도'를 접었을 때 '최고점'을 받은 것인 것과 같으면서 잘못 그린 부분을 그린다고 했으므로 '정육면체의 '전개도'를 접었을 때 서로 겹치는 면이 있으므로 잘못 그린 것이다'와 같이 말할 수 있습니다. (3) 점선으로 입체도형이 보이지 않는 부분을 그린다고 합니다. (4) 주사위의 눈이 짝수가 나오거나 홀수가 나오는 두 경우밖에 없으므로 '반반'이 알맞습니다.

122~123쪽에서 공부한 낱말을 떠올리며 문제를 풀어 보세요.

4 뜻에 알맞은 낱말을 글자 카드로 만들어 빈칸에 쓰세요.

성	정	공	평
평	가	중	균
경	위	차	순
능	가	최	성

(1) 어느 한쪽으로 치우치지 않고 고름.
→ [공][정]

(2) 자료의 값을 모두 더해 자료의 수로 나눈 값.
→ [평][균]

(3) 어떤 기준에 따라 순서를 나타내는 위치나 지위.
→ [순][위]

(4) 어떠한 상황에서 특정한 일이 일어나길 기대할 수 있는 정도, 아니거나 기대할 수 있는 가능.
→ [가][능][성]

해설 | (1)의 뜻에 알맞은 낱말은 '공정', (2)의 뜻에 알맞은 낱말은 '평균', (3)의 뜻에 알맞은 낱말은 '순위', (4)의 뜻에 알맞은 낱말은 '가능성'입니다.

5 밑줄 친 낱말과 바꾸어 쓸 수 있는 낱말을 골라 ○표 하세요.

감독은 심판이 공정하지 않고 상대 팀에 유리한 판정을 한다고 항의했다.

(1) 공허 (   )   (2) 공손 (   )   (3) 공평 (○)

해설 | '공허'는 아무것도 없이 팀 빔을 뜻하고, '공손'은 말이나 행동이 바르고 겸손함을 뜻하므로 '공정'과 바꾸어 쓸 수 없습니다.

6 ( ) 안에 알맞은 낱말을 보기 에서 찾아 쓰세요.

보기 반반   순위   평균   최고점

(1) 내가 좋아하는 가수의 노래가 이번 주 인기 (순위) 1위를 차지했다.

(2) 열심히 공부한 창수는 수학 시험에서 가장 높은 점수인 (최고점)을 받았다.

(3) 우리 하나에서 키가 가장 큰 학생들 중 (평균) 키보다 10 cm나 더 크다.

(4) "주사위를 굴리면 주사위 눈의 수가 짝수가 나올 가능성은 (반반)이다.

해설 | (1) 인기를 차지했다고 했으므로 '순위'가 알맞습니다. (2) 열심히 공부한 창수는 수학 시험에서 가장 높은 점수인 '최고점'을 받은 것이 알맞습니다. (3) 우리 하반에서 키가 가장 크다고 했으므로 '평균' 키보다 큰 것이 알맞습니다. (4) 주사위의 눈이 짝수가 나오거나 홀수가 나오는 두 경우밖에 없으므로 '반반'이 알맞습니다.

과학 교과서 어휘

정답과 해설 ▶ 59쪽

수록 교과서 과학 5-2
5. 산과 염기

다음 중 낱말의 뜻을 잘 알고 있는 것에 ✓ 하세요.

☐ 지시약 ☐ 리트머스 종이 ☐ 산성 용액 ☐ 염기성 용액 ☐ 점적병 ☐ 염색

사진의 실험처럼 리트머스 종이에 용액을 한 방울 떨어뜨리면 색깔 변화로 용액의 성질을 알아볼 수 있어. 이러한 내용을 배우는 '산과 염기' 단원에 어떤 낱말이 나오는지 공부해 보자.

✎ 낱말을 읽고, ⬛ 부분에 알맞을 글을 그으면서 낱말 공부를 해 보세요.

지시약
指 가리킬 지 + 示 보일 시 + 藥 약 약

- 뜻 어떤 용액을 만났을 때 그 용액의 성질에 따라 눈에 띄는 변화가 나타나는 물질.
- 예 자주색 양배추 지시약은 식초와 만나면 붉은색 계열의 색깔로 변하고, 유리 세정제를 만나면 푸른색 계열의 색깔로 변한다.
  Tip 지시약을 이용하면 주변에서 볼 수 있는 여러 가지 용액을 산성 용액과 염기성 용액으로 분류할 수 있어요.

리트머스 종이

이것만은 꼭!

- 뜻 색깔 변화를 통해 용액이 산성인지 염기성인지 판별하는 검사에 쓰이는 종이. 붉은색과 푸른색 두 가지가 있음.
- 예 푸른색 리트머스 종이에 산성 용액을 떨어뜨리면 붉은색으로 변하고, 붉은색 리트머스 종이에 염기성 용액을 떨어뜨리면 푸른색으로 변한다.

▲ 산성 용액에 담가 붉게 변한 푸른색 리트머스 종이

▲ 염기성 용액에 담가 푸르게 변한 붉은색 리트머스 종이

산성 용액
酸 (맛이) 실 산 + 性 성질 성 + 溶 녹을 용 + 液 진 액
ㄴ '성(性)'의 대표 뜻은 '성품'이야.

- 뜻 푸른색 리트머스 종이를 붉은색으로 변하게 하고, 페놀프탈레인 용액의 색깔을 변하지 않게 하는 용액.
- 예 생선을 손질한 도마를 식초로 닦아 내는 것은 우리 생활에서 산성 용액을 이용하는 예이다.
  Tip 도마에 남은 생선 비린내는 염기성이어서 산성 용액이 산초로 중화시켜 없애요.

💬 산성 용액에는 식초, 레몬즙, 사이다, 묽은 염산 등이 있어.

염기성 용액
鹽 소금 염 + 基 터 기 + 性 성질 성 + 溶 녹을 용 + 液 진 액

- 뜻 붉은색 리트머스 종이를 푸른색으로 변하게 하고, 페놀프탈레인 용액의 색깔을 붉은색으로 변하게 하는 용액.
- 예 염기성 용액인 묽은 수산화 나트륨 용액에 삶은 달걀 흰자나 두부를 넣으면 녹아 흐물흐물해지고 시간이 지남에 따라 용액이 뿌옇게 흐려진다.
  Tip 염기성 용액을 알칼리성 용액이라고도 해요.

💬 염기성 용액에는 우리 세제, 식초수, 빨랫비누 물, 묽은 수산화 나트륨 용액 등이 있어.

점적병
點 점 점 + 滴 물방울 적 + 甁 병 병

- 뜻 약물이나 액즙 등의 분량을 한 방울씩 떨어뜨려서 헤아리는 기구.
- 예 점적병에 담긴 여러 가지 용액의 성질을 알아보려고 푸른색 리트머스 종이와 붉은색 리트머스 종이에 각각 한두 방울씩 떨어뜨려 보았다.

▲ 스포이트가 부착되어 있는 점적병

염색
染 물들 염 + 色 빛 색

반대말 탈색

- 뜻 염료를 사용하여 천이나 실, 머리카락 등에 물을 들임.
- 예 자주색 양배추즙으로 하얀 천을 염색했더니 천이 보라색 천이 되었다.
- 예 탈색은 천이나 옷감 등에 들어 있는 색깔을 빼는 것을 못해. 새로 산 청바지를 빼앗더니 탈색이 되어서 색이 연해졌다.

제산제

制 절제할 제 + 酸 위에 산 + 劑 약제 제
→ '산(酸)'의 대표 뜻은 '(맛이) 시다'야.

- **뜻** 위산이 너무 많아 위장에 생긴 병을 치료하는 약.
- **예** 속이 쓰릴 때 제산제를 먹으면 속 쓰림 증상이 나아진다.

뜻을 더해 주는 말 -제

Tip 신성과 염기성을 섞으면 산성을 띠는 물질과 염기성을 띠는 물질이 서로 작용 맞부하면 각각의 성질을 잃어버려요.

'-제'는 약의 뜻을 더해 주는 말이야. 예 소화제, 살충제, 영양제, 수면제

억제

抑 누를 억 + 制 절제할 제

- **뜻** 정도나 한도를 넘어서 나아가려는 것을 억눌러 그치게 함.
- **예** 염기성 물질이 지나쳐 입안의 산성 물질을 없애기 때문에 산성 환경에서 활발히 활동하는 입속 세균의 활동을 억제한다.

반대말 촉진

'촉진'은 다그쳐서 빨리 진행하게 함을 뜻하는 말이야.
예 아기가 모유를 먹으면 뇌 발달이 촉진된다는 연구 결과가 나왔다.

오염원

汚 더러울 오 + 染 물들 염 + 源 근원 원

- **뜻** 환경 오염을 일으키는 근원이 되는 것.
- **예** 환경 과학자는 물, 토양, 공기 등을 관찰하고 분석하여 환경에 영향을 주는 오염원이 무엇인지 밝힌다.

▲ 오염원인 공장 폐수와 자동차 배기가스

산성화

酸 (맛이) 실 산 + 性 성질 성 + 化 변할 화
→ '성(性)'의 대표 뜻은 '성질'.

- **뜻** 산성으로 변함. 또는 산성으로 변화시킴.
- **예** 물이 지나치게 산성화되면 물고기가 죽고 물 속 식물이 누렇게 변하는 등 생물이 살아가는 데 큰 피해를 준다.

토양과 물이 산성화 정도가 심하면 생태계에 안 좋은 영향을 미쳐.

과학 교과서 어휘

수록 교과서 과학 5-2
5. 산과 염기

다음 중 낱말의 뜻을 잘 알고 있는 것에 ✓하세요.
□ 기포 □ 누출 □ 제산제 □ 억제 □ 오염원 □ 산성화

와, 예쁜 수국이 피어 있네. 수국은 산성 흙에서는 푸른색 꽃이, 염기성 흙에서는 붉은색 꽃이 핀대. 자연환경이 토양도 산성과 염기성을 가진다니. '산과 염기' 단원에 나오는 내용을 더 공부해 보자.

Tip 수국은 꽃이 피는 장소에 따라 꽃 색깔이 달라서 싶어 있는 지식이라고 불러요.

낱말을 읽고, 부분에 알맞은 그림에서 낱말 공부를 해 보세요.

기포

氣 기체 기 + 泡 거품 포
→ '기(氣)'의 대표 뜻은 '기운'이야.

- **뜻** 액체나 고체 속에 기체가 들어가 거품처럼 둥그렇게 부풀어 있는 것.
- **예** 묽은 염산에 넣은 달걀 껍데기를 관찰했더니 표면에서 기포가 발생했고 시간이 지남에 따라 달걀 껍데기는 녹아 사라지고 막만 남았다.

▲ 물속에서 발생한 기포

누출

漏 샐 누 + 出 날 나갈 출
→ '출(出)'의 대표 뜻은 '나다'야.

- **뜻** 액체나 기체가 밖으로 새어 나오는 것.
- **예** 공장에서 염산이 누출되는 사고가 나자 소석회를 뿌려 염산의 성질을 약화시켜 위험하지 않게 했다. Tip 소석회는 염기성 물질로 물에 녹여 석회수를 만드는 하얀 가루예요.

여러 가지 뜻을 가진 낱말 누출

누출에는 비밀이나 정보가 외부로 새어 나가는 것이라는 뜻도 있어.
예 인터넷에 개인 정보가 누출되지 않도록 주의해야 한다.

이것만은 꼭!

확인 문제

126~127쪽에서 공부한 낱말을 떠올리며 문제를 풀어 보세요.

1 낱말의 뜻을 보기 에서 찾아 사다리를 타고 내려간 곳에 기호를 쓰세요.

보기
㉠ 약물이나 액즙 등이 내 몸을 한 방울씩 떨어뜨리거나 헤아리는 기구. – 점적병
㉡ 어떤 용액을 만났을 때 그 용액의 성질에 따라 눈에 띄는 변화가 나타나는 물질. – 지시약
㉢ 색깔 변화를 통해 용액이 산성인지 염기성인지 판별하는 검사에 쓰이는 종이. – 리트머스 종이

지시약   리트머스 종이   점적병

해설 | 지시약의 뜻은 ㉡, 리트머스 종이의 뜻은 ㉢, '점적병'의 뜻은 ㉠입니다.

2 뜻에 알맞은 낱말은 무엇인지 ( ) 안에서 알맞은 낱말을 골라 ○표 하세요.

(1) (산성 , 염기성) 용액
푸른색 리트머스 종이를 붉은색으로 변하게 하고, 페놀프탈레인 용액의 색깔을 변하지 않게 하는 용액.

(2) (산성 , 염기성) 용액
붉은색 리트머스 종이를 푸른색으로 변하게 하고 페놀프탈레인 용액에 색깔을 붉은색으로 변하게 하는 용액.

해설 | (1) 산성 용액은 푸른색 리트머스 종이를 붉은색으로 변하게 하고 페놀프탈레인 용액의 색깔을 변하지 않게 합니다. (2) 염기성 용액은 붉은색 리트머스 종이를 푸른색으로, 페놀프탈레인 용액의 색깔을 붉은색으로 변하게 합니다.

3 ( ) 안에 알맞은 낱말을 보기 에서 찾아 쓰세요.

보기
지시약   염색   염기   산성 용액   점적병

(1) 할아버지께서 흰머리를 검게 (염색)하셨다.
(2) 리트머스 종이는 색깔 변화로 용액의 성질을 판별하므로 (지시약)의 하나이다.
(3) 묽은 염산에 묽은 수산화 나트륨 용액을 넣으면서 (산성 용액)과 염기성 용액을 섞는 실험을 했다.
(4) 자주색 양배추를 우려내어 만든 지시약을 (점적병)에 담아 두고 실험할 때 몇 방울씩 사용하였다.

해설 | (1) 흰머리를 검게 물들 들였다는 뜻이므로 '염색'이 알맞습니다. (2) 산성 용액과 염기성 용액을 만나면 색깔이 변하는 리트머스 종이는 그 용액의 성질에 따라 눈에 띄는 변화가 나타나는 물질이므로 '지시약'입니다. (3) 묽은 염산은 산성 용액이고 그 용액에 묽은 수산화 나트륨 용액을 섞었다고 했으므로 '산성 용액'이 답이 된 것입니다. (4) 실험할 때 몇 방울씩 사용하는 근원이 되는 것이라 했으므로 '점적병'에 담아 두었다고 할 수 있습니다.

128~129쪽에서 공부한 낱말을 떠올리며 문제를 풀어 보세요.

4 뜻에 알맞은 낱말을 빈칸에 쓰세요.

가로 열쇠 ❶ 정도나 한도를 넘어서 나아가려는 것을 억누르거나 그치게 함. ❸ 산성으로 변함. 또는 산성으로 변화시킴.
세로 열쇠 ❷ 위산이 너무 많아 위장에 생긴 병을 치료하는 약.

❶억	제		
	❸산	성	화
	❷제		

해설 | 가로 열쇠 ❶의 뜻에 알맞은 낱말은 '억제', ❸의 뜻에 알맞은 낱말은 '산성화'이고, 세로 열쇠 ❷의 뜻에 알맞은 낱말은 '제산제'입니다.

5 뜻에 알맞은 낱말이 되도록 보기 에서 글자를 찾아 쓰세요.

보기
기 인 염 표 오

(1) 환경 오염을 일으키는 근원이 되는 것. → [오][염][원]
(2) 액체나 고체 속에 기체가 들어가 거품처럼 둥그렇게 부풀어 있는 것. → [기][포]

해설 | (1)의 뜻에 알맞은 낱말은 '오염원'이고, (2)의 뜻에 알맞은 낱말은 '기포'입니다.

6 밑줄 친 낱말이 보기 의 뜻으로 쓰인 문장에 ○표 하세요.

보기
액체나 기체가 밖으로 새어 나오는 것.

(1) 유조선에서 석유가 누출되어 바다가 심하게 오염되었다. (○)
(2) 사장은 직원들에게 회사의 중요한 정보를 누출하지 않겠다는 다짐을 받았다. ( )

해설 | (2)의 문장에서는 누출이 비밀이나 정보가 외부로 새어 나가는 것이라는 뜻으로 쓰였습니다.

7 ( ) 안에서 알맞은 낱말을 골라 ○표 하세요.

(1) 돈을 그렇게 막 쓰면 어떡하니? 소비를 좀 (억제, 억지) 하렴.
(2) 사이다를 따서 컵에 따르니 (기포, 세포)가 올라오는 것이 보였다.
(3) 이곳은 환경 오염으로 토양이 (산염화, 산성화)되어 농작물이 잘 자라지 못한다.
(4) 시장 후보는 지역의 (수목원, 오염원)을 제거해 깨끗한 환경을 만들겠다고 공약했다.

해설 | (1) 돈을 함부로 막 쓰지 말고 소비를 줄이라는 뜻이므로 '억제'가 알맞습니다. (2) 탄산음료의 사이에서 생기는 것은 '기포'입니다. (3) 토양이 '산성화'되면 농작물이 잘 자라지 못합니다. (4) 환경 오염을 일으키는 근원이 되는 것을 제거해야 깨끗한 환경을 만들 수 있습니다.

4주차 5회

한자 어휘

得(득)이 들어간 낱말

'得(득)'이 들어간 낱말을 읽고, 부분에 밑줄을 그으면서 낱말 공부를 해 보세요.

得 얻을 득

'득(得)'은 손에 조개를 쥐고 있는 모습을 표현한 글자야. 옛날에는 조개가 화폐로 쓰였기 때문에 이 모습은 재물을 얻었다는 의미이고, 이것에서 '얻다'라는 뜻을 갖게 되었어. '얻다', '깨닫다'라는 뜻으로 쓰이기도 해.

자업자득 得점 납득 터득

얻다 得

납득 納 들일 납 + 得 얻을 득
뜻 다른 사람의 말이나 행동, 형편 등을 잘 알아서 긍정하고 이해함.
예 몇 번을 자세하게 설명해 줘도 은수는 이 상황을 납득하지 못했다.

터득 攄 펼 터 + 得 얻을 득
뜻 깊이 생각하여 이치를 깨달아 알아냄.
예 지민이는 날마다 머리를 쓰며 규칙을 맞추다 니 드디어 큐브 한 면 여섯 연을 동시에 맞추는 원리를 터득했다.
관련 어휘 체득
'체득'은 몸소 체험하여 알게 됨을 뜻하는 말이야.

얻다 得

자업자득 自 스스로 자 + 業 일 업 + 自 스스로 자 + 得 얻을 득
뜻 자기가 저지른 일의 결과를 자기가 받음.
예 네가 친구를 도와준 적이 없으니 지금 너를 아무도 안 돕지. 자업자득인데 누굴 원망하겠니?

득점 得 얻을 득 + 點 점 점
뜻 시험이나 경기 등에서 점수를 얻음.
예 아깝게 득점 기회를 살리지 못하고 상대 팀에게 공격이 넘어가는군요.
반대말 실점
'실점'은 운동 경기나 승부 등에서 점수를 잃음을 뜻하는 말이야.

> Tip 득(得)이 '얻다'의 뜻으로 쓰인 한자 성어에는 '일거양득一擧兩得'도 있어요.
> '일거양득'은 한 가지 일을 하여 두 가지 이익을 얻음을 뜻하는 말이에요.

回(회)가 들어간 낱말

'回(회)'가 들어간 낱말을 읽고, 부분에 밑줄을 그으면서 낱말 공부를 해 보세요.

回 돌아올 회

'회(回)'는 물이 소용돌이치며 빙글빙글 도는 모습을 표현한 글자야. 물이 빙글빙글 한참 돌다 보면 제자리로 돌아오는 것에서 '돌아오다'라는 뜻을 갖게 되었어. '돌아다니다'라는 뜻으로도 쓰여.

기사회생 回귀 철회 회상

돌아가다 回

철회 撤 거둘 철 + 回 돌아올 회
뜻 이미 제출했던 것이나 주장했던 것을 도로 거두어들이거나 취소함.
예 소비자들의 불만이 거세지자 라면값 인상을 철회했다.

회상 回 돌아올 회 + 想 생각 상
뜻 지난 일을 돌이켜 생각함.
예 죽마고우인 준규와 민준이는 즐거웠던 어린 시절을 떠올리며 회상에 잠겼다.
비슷한말 회고
'회고'는 지나간 일을 돌이켜 생각함을 뜻함.
예 교장 선생님께서는 지나온 삶을 회고하며 자서전을 쓰고 계신다.

돌아오다 回

기사회생 起 일어날 기 + 死 죽을 사 + 回 돌아올 회 + 生 날 생
뜻 거의 죽을 뻔하다가 도로 살아남.
예 우리나라 축구 대표 팀은 경기 종료 5분 전에 동점 골을 넣어 기사회생하고 연장전에서 한 골 더 넣어 승리했다.

회귀 回 돌아올 회 + 歸 돌아갈 귀
뜻 본래의 자리로 돌아오거나 되돌아감.
예 바다에서 성장한 연어는 알을 낳을 때가 되면 자기가 태어난 곳으로 회귀한다.
비슷한말 복귀
'복귀'는 원래 있던 자리나 상태로 되돌아감을 뜻함.
예 휴가를 나갔던 삼촌이 군 부대로 복귀했다.

확인 문제

132쪽에서 공부한 낱말을 떠올리며 문제를 풀어 보세요.

1 뜻에 알맞은 낱말을 빈칸에 쓰세요.

(1)

(2)

해설 | (1) 가로 열쇠 ❶의 뜻에 알맞은 낱말은 '회상'이고, 세로 열쇠 ❷의 뜻에 알맞은 낱말은 '회귀'입니다. (2) 가로 열쇠 ❶의 뜻에 알맞은 낱말은 '기사회생'이고, 세로 열쇠 ❷의 뜻에 알맞은 낱말은 '생환'입니다.
❶의 뜻에 알맞은 낱말은 '기사회생'이고, 세로 열쇠 ❶과 ❷의 뜻에 알맞은 낱말은 '생환'입니다.

2 ___ 안의 낱말과 뜻이 비슷한 낱말에 ○표 하세요.

(1) 회귀   회저   진출   **화상**   상상   **회고**   감상

(2)

해설 | (1) '회귀'와 뜻이 비슷한 낱말은 원래 있던 자리나 상태로 되돌아감을 뜻하는 '회귀'입니다. (2) '화상'과 뜻이 비슷한 낱말은 지나간 일을 돌이켜 생각함을 뜻하는 '회고'입니다.

3 빈칸에 들어갈 알맞은 낱말을 찾아 선으로 이으세요.

(1) 할아버지께서는 운동선수로 활약하셨던 젊은 시절을 ☐☐을 하셨다.

(2) 젊은이는 무슨이 위태로웠지만 수술이 잘되어 기적적으로 ☐☐했다.

(3) 일정이 맞지 않아 강의를 들을 수 없는데 강의 신청을 ☐☐할 수 있나요?

(4) 그는 오랜 떠돌이 생활을 끝내고 고향으로 ☐☐하여 농사를 지으며 살았다.

- 철회
- 화상
- 회귀
- 기사회생

해설 | (1) 할머지가의 젊은 시절을 돌이켜 생각해야 하므로 답은 '화상'이 알맞습니다. (2) 목숨이 위태로웠으나 수술이 잘되어 구사일생으로 살아난 상황이므로 '기사회생'이 알맞습니다. (3) 강의를 들을 수 없는 상황이므로 '철회'가 알맞습니다. (4) 고향으로 돌아오는 것이 알맞으므로 '회귀'가 알맞습니다.

133쪽에서 공부한 낱말을 떠올리며 문제를 풀어 보세요.

4 뜻에 알맞은 낱말이 되도록 글자 카드에서 글자를 찾아 빈칸에 쓰세요.

(1) 깊이 생각하여 이치를 깨달아 얻음.
회 | 제 | 티   →   ☐ | 득

(2) 시험이나 경기 등에서 점수를 얻음.
실 | 점   →   ☐ | 점

(3) 자기가 자기를 임의 절 과를 자기가 반음.
자 | 엄 | 지 | 득   →   ☐ | ☐ | 지 | 득

해설 | (1)의 뜻에 알맞은 낱말은 '터득'입니다. (2)의 뜻에 알맞은 낱말은 '득점'입니다. (3)의 뜻에 알맞은 낱말은 '자업자득' 입니다.

5 뜻에 알맞은 낱말을 골라 ○표 하세요.

다른 사람의 말이나 행동, 형편 등을 잘 알아서 구성하고 이해함.

(이득 . **습득** . 납득)

해설 | '이득'은 이익을 얻음을 뜻하고, '습득'은 학문이나 기술 등을 배워서 자기 것으로 만듦을 뜻합니다.

6 밑줄 친 낱말의 반대말은 무엇인가요? (②)

옆 반 친구들이랑 축구 시합을 했는데 시작한 지 5분 만에 내가 첫 득점을 올렸어.

① 점수   ② 실점   ③ 장점
④ 요점   ⑤ 허점

해설 | '득점'은 시험이나 경기 등에서 점수를 얻음을 뜻하는 '득점'의 반대말은 운동 경기나 승부 등에서 점수를 잃음을 뜻하는 '실점'입니다.

7 ( ) 안에 알맞은 낱말을 보기에서 찾아 쓰세요.

보기   납득   터득   자업자득

(1) 신동이라고 소문이 자자한 도령은 하나를 알려 주면 열을 (터득)한다.

(2) 친구가 처한 상황을 알고 나니 그제야 친구의 말과 행동이 (납득)되었다.

(3) 배정받는 어릴에 일하지 않고 놀기만 했잖아. 그러니 겨울에 먹을 것도 힘들게 지내는 것은 (자업자득)이야.

해설 | (1) 하나를 알려 주면 열을 깨달아 알아낸다는 뜻이므로 '터득'이 알맞습니다. (2) 친구가 처한 상황을 알게 되어 그제야 이해가 되었으므로 '납득'이 알맞습니다. (3) 배정일가 겨울에 힘든 것은 '자업자득'이므로 '자업자득'이 알맞습니다.

4주차 어휘력 테스트

4주차 1~5회에서 공부한 낱말을 떠올리며 문제를 풀어 보세요.

낱말 뜻

1 뜻에 알맞은 낱말을 보기에서 찾아 기호를 쓰세요.

보기
㉠ 의거 ㉡ 납득 ㉢ 지시약 ㉣ 걸림돌 ㉤ 가능성

(1) 정의를 위해 개인이나 집단이 이로운 일을 입으킴. (㉠)
(2) 어떠한 상황에서 특정한 일이 일어나거나 기대할 수 있는 정도. (㉤)
(3) 다른 사람의 말이나 행동, 형편 등을 잘 알아서 긍정하고 이해함. (㉡)
(4) 일을 해 나가는 데에 방해가 되는 장애물을 바우쳐서으로 이르는 말. (㉣)
(5) 어떤 용액을 만났을 때 그 용액의 성질에 따라 눈에 뛰는 변화가 나타나는 물질. (㉢)

해설 | (1)은 '의거'의 뜻이고, (2)는 '가능성'의 뜻이고, (3)은 '납득'의 뜻이고, (4)는 '걸림돌'의 뜻이고, (5)는 '지시약'의 뜻입니다.

비슷한말

2 뜻이 비슷한 말끼리 짝 지어지지 않은 것은 무엇인가요? (④)

① 수립 - 설립
② 공장 - 공평
③ 광복 - 해방
④ 염색 - 탐지
⑤ 화상 - 화고

해설 | '염색'은 염료를 사용하여 천이나 실, 머리카락 등에 물을 들음을 뜻하고, '탐지'는 천이나 웃음 등에 들어 있는 색깔을 빼는 것을 뜻하므로 뜻이 서로 반대이는 색입니다.

뜻을 더해 주는 말

3 빈칸에 공통으로 들어갈 알맞은 말은 무엇인가요? (②)

계산[ ] 소화[ ] 영양[ ] 실중[ ] [ ]화

① 지 ② 제 ③ 품 ④ 권 ⑤ 화

해설 | '계산제', '소화제', '영양제', '실중제'가 되도록 '약'의 뜻을 더해 주는 말인 '-제'가 들어가야 합니다.

낱말 뜻

4 ( ) 안에서 알맞은 낱말을 골라 ○표 하세요.

(1) 겨냥도, (전개도)는 입체도형의 모서리를 잘라서 평면 위에 펼친 그림이다.
(2) (기사회생, (자업자득)은 자기가 저지른 일의 결과를 자기가 받음을 뜻한다.
(3) (영명, 주도)은 정치, 사상 등을 이유로 받는 탄압이나 위험을 꾀해 자기 나라를 떠나 다른 나라로 가는 것이다.

해설 | (1) '겨냥도'는 입체도형의 모양을 잘 알 수 있게 실선과 점선으로 나타낸 그림입니다. (2) 기사회생은 거의 죽을 뻔하다가 도로 살아남을 뜻합니다. (3) '주도'는 군대가 임무를 수행하기 위해 일시적으로 전투를 중단하는 것을 뜻하는 '정전'이 알맞습니다.

반대말

5 밑줄 친 낱말의 반대말은 무엇인가요? (⑤)

뜨개질에 <u>능숙하신</u> 어머니께서는 겨울이 되면 목도리와 장갑, 털 스웨터까지 순수 떠서 만들어 주신다.

① 서소하다
② 가석이다
③ 뜨금없다
④ 세공하다
⑤ 서투르다

해설 | "어떤 일에 뛰어나고 익숙하다"를 뜻하는 '능숙하다'의 반대말은 "어떤 것에 미숙하거나 잘하지 못하지 못하다"를 뜻하는 '서투르다'입니다.

글자는 같지만 뜻이 다른 낱말

6 다음 두 문장의 빈칸에 공통으로 들어갈 낱말은 무엇인가요? (③)

• 잃어버린 강아지를 찾았습니다. 강아지를 찾아 주시는 문제는 [ ]하겠습니다.
• 선생님께서는 구체적인 [ ]를 들어 외 모르는 단어를 평가하는 답이 무엇인지 일러 주셨다.

① 억제 ② 기표 ③ 사례 ④ 회귀 ⑤ 시위

해설 | 첫 번째 문장의 빈칸에는 결과 행동, 선물 등으로 상대에게 고마운 뜻을 나타냄을 뜻하는 '사례'가 들어가고, 두 번째 문장의 빈칸에는 어떤 일이 전에 실제로 일어난 예를 뜻하는 '사례'가 들어갑니다.

낱말 활용

7~10 ( ) 안에 알맞은 낱말을 보기에서 찾아 쓰세요.

보기
정전 자제 누출 평균

7 운하는 구어(평균) 점수가 4학년 때보다 5점 올랐다.
해설 | 자료에 있을 모두 더해 자료의 수로 나눈 값이 '평균'이 알맞습니다.

8 주방에 가스가 조금이라도 (누출)되면 바로 경보음이 울리는 장치를 달았다.
해설 | 액체나 기체가 밖으로 새어 나오는 것을 뜻하는 '누출'이 알맞습니다.

9 주인아저씨는 음식점에서 소란스럽게 구는 손님들에게 (자제)을/를 부탁했다.
해설 | 자기의 감정이나 욕망을 스스로 억제함을 뜻하는 '자제'가 알맞습니다.

10 6·25 전쟁을 담은 뒤 오랜 세월이 지났지만 남북은 아직도 중전이 아닌 (정전) 상태이다.
해설 | 전쟁 중인 나라들이 합의에 따라 일시적으로 전투를 중단하는 것을 뜻하는 '정전'이 알맞습니다.

정답과 해설

3주차 어휘 학습 점검

3주차에서 학습한 어휘를 잘 알고 있는지 ☑ 해 보고,
잘 모르는 어휘는 해당 쪽으로 가서 다시 한번 확인해 보세요.

4주차 어휘 학습 점검

4주차에서 학습한 어휘를 잘 알고 있는지 ✔ 해 보고,
잘 모르는 어휘는 해당 쪽으로 가서 다시 한번 확인해 보세요.

국어

사회

수학

과학

한자